성하지 않는다. 중요한 것은 번역이 자문화와 타문화와 같은 이분법적 선택, 혹은 어느 한 쪽에 일방적인 충성을 불가능하게 하는 잡종화를 필연적으로 야기한다는 점이다. 번역은 원문을 조각낸다. 원문의 문장을 조각내고, 조화를 깨뜨린다. 깨뜨리는 행위가 선행되지 않고서 번역은 이루어질 수가 없다. 하지만 동시에 번역은 자신이 이미 깨뜨려버린 원문에 충실하겠다는 소명의식으로 자국어와 자국 문화를 어지럽힌다. 한마디로 번역은 잡종이다. 번역의 이러한 잡종성 때문에 최선의 번역도 최상의 번역도 존재할 수가 없다.

그렇다면, 다시 처음의 질문으로 돌아가서 왜 번역에서 충실성이 문제가 되는가? 태생상 잡종일 수밖에 없는 번역에게 왜 충실성을 요구하려고 하는가? 애초부터 불가능한 요구가 아닌가? 충실성에 대한 끊임없는 요구는 번역의 잡종성을 어떤 식으로든 길들이고자 하는 시도이고, 그래서 번역이 2차적이요, 열등한 양식이라는 것을 끊임없이 각인하는 과정일 뿐일까? 물론 표면적으로 드러나는 현상만으로는 "네, 네, 그렇습니다, 정말로 그렇습니다."라고 대답할 수밖에 없다.

그럼에도, 번역의 욕망을 끊임없이 자극하는 것은 바로 이 충실성이다. 과연 충실성에 대한 요구 없이 번역이 번성할 수 있을까? 최근의 충실성에 대해 이의를 제기하는 연구서들이 쏟아져 나오고 있음에도, 나는 번역에서 가장 중요한 것이 충실성일 수밖에 없다고 생각한다. 그러나 이때 충실성은 원문 언어에 대한 충실성을 의미하는 것도, 번역된 언어와 문화에 대한 충실성을 의미하는 것도 아니다. 그렇다고 잡종성 그 자체를 무조건적으로 찬미하고자 하는 것도 아니다.

서둘러 결론부터 말하자면, 번역가는 번역을 위해서 원문을 깨뜨릴 수밖에 없다. 번역가는 그가 원문을 깨뜨릴 때, 부술 수 있는 마지막 단위까지 모조리 다 깨뜨리고서 그것을 원래 있었던 곳과 전혀 다른 이질적 환경으로 옮겨서 다시 원래의 모습대로 세우고자 할 때(어떤 번역도 실제로 이러한 과정을 거치지 않는 번역은 없다), 번역가는 원문을 깨뜨리기 전까지는 절대 보이지도 않았고, 알아볼 수도 없었던 어떤 것, 깨어지고 나서야만 그 모습을 드러내는 어떤 이물질과 어쩔 수 없이 대면해야 한다. 원문의 조화와 통일성, 전체성이 산산이 조각난 후, 그 모습을 드러내는 불온한, 길들일 수 없는 어떤 것, 그 정체가 정말 조화로운 전체로 보였던 원문에 속하는 것인지 알 수 없게 만드는, 그래서 궁극적으로는 번역된 언어마저도 비틀거리게 하는 그 어떤 것과 번역가는 불가피하게 대면할 수밖에 없다.

만약 이러한 우연적인 만남, 피하고 싶지만, 결코 피해갈 수 없는, 원문과 번역문을 모조리 뒤흔드는, 이러한 이름할 수 없는 것에 가차없이 노출될 수밖에 없는 운명에 처해 있는 자가 번역가라면, 번역가는 이러한 자신의 운명에 충실해야 하는 것이 아닐까? 이렇게 될 때 번역은 원본의 단순한 반복이 아니라 차이를 도입할 수 있고 새로운 문화창조에 기여할 수 있다. 이것이 필자가 생각하는 충실성의 의미인 동시에, 발터 벤야민과 자크 데리다, 그리고 호미 바바와 가야트리 스피박 등 많은 학자의 사유를 멀리 우회하면서 처음에는 명확해 보였던, 그리고 나중에는 진정한 번역을 위해서는 추방해야만 할 것으로 보였던 바로 그 번역의 충실성으로 다시 돌아가게 된 이유이기도 하다.

그래서 이 책의 구성은 1부에서 번역과 권력의 문제, 번역과 등가성, 그리고 데리다, 벤야민, 바바, 스피박 등의 이론적인 문제를 살피고, 2부에서는 젠더와 민족, 외상과 같은 주제하에 텍스트 번역을 넘어서 문화적 지형 속에서 다른 문화들이 어떻게 이동하고 번역되는 지에 관한, 번역이 수반해야 할 책임과 책임에 수반되는 충실성 등에 관한 많은 변주들로 이루어져 있다.

제 1 부

번역과 문화연구

1. 번역의 경계 넘기
2. 번역과 책무: 발터 벤야민
3. 번역과 해체: 자크 데리다
4. 번역과 권력: 포스트식민주의 번역이론가들
5. 번역과 하위자(여성): 가야트리 스피박

1. 번역의 경계 넘기

사람들은 곧잘 번역이 한 언어를 다른 언어로 의미를 충실하게 전달하는 중립적인 메커니즘이며 한 텍스트의 의미가 다른 텍스트의 의미로 비교적 정확하게 전달될 수 있다고 생각한다. 번역 현장뿐만 아니라 교육 현장에서도 우리는 이러한 전제에 무심코 동의하고 있다. 외국어 교육에서 번역은 눈에 보이지는 않지만, 종종 전달 가능하고 정식화할 수 있는 어떤 원칙 위에서 작동하는 것처럼, 객관화될 수 있는 동시에 과학적인 기반을 위에서 작동되는 것처럼 간주한다.

번역학자는 아니지만, 언어연구를 언어과학의 차원으로 한 단계 승격시킨 20세기 초의 최고의 학자인 소쉬르가 번역연구에 이바지한 바는 대단했다. 그는 기존 학자들과는 달리 역사적으로 계속 변화하는 언어의 시간적 속성에만 주목한 것이 아니라, 표상과 표상, 기표와 기표의 연쇄라는 언어의 공간성에 주목했다. 이것은 의미가 역사적으로, 혹은 시간적 변화의 산물이라기보다는 정적인 상호관계의 망에서 생겨난다는 언어의 자의성에 기반을 둔 것이다. 언어의 변화무쌍한 시간성에서 초점을 이동시켜 언어의 자의성에 주목한 것은 언어를 객관적이고 과학적인 토대 위에서 관찰 가능하다는 인식을 낳는다.

그래서 소쉬르 이후로 고대부터 전개됐던 직역, 의역 논쟁은 '**의미의 등가성**'이라는 더욱 객관화된 원칙으로 거듭나게 된다. 다 아는 얘기겠지만, 직역은 주로 '단어 대 단어'의 번역을 말하는 것으로 원문 텍스트의 개별 단어와 문장을 말 그대로 옮겨놓는 방식을 말하며, 의역이란 주로 '의미 대 의미'에 해당하는 것으로 개별 단어가 아닌 원문 전체의 의미를 생각해서 번역하는 방식을 말한다. 서양권에서는 직역과 의역을 구분하기 시작한 것은 키케로BC 106-43라고 알려졌다. 그러나 직역과 의역을 구분한 것이 서양의 산물만은 아니다. 동양권에서는 산스크리트 불경을 중국어로 옮기면서, 아랍권에서도 그리스로 된 서적을 옮기면서 이와 유사한 논쟁을 벌였다고 한다. 하지만, 실제 번역에서 이러한 구분은 형식적일 수밖에 없다. 영어와 한국어의 경우에서처럼 원문 언어의 문법 구조와 어순이 대상언어와는 다른 경우가 많아서 말 그대로 한 언어의 단어를 다른 언어의 단어로 대체한다고 해서 성공적인 번역이 되지는 않는다. 따라서 실제 번역에서는 이 두 전략을 모두 사용할 수밖에 없다. 단지 어느 쪽에 더 많이 의존하느냐에 따라 직역과 의역으로 나뉠 뿐이다. 이렇게 본다면, 직역, 의역 논쟁의 더 세련된 형태가 "의미의 등가"인 셈이다.

의미의 등가가 정식 용어로 제기된 것은 1959년 야콥슨의 「번역의 언어적 양상」에서이다.[1] 그는 넓은 의미에서 구조주의자다. 구조주의를 이끌어낸 인물이라고 말하는 것이 더 정확할 수도 있

1) Roman Jakobson, 1959, "On Linguistic Aspects of Translation", L. Venuti ed. *The Translation Studies Reader*, London: Routledge. 2000, 113-118쪽.

겠다. "구조"라는 말은 건축에서 주로 쓰는 용어이니, 구조주의의 출발점은 모든 것(심지어 시간적인 모든 것, 인간의 감정 등을 포함하여)을 체계적으로 분류하고 배열할 수 있다는 인식에 기초한다. 구조주의는 시간의 공간화에 이바지한 이론이다. 예를 들어 인류학자 레비스트로스가 대단히 오래된 과거의 표상을 아직 서구 문명이 침투하지 않은 토착민들이 사는 지역에서 찾았던 것처럼, 구조주의가 끝났다고 말해지는 오늘날에도 우리는 시골 풍경을 바라보면서 60년대의 풍경이라거나 조선의 풍경이라고 곧잘 말하곤 한다.

그러나 의미의 정확한 전달이 어느 시대에나 중시되었던 것은 아니다. 특히 서구에서는 성서를 번역하던 시기를 제외하고는 의미의 등가적 교환이 중시되지는 않았다. 역사적으로 살피자면, 고대 로마 제국에서 번역은 로마 문화를 풍성하게 하려고 그리스 문화와 문학, 철학 등을 로마화 시키려는 것이었고, 중세 유럽은 이교도 문화인 그리스와 로마의 문화를 번역하면서 기독교의 색채를 입혔다. 이것은 번역의 독창성과 창의성을 확보하려는 시도라기보다는 사실상 문화적 정복의 의미를 담고 있었다. 일 예로, 성경을 라틴 어로 옮겼던 라틴의 교부이자 성서학자인 히에로니무스는 "번역가로서 우리가 외국어[그리스, 로마]의 지배하에 펜을 든다면, 우리의 정신은 다른 언어의 폭정의 노예가 된다."고 주장했으며,[2] 리타 코프랜드는 "그리스 문화에 대한 로마의 외경은

2) Douglas Robinson, *Western Translation Theory From Herodotus to Nietzsche*, Manchester: St. Jerome, 1997, 113쪽. 히에로니무스는 영미권에서는 성 제롬(Saint Jerome)으로 알려졌다.

… 그리스 문화를 로마의 문화로 만들어서, 그 주도권을 제거하고자 하는 욕망의 필연적 결과"라고 설명한다.[3] 이 관점에서 사실상 창의적이고 독창적 방식으로 그리스 작가를 '복제하여' 라틴어 '사본'을 만들려는 시도는 계속성이나 진보라는 사상에 기초하는 것이 아니라 정복의 의제인 셈이다.

기독교가 전파되면서 그리스와 로마의 이교도 문화를 전유하는 노력은 심화되었다. 좋은 예는 14세기 프랑스 작품인 『도덕화된 오비드』다. 오비드는 번역을 통해 기독교 작가로 변형되었다. 이 작품의 이름이 알려지지 않은 번역가/논평가/작가는 프롤로그에서, 오비드를 기독교 작가로서 알레고리로 재구성하기 위해, "저자가 이야기를 자세히 열거하기 위해 조잡하게 제시하는 바를 줄였다"고 적고 있다.[4]

유럽에서 민족국가가 형성되었던 르네상스기에도 번역은 원본의 귀중한 정보를 중립적으로 전달하는 행위였다기 보다는 "애국심에 찬 행위"로서, 원본에 압도당하지 않고서 외국의 문화를 자국에 동화시키려는 것이었다.[5] 그래서 쿠울리는 삭제할 것은 삭제하고 자신의 마음에 맞는 것은 첨가한다고 서슴없이 말한다. 이러한 번역은 좋게 말하면 허점 많은 원문을 번역을 통해 한 단계 더 고양하는 것이라고 볼 수 있지만, 달리 말하면, "외국의 책

---

3) Rita Copeland, *Rhetoric, Hermeneutics, and Translation in the Middle Ages: Academic Traditions and Vernacular Texts*, Cambridge: Cambridge UP, 1991, 30쪽.

4) Copeland, 위의 책, 113쪽. (재인용)

5) Vicente L. Rafael, *Contracting Colonialism: Translation and Christian Conversion in Tagalog Society under Early Spanish Rule*, Durham: Duke UP, 1993, 23쪽.

들을 정복의 열정으로 모국으로 데려온 것이다."[6]

그러므로 오늘날과 같이 의미의 정확한 전달이 강조된 시기는 근대 이후, 특히 18세기부터라고 볼 수 있다. 왜 이 시기에 외국의 문화를 존중하는 풍토가 마련되기 시작했는지를 설명하기는 쉽지 않다. 그러나 18세기가 유럽뿐만 아니라 아랍, 중국, 인도, 페르시아 등 유럽 이외의 문화에 대한 번역이 활발해진 시기인 것만은 분명하다. 그래서 다른 문화를 보다 정확하게 이해하기 위해 정확한 전달의 필요성이 제기되었다고 할 수 있다. 하지만 다른 한편으로 18세기는 유럽인들이 이전에는 잘 몰랐던 다른 대륙을 적극적으로 식민화하고자 한 시기라는 점을 고려해본다면, 식민지에 유럽의 문화를 의미의 손실 없이 정확하게 전달해야만 할 필요성과도 맞닿아 있었을 것이다. 또한, 식민화의 과정이 기독교의 전파를 필연적으로 수반했다는 점을 고려한다면, 성서번역을 위해서라도 제대로 된 번역원칙이 무엇보다 필요했을 것이라는 것은 말할 나위가 없다.

하지만 이러한 원칙의 필요성에도, 번역 원칙의 마련은 쉽지 않았다. 의미의 등가를 처음 제안한 야콥슨조차도 "기호 단위의 완전한 등가는 없다"거나 시와 같은 문학작품에는 "창조적인 치환"이 요구된다고 주장했으니,[7] 의미의 등가성이란 용어는 번역과 만나자마자 이미 결별을 준비하고 있었던 셈이다. 이렇게 볼

6) F.O. Mattiessen, *Translation, and Elizabethan Art,* Cambridge: Harvard UP, 1931, 3쪽.

7) Jakobson, 위의 글, 114, 118쪽.

때, 야콥슨이 의미의 등가를 제안한 것은 의미의 등가를 지향하고 가장 가까운 추정치를 발견하려는 것이지, 완전한 등가가 가능하다는 발상에서 나온 것은 아닐 것이다. 하지만, 이론이야 어떻든 실제 번역의 현장에서 이 용어는 대단한 영향력을 발휘했고, 그리고 오늘날에도 이는 마찬가지다.

등가성이 번역가의 욕망을 추동하는 자극제라는 것은 말할 나위 없지만 그것은 아무리 노력해도 도달하기 어려운 것이었다. 그래서 등가성의 신화는 여러 다른 길을 우회하면서 살아남을 방법을 모색했다. 그 중의 하나가 수용이론이다. 이 이론은 하나의 텍스트를 읽을 때 독자는 다양한 반응을 보일 수도 있고, 다양하게 해석할 수 있다는 것을 강조하고 있음에도, 그러한 다양성을 하나로 통합하는 지배적인 해석이 존재하고, 그 속에는 모두가 공유할 수 있는 자명한 의미가 있다는 가설을 포기하지 않기 때문에 근대의 전통을 따르고 있다고 할 수 있다.

이러한 근대적 번역관에 반기를 들기 시작한 것은 소위 후기구조주의자라고 일컬어지는 68년 세대들이 등장하기 시작하면서이다. 우선 그들은 언어가 정보를 전달하고, 현실을 반영하는 중립적 도구라는 가설에 도전한다. 만약 언어가 객관적 현실을 재현하지 못하고 반대로 객관적 실재를 왜곡하여 전달하거나 언어 바깥의 세계를 투명하게 보여줄 수가 없다면, 어떤 식으로든 의미의 등가를 주장하는 기존의 번역관은 그 뿌리부터 흔들릴 수밖에 없다. 그러나 이러한 언어에 대한 의심과 회의는 오히려 언어에 대한 관심을 촉발시키고, 기존의 모든 철학, 넓은 의미의 모든 문화연구가 언어에 초점을 두게 되는 계기가 된다. 번역 역시 이러한 언어관의 변화로 말미암아 대단히 큰 변화를 겪는다. 하나의 텍스트를 다른 텍스트로 투명하게 전달할 수 없다는, 번역에 대단히 적대적인 주장이 번역을 쓸데없는 작업으로 만드는 것이 아니라 오히려 번역연구를 촉발시키고, 독자적인 학문의 범주에서 밀려나 있었던 번역의 위상을 재고하게 하는 동력이 된다.

60년대에 언어가 의사소통의 중립적 도구가 아니라는 주장이 나왔다는 것은 이런 관점이 이전에는 한 번도 제기된 적이 없었다는 말이 아니라, 60년대 이후 이러한 관점이 지배적이 되었다는 것을 뜻한다. 우선 소쉬르는 언어과학을 확립하는 데 이바지했지만, 기표와 기의, 기호의 표상과 기호의 의미가 어떤 필연적 관계를 맺는 것이 아니라 자의적이라고 주장함으로써, 언어가 불확정적일 가능성을 그의 이론 속에 씨앗으로 이미 간직하고 있었다고 할 수 있다. 바흐찐 역시 헤테로글로시아라는 개념을 통해 언어 속에 여러 가지 복수의 목소리가 있다는 것을 보여주었으며, 『도덕의 계보학』에서 니체는 언어 속에 들어 있는 이데올로기적 편견에 주목했다. 즉 예를 들어 한 단어를 어원적으로 살필 때, "고귀하다"거나 "고급"이라는 단어에서 보듯 "좋다"는 의미가 있는 단어는 주로 귀족이나 상류계급과 연결되어 있고, "저급하다"거나 "천박하다" 등과 같은 어휘에서 보듯 "나쁘다"는 것은 주로 천민과 낮은 계급과 연결된 것을 알 수 있다.[8] 이것은 비근한 몇

8) 조금 더 자세한 내용은 Friedrich Nietzsche, "Good and Evil, Good and Bad", *The Genealogy of Morals* (Horace B. Samuel 번역, Dover Publications, 2003), 1-39쪽. 니체, 『도덕의 계보학』 강영계 옮김, 지만지, 2008.

예에 불과하지만, 실제 우리가 아무 생각 없이 사용하는 어휘 속에서 이런 차별적 의미를 발견하기는 대단히 쉽다. 따라서 니체는 언어가 당대의 권력에서 벗어날 수 없다는 것, 그리고 바흐찐의 경우는 의미가 일차원적이고 정적인 언어학적 코드로 환원될 수 없다는 것을 보여준다. 그리고 나중에 언급하겠지만 발터 벤야민 역시 이러한 생각을 공유하고 있었다.

후기 구조주의는 소쉬르의 언어론에 따라, 모든 철학을 언어적 관점에서 급진적 관점에서 사유하고, 이전에는 소수 의견에 불과했던 것에 새로운 활기를 불어넣었다. 우선 후기구조주의가 언어를 문제로 삼는다는 것은 언어의 가장 근본적인 기능으로 생각되었던 재현과 지시기능을 문제시한다는 뜻이다. 60년대 후반부터 등장하기 시작한 이러한 경향은 자크 데리다, 롤랑 바르트, 폴 드 만, 스탠리 피쉬, 프레드릭 제임슨, 호미 바바, 가야트리 스피박 등에 이르기까지 다양한 이론가에 의해 다양한 모습으로 개진됐다. 해체론에서 마르크스주의, 포스트식민주의에 이르기까지, 그들은 다양한 이론적 노선에도, 언어를 포함해서 우리가 보편적이고 중립적이라고 믿어왔던 모든 범주에 의문을 표하고 있다는 점에서 공통점을 지닌다. 그들은 의미가 확정적으로 정의될 수 없으며, 구성된 공동체의 사회문화적 조건들과 다양한 맥락 속에서 끊임없이 재해석되고 재구조화된다는 데 동의하고 있다.

이렇게 언어 자체가 중립적이고 투명하지 못하다면, 하나의 언어를 다른 언어로 옮기는 번역이 중립적이고 객관적이라고 주장하는 것은 불가능하다. 60년대의 언어연구의 새로운 상황을 고려하지 않더라도 번역은 일단 출발 자체가 원본과는 전혀 다른 언어적, 문화적 공간으로 이동시켜야 하지만 그 두 공간이 서로 소통 가능하고 쉽게 호환되지 않기 때문에 애초부터 많은 약점을 지니고 있었다. 번역의 출발은 같은 척도로 비교하기 어려운 이질적인 문화를 전제하고 있고, 이 이질적인 문화들이 상호보완적이고 수평적으로 교환될 수 있는 것이 아니어서, 번역은 애초부터 권력관계에서 벗어나지도 못했고, 오히려 가장 권력에 예속된 분야라고 할 수 있을 것이다.

그러나 번역이 다양한 문화연구와 만나면서 하고자 하는 일은 번역의 취약성을 가리고 덮어서 중립적이고 객관적인 과정인 척하는 것이 아니라, 오히려 번역에 내재하는 이러한 예속성과 취약성을 부각시킴으로써 번역연구가 지금까지 간과되어온 첨예한 권력의 장소라는 점, 그리고 번역이 텍스트 속에 갇혀 있는 닫힌 형식이 아니라 수많은 정치, 경제, 사회, 문화와 같은 다른 분야와 영향력을 주고, 받는 열린 형식이라는 점에 주목하게 되었다. 그래서 번역연구는 문화연구와 마찬가지로 기존의 언어관을 급진적으로 재사유하고, 기존의 가치중립적이라고 생각되어온 인식의 폭력을 다각적으로 검토하면서 번역 개념의 탈신비화 작업을 시작한다.

각론으로 들어가면서 보다 구체적으로 살피겠지만, 번역연구가 기존의 틀에서 벗어나서 적극적으로 다양한 문화연구와의 만남을 공식적으로 선언한 것은 앙드레 르페비어가 1976년 학술대회에서 '번역학'이라는 명칭을 쓰자고 제안하면서라고 할 수 있다.[9] 그 후 번역은 언어학, 문학연구, 역사, 인류학, 심리학, 경제학 등과 같은 수많은 다른 분야와 연관해서 권력, 재현, 역사에 대해 질문하는 가장 중요한 장소가 되었다.

번역이 연구의 중심부로 부각되면서 많은 주목을 요하는 분야는 인류학이었다. 당시까지 번역이 원본을 다시 쓰는 작업이라는 데 이의를 표하는 사람은 별로 없었다. 하지만, 우리가 번역이라는 축어적 의미에만 얽매이지 않는다면, 인류학 경우처럼 멀리 떨어져 있는 부족의 사유양식을 다른 문화권에 전달하는 것 역시 번역의 일환이며, 한 공동체의 의미화 코드를 이용하여 다른 문화를 다시 쓰는 행위 전체가 모두 번역의 범주로 망라될 수 있다는 의미이다.

인류문화학자 클리포드는 민속학, 인류학과 같은 학문의 번역적 성격에 주목하고, 그 해석적 의미의 진실성이 (특히 서구인의 관점에서) 구성되었다는 것을 강조한다. 그에 의하면, 지금까지 인류학이 객관적이라는 주장은 타자를 배제하는 유럽중심적인 문화의 산물이요, 서구 문화가 구사하는 교묘한 수사학이 만들어낸 거짓말이다.[10] 번역연구와 인류학의 결합은 문화적 표상이 투명하고 과학적 중립성을 지닌다는 전통적 개념을 문제시하면서, 우리의 지식이 객관적이거나 투명한 담론이 아니라는 인식에서 출발한다. 지식 역시 보이는 것과는 달리 역사적 생산의 잠재

---

9) Susan Bassnett, *Translation Studies,* London: Routledge, 2002, 11쪽. 엄재호 옮김, 『번역학개론』, 인간사랑, 1993.

10) James Clifford, *The Predicament of Culture: Twentieth-Century Ethnography, Literature, and Art,* Cambridge: Harvard Up, 1988, 38-44쪽.

적이고 사회적 조건에 얽매여 있다.

즉 우리가 아무리 객관적인 이론의 잣대를 가장한다 해도, 번역은 우리가 이해하지 못하는 타자의 이야기를 우리가 이해할 수 있도록 옮겨 적는 작업이기에, 우리가 이해하지 못하는 것을 이해할 수 있게 하려면 원본의 변형, 혹은 나쁘게 말해서 훼손은 불가피하며, 어떤 식으로든 서술자 중심의, 번역자 중심의 (정치적·문화적) 편견이 개입할 수밖에 없다.

또한, 번역이 포스트식민주의와 만나게 된 1980년대는 번역연구의 커다란 전환점이 된다. 번역연구가 서로 다른 문화의 교통에 관심을 지니게 되었다면, 1세계와 3세계의 문화충돌의 현장, 혹은 문화 정복의 양식에 주목하는 포스트식민주의와의 만남은 필연적이다. 그래서 포스트식민주의 번역 이론은 일차적으로 식민주의나 제국주의 시대에 번역이 어떤 기능을 담당했는가, 그리고 정보시대 지구화 시대로 일컬어지는 오늘날 번역이 어떤 기능을 담당해야 하는지, 그리고 번역이 헤게모니 문화의 예속성에서 벗어나려면 어떤 일을 해야 하는가에 초점을 맞추게 된다.

최근의 연구에서 인류학과 같이 문자로 된 텍스트가 없는 번역을 텍스트 번역과 구분하여 문화번역이라는 용어를 따로 사용하기도 한다. 그러나 나는 번역과 문화번역을 따로 구분하기를 원하지 않는다. 앞서도 말했듯이 텍스트와 텍스트 간의 번역이라는 축어적 의미에만 얽매이지 않는다면, 문화이동의 대부분 양상이 번역의 범주로 망라될 수 있다. 이것은 번역을 너무 넓은 의미로 정의해서 번역을 너무 은유적으로 사용한다는 혐의를 받을 수는 있으나, 텍스트 간에 발생하는 실제 번역 역시 문화 간의 번역이며, 지식 생산의 사회적 조건에서 벗어나 있지 않기 때문이다. 그래서 두 개념을 분리하지 않고 넓은 의미에서 번역 개념에 모두 포함하고자 한다.

이렇게 함으로써 필자는 번역을 기존의 재현/대표의 틈새에 주목할 수 있고, 보편성이나 합리성과 같은 우리가 사용하는 가장 근본적인 범주들이 감추고 있는 것을 보여줄 수 있는 양식으로 개념화하고자 한다. 그래서 주디스 버틀러가 말했듯이, 우리가 이용 가능한 인식소의 한계에 봉착했을 때, 즉 (아직) 알려지지 않은 것에 봉착했을 때 어떻게 그것을 재의미화 해야 하는가[11]를 번역을 통해 생각하고자 한다.

11) Judith Butler, *Undoing Gender*, London: Routledge, 2004, 38쪽.

2. 번역과 책무: 발터 벤야민

최근 번역연구의 흐름을 조금이라도 일별해본 사람이라면 번역연구에서 벤야민의 「번역가의 책무」가 차지하는 비중에 대하여 의심의 시선을 던지는 사람은 없을 것이다. 「번역가의 책무」는 대단히 잘 알려진 글이며, 특히 1960년대 이후 언어적 전회를 거치면서 그 영향력이 현저하게 증대되었다. 특히 번역학에서는 조지 스타이너의 『바벨 이후』가 출판되고서, 벤야민의 글이 비조직적이고, 난잡하다는 평가에서 "근본적이고 새로운 번역관을 표명한 몇 안 되는 사람 중의 한 명"으로 등극하게 되었다.[1] 그러나 벤야민이 최근의 문화연구와 번역학에 미치는 영향력만큼 우리가 벤야민을 이해하고 있는지는 불명확하다. 그래서 이 장은 우선 이 책의 주제와 관련이 있는 「번역가의 책무」를 중심으로 벤야민의 번역관을 다시 읽어보고자 한다.

벤야민의 모든 글이 그렇듯이 「번역가의 책무」는 쉽지 않다. 그래서 이 장은 다른 모든 장과 마찬가지로 벤야민의 글에 대한 정확한 해설이라기보다는 벤야민의 방식대로 한 명의 번역가로서 벤야민의 텍스트를 깨뜨리고 조각내고자 하는 불온한 작업이다. 그러나 이 불온하고 불경스러운 작업을 거치지 않고서는 그가

1) George Steiner, 1975, *After Babel: Aspects of Language and Translation,* Oxford: Oxford UP, 1998, 283쪽.

말하는 순수언어의 아케이드 속으로 조금이라도 들어가기가 쉽지 않다. 원문을 좀 더 자세히 읽기 위해서 독일어 원본과 해리 존의 영어 번역본[2], 한글본은 반성완 · 최성만의 번역을 참조하였고, 해설서로는 폴 드 만, 데리다, 니란자나, 레이 초우, 그리고 한나 아렌트 등의 도움을 받았다.

폴 드 만의 벤야민 읽기는 번역의 문제점을 독일어 원문과 더불어 영어 번역과 불어 번역을 나란히 놓고 비교하고 있어서 도움이 되었다. 그러나 관점에 따라 다를 수는 있겠지만, 드 만은 원전이 애초부터 불완전하고 결점을 지니고 있다는 자신의 해체론을 뒷받침하기 위해서 벤야민을 끌어다 쓰는 경향이 있었다.[3] 니란자나는 벤야민이 역사와 거리를 두고 언어에 몰두하는 이론가라는 드 만의 해석에 반기를 들면서, 벤야민은 무엇보다 유물론적 역사를 중시했다고 주장하며, 벤야민을 포스트식민주의의 맥락 속에 데려다 놓았다.[4] 그리고 레이 초우는 미디어의 혁신이 새

---

2) Walter Benjamin, 1923, 'Die Aufgabe des Übersetzers', Hans Joachim Störig ed. Das Problem des Übersetzens, 182-95쪽 Darmstadt: Wissenschaftliche Buchgesellschalft, 1963; Trans. Harry Zohn, "The Task of the Translator", Hannah Arendt ed. *Illuminations* (Glasgow: Fontana/Collins, 1982), 69-82쪽, 반성완 옮김, 『발터 벤야민의 문예이론』 민음사: 1992, 최성만 옮김, 『언어 일반과 인간의 언어에 대하여, 번역가의 과제 외』, 길: 2008. 인용은 영역본에 의거했고, 필요에 따라 독일어 원본과 한글 번역서를 참고하였다. 그리고 존의 영어번역 문제점에 관해서는 Steven Rendall, "A Note on Harry Zohn's Translation", L. Venuti, ed. *The Translation Studies Reader*, New York; London: Routledge, 2000, 23-25쪽 참조.

3) Paul De Man, "Conclusions: Walter Banjamin's 'The Task of the Translator'", *The Resistance to Theory*. Minneapolis: U of Minnesota P, 1986, 73-114쪽. 황성필 옮김, 『이론에 대한 저항』, 동문선, 2008.

4) Tejaswini Niranjana, *Siting Translation: History, Post-Structuralism, and the*

로운 번역을 가능하게 하다는 것을 강조하기 위해 벤야민을 끌어다 쓰는 경향이 있었다.[5] 이렇게 각 이론가가 가지는 견해에 따라 벤야민은 각기 다른 모습으로 그려졌다. 그럼에도, 이들이 나에게 준 가르침은 적지 않았고, 자칫 습관적으로 지나쳐버릴 수도 있는 부분을 자세히 읽을 수 있게 해주었다.

사실 「번역가의 책무」는 길지 않은 글이다. 하지만 「번역가의 책무」는 첫 문장부터 무척 도발적이고, 번역에 대해 우리가 가지는 고정관념을 뒤흔든다.

> 어떤 예술 작품이나 예술 형식을 대할 때, 수용자에 대한 고려가 생산적임을 증명하지 못한다. 어떤 대중을 염두에 두는 것도, 그 대표자를 참조하는 것도 잘못이다. 그리고 심지어, 예술에 대한 이론적 논의에서 '이상적' 수용자라는 개념도 해로운 것이다. 이 모든 것은 소위 말해지는 '인간'의 존재나 본성을 위치시키는 것이기 때문이다. 물론 예술도 같은 방식으로 인간의 신체적 정신적 존재를 정립하지만, 어떤 예술작품도 사람들의 반응을 고려하지는 않는다. 어떤 시도 독자를 위해, 어떤 그림도 관객을 위해, 어떤 교향악도 청중을 위해 있는 것이 아니다.[6]

독자 없는 예술작품이, 관객 없는 그림이, 청중 없는 교향악이 과연 존재할 수 있을까? 이 질문에 대한 벤야민의 답은 위의 인용문

Colonial Context. Berkeley: U of California P, 1992. 특히 드 만이 읽는 벤야민과 데리다가 읽는 벤야민을 다루고 있는 4장과 5장 참조.

5) Rey Chow, "Film as Ethnography, or, Translation Between Cultures in the Postcolonial World", *Primitive Passions: Visuality, Sexuality, Ethnography, and Contemporary Chinese Cinema*. New York: Columbia UP, 1995, 178-202쪽. 정재서 옮김, 『원시적 열정: 시각, 섹슈얼리티, 민족지, 현대중국영화』, 이산, 2004.

6) Benjamin, "The Task of the Translator", 69쪽.

속에 있다. 특정한 대중을 고려한다는 것, 그리고 그 대중을 표상해주는 것이나 대중을 대표할 수 있다고 생각되는 사람들을 고려해서 작품을 감상할 때, 이것은 특정 계층, 혹은 특정 집단의 취향으로만 작품을 축소할 수 있다.

그러나 "이상적 수용자라는 개념도 해로운 것이다"라는 벤야민의 단정적인 선언으로 시작하는 첫 문단부터 이글은 스탠리 피쉬나 야우스와 같은 수용미학의 옹호자들을 당혹하게 만들었고, 그의 글은 당시에 지배적이었던 문학 이론에 대한 도전으로 받아들여졌다. 그래서 그는 때로 신비주의자로 영지주의적 색채를 띠는 비평가로 격하되기도 했다.

그러나 드 만이 말하는 것처럼, 이와 같은 독자(수용자)를 고려하는 이론들은, 겉으로 보이는 것과는 달리, 독자들이 읽고 이해할 수 있는 공통된 의미를 전제로 한다. 그래서 수용미학은 그 의도와 달리 기존 사회와 역사의 고정관념이나 편견을 답습할 수도 있고, 지배 이데올로기나 권력을 재생산할 가능성을 배제할 수는 없다.

프레드릭 제임슨이 『포스트모던조건』의 서평에서 말한 바처럼[7] 오늘날의 시대는 이데올로기가 없는 것이 아니라 이데올로기가 일종의 무의식이 된 시대다. 따라서 번역가가 이상적 독자를 염두에 둔다는 것은 번역가가 이상적이라고 생각하는 독자의 취향에 무의식적으로 굴복할 수도 있다는 것이다. 일례로 외국 문화

---

7) Fredric Jameson, "Foreword", *The Postmodern Condition* by Jean-François Lyotard, Manchester: Manchester UP, 1984, vii-xxi쪽

를 맹목적으로 찬양하는 독자의 태도를 고려하게 되면, 비록 무의식적이라 해도, 번역은 그 문화에 대해 사대주의적이 될 수도 있다. 그리고 자국 문화가 번역되는 대상보다 우월하다고 생각하는 독자의 태도를 번역가가 염두에 둔다면, 자국문화의 잣대에 외국문화를 맞추려고 노력하게 되고, 극단적일 경우 번역은 원문의 머리와 발을 잘라내거나 늘여 붙이는 일종의 프로메테우스 침대가 될 것이다. 물론 나는 여기서 권위 있는 저자에서 독자로 그 방점을 이동한 수용미학과 같은 이론적 성과를 끌어내리고자 하는 것은 아니다. 단지 투명함을 가정하는 이론 속에도 자문화중심성과 권력 지향적 맥락이 숨어 있을 수 있다는 것을 지적하는 것이다.

또한 벤야민은 원문의 정보를 번역 대상이 되는 문화권 독자에게 전달하는 의사소통이 아니라고 단언한다. 한마디로 번역의 역할은 의미의 전달이 아니라는 것이다. 이렇게 본다면 벤야민이 번역에서 수용자나 독자를 고려하지 말라는 주장은 단지 번역가가 사는 시대와 그 시대의 지배적인 독자층의 권력에 휘둘리지 말아야 한다는, 위계적 이분법에서 열등한 항목들의 저항성만을 강조하는 것은 아니라는 것을 알 수 있다. 벤야민은 이분법을 전복시키는 데만 몰두하는 이론가는 아니다. 오히려 그는 독자 중심의 비평만이 아니라, 전통적 번역관을 송두리째 뒤흔들고 있다. 오늘날에 이르기까지 직역을 선호하든, 의역을 선호하든, 어느 쪽에 초점을 맞추든 간에, 모든 번역가는 원문의 의미를 정확하게 전달하는 데 주력해왔다. 소쉬르가 기표와 기의를 구분하기 이전에도 번역은 언제나 기호의 표상과 내용은 분리될 수 있으며, 문화에 따라 기호 표상(언어)은 달라져도 그것이 담는 의미는 전달할 수 있다는 전제하에서 작동했다. 하지만, 벤야민은 "의미의 전달"이라는 기존 번역의 전제를 통째로 거부한다.

이 구절에 대한 드 만의 해석은 탁월하다. 드 만에 의하면 예술이 정보를 전달하기 위해 존재하지 않듯이 번역도 마찬가지다. 우리가 예술을 보고 읽고 감상하는 것은 예술작품을 보고 직접적으로 활용할 수 있는 지식을 익히기 위함이 아니다. 예술은 진리를 구현하고, 저자는 진리의 구현자로 간주된다. 그렇다면, 왜 저자가 아니라 번역가인가? 이에 대해 드 만은 벤야민이 "책무"*Aufgabe*란 어휘를 사용했다는 데 주목한다. 영어번역의 "task"와는 달리 독일어의 "*Aufgabe*"는 "수행해야 할 과제"라는 뜻 외에도 "포기" "항복"이라는 의미를 동시에 가지고 있다. 즉 번역가는 원본을 다른 문화로 옮겨 심어야 하는 의무를 짊어진 사람이지만, 그는 동시에 이 과업을 완벽하게 성취해낼 수가 없고, 그래서 완벽한 이식을 포기할 수밖에 없다는 것이다.[8]

그래서 드 만은 예술 작품 속에서 진리를 현현하는 것은 그것은 저자(창조자)가 실현해야 할 책무임에는 분명하지만, 그러한 창조적인 가치를 창조하는 데 성공하는 예외적 천재라는 뉘앙스를 띠는 저자나 시인이라는 용어보다는 스스로 창조자임을 자

8) *Aufgabe*에는 이러한 의미 외에도 "빚, 채무"란 뜻도 포함하고 있다. 데리다의 경우는 "과제"에서 빚, 채무라는 뜻을 더 많이 강조한다. 과제로 옮길 때나 책무로 옮길 경우 모두 *Aufgabe*에서 항복, 포기란 어원적 의미를 담을 수 없지만, 과제(課題)와 달리, 책무(責務)의 責은 돈(貝)에서 유래한 글자로 빚, 부채라는 의미도 담고 있고, 그리고 나중에 논의할 데리다의 "책임"과도 연결될 수 있기 때문에 <번역가의 과제> 대신 <번역가의 책무>라고 옮긴다.

청하지 못하고, 언제나 종속적인 위치를 점하는 번역가의 위치와 저자 역시 창조자가 아니라 번역가와 같은 진리의 전달자의 역할을 한다는 데 주목한다. 즉 드 만은 예술가 역시 진리를 성공적으로 구현하지 못하고, 전달과정에서 매번 손실을 발생하게 한다는 점에서 번역가와 같은 위치를 점한다고 말한다.[9] 그에 의하면, 모든 시인과 모든 위대한 예술가는 역시 결국 번역가이며, 진리의 현현에 노력하지만 실패할 수밖에 없는 번역가의 지위를 지니고 있다.

그러나 모든 예술가가 곧 번역가는 아니다. 예술가는 순수 언어의 영역 속에만 머물 수는 없으며, 언어 바깥의 세계와 어떤 식으로든 관계를 맺을 수밖에 없지만, 이와는 달리 번역가가 원본과 맺는 관계는 순수하게 언어와 언어 사이의 관계이므로 순수언어에 더욱더 쉽게 접근할 수가 있다고 주장하면서 벤야민의 "순수언어"를 외부 세계와 관계하지 않아서 순수한 것으로 해석한다. 드 만의 해석에 의하면 순수 언어는 외양과 본질이 일치하는 언어이며, 그 사이에 어떤 매개도 존재하지 않다.

> 비판철학, 문학이론, 역사를 포함하여 [번역의] 모든 활동은 [···] 원전 original의 접합을 탈구시키고 해체하며, 원전이 언제나 이미 탈구된 것임을 드러낸다. 번역활동이 원전을 드러내는 데 실패하는 것은 원전과 관련해서 번역이 이차적이기 때문인 것처럼 보이지만, 실상은 원전의 본질적 실패, 즉 원전 자체가 이미 언제나 본질적으로 어긋나 있다는 것을 드러낸다. 번역은 원전을 죽임으로써 그것이 이미 죽어 있었다는 것을 드러낸다. 번역은 의미의 환상에서 완전히 자유로운 언

9) De Man, 위의 글, 80쪽.

어인 순수언어의 관점에서 원전을 읽는다. 원한다면 순수 언어를 순수 형식이라고 해도 좋다. 이 과정 속에서 원전 속에 처음부터 있었던 절단, 탈정전화를 드러낸다. 벤야민이 이해한 바와 마찬가지로 ***번역 과정은 우리가 일상적 기반에서 실천하는 경험적인 번역 행위와는 거의 관계가 없다.*** […] 번역이 원전을 탈구시키는 한, 그리고 ***번역이 순수언어이며 오로지 언어에만 관련되는 한,*** 번역은 벤야민이 바닥 없는 깊이라 부른 것, 본질적으로 파괴적인 것, 즉 ***언어 그 자체 속으로 끌려 들어가게 된다.***[10)]

이러한 드 만의 벤야민 읽기는 설득력이 없는 것은 아니다. 우선 드 만이 말하는 원전은 대상 텍스트로 옮겨져야 하는 원문source text만을 말하는 것이 아니라, 이미 정전화된 창조적 어떤 것을 염두에 둔 것이기 때문이다. 창조는 파괴를 수반한다. 창조는 제도이든 이념이든 이데올로기이든, 그것이 무엇이든 기존의 것을 파괴하지 않고서는 생겨나지 않는다. 벤야민에게 중요한 것은 바로 이 창조의 과정을 번역이 드러내 줘야 한다는 것이었다.

그러나 드 만은 벤야민의 번역을 실제 번역과는 거의 관계가 없는 순수하게 언어의 문제에만 골몰하는 학자로 간주하는 경향이 있다. "당신이 원한다면"이라고 단서를 붙여서 순수 언어를 순수 형식이라고 해도 좋다고 했지만, 그가 논의를 전개하는 양상은 순수 형식보다는 순수하게 언어적인 것에 가깝다. 그리고 무엇보다도 벤야민이 실제 번역에서 발생하는 문제를 간과하지 않았다는 것,[11)] 그리고 "역사"가 드 만의 주장과 달리 순수하게 언어적인

10) De Man, 위의 글 84쪽. 강조는 필자.

11) 벤야민의 「번역가의 책무」는 보들레르의 『악의 꽃』의 한 장인 「파리의 풍경」을 번역하면서 역자 서문으로 출판되었다. 드만 역시 이를 언급하기는 하지만, 중

것만으로 축소될 수 없다는 점에 드 만은 주목하지 않는다.

그래서 니란자나는 드 만이 "번역이 언어외적인 세계와 관계하지 않는다"고 보기 때문에, 그가 벤야민의 번역관에서 역사성을 제거하고 있다고 비판한다. 니란자나는 벤야민의 역사관과 번역관은 구분할 수 없는 것이라고 주장하고 있다.[12] 물론 역사적으로 결정된 의미의 허구성, 혹은 기존의 역사기술 방식이 담고 있는 이데올로기를 비판하는 것이 역사성 그 자체의 부정으로 읽힐 수는 없다. 벤야민은 『역사철학테제』에서 다음과 같이 주장한다.

> [⋯] 역사주의 신봉자들이 공감을 표하는 자가 누구인가 하는 질문을 던져보라. 그들은 두말할 나위 없이 승리자들에게 공감을 표한다. 새로운 지배자는 정복자의 후손들이다. 통치자들은 승리자에게 공감을 표함으로써 이익을 얻는다. 역사 유물론자는 이것이 무엇을 뜻하는지 충분히 알 수 있을 것이다. 오늘날에 이르기까지 승리를 거듭해온 사람은 누워있는 자를 짓밟고 넘어가는 지배자의 개선 행렬에 동참하는 것이다. [⋯] 문화유산의 존재는 그것을 창조한 위대한 정신과 재능의 소유자들의 노고뿐만 아니라, 같은 시대를 살았던 수많은 이름없는 사람들의 노고에도 힘입고 있다. 문명을 기록한다는 것은 동시에 야만의 기록이기도 하다. 문화의 기록 자체가 야만성에서 벗어나지 못하는 것처럼 전승의 과정 또한 이와 다를 바가 없다. 이 때문에 역사적 유물론자는 결을 거슬러 역사를 솔질하는 것을 책무로 삼는다.[13]

여기서 역사주의 비판이 바로 역사성의 부정으로 이어지지 않는

요하게 취급하지 않는다.

12) Niranjana, 위의 글, 112쪽.

13) Benjamin, "Theses on the Philosophy of History", *Illuminations* (Glasgow: Fontana/Collins, 1982), 256쪽. 반성완 옮김. 「역사철학테제」, 『발터벤야민의 문예이론』, 민음사, 1984.

것은 분명하다. 벤야민은 이어지는 부분에서 "억압받는 자들의 전통에서 배워야 할 것은 비상사태*Ausnahmezustand*를 도래하게 하는 것"이며, "정치가들이 고수하는 역사관과 공모하지 않는 역사개념을 가지려면 큰 대가를 치러야" 한다고 주장하고 있다.[14)]

그러므로 드 만의 주장과 달리 벤야민에게 역사는 순수하게 언어적인 것이 아니었다. 아렌트는 벤야민의 철학적 관심이 "처음부터 관념을 포착하는 데 있었던 것이 아니라", "불가시적인 것을 언어로 옮김으로써 우리는 그것에 물질적인 형태를 부여하게 되고, 그것을 체험 가능한 것으로 바꾸는 데 있었다"고 말한다.[15)] 인용문에서 보듯이 벤야민이 관심을 두는 것은 승리자들의 역사관념이 아니라 승리자들의 역사관에서 누락된 기록되지 않은 것들이다.[16)] 따라서 역사 유물론자의 과제가 지배적 역사의 조화로움을 깨뜨리고, 조화의 잔해를 포착하는 데 있는 것처럼 번역가 역시 기호의 표상과 내용이 완벽하게 조화를 이루는 듯이 보이는 원본 텍스트 속에서 그 조화로움을 깨뜨린 이후의 잔해에 주목해야 한다. 이런 관점에서 보자면, 니란자나의 주장처럼 역사가는 번역가와 다르지 않다. 이 책의 들머리에서 언급했듯이 역사가는

---

14) Benjamin, 위의 글, 각 257, 258쪽.

15) Hannah Arendt, "Walter Benjamin" *Men in Dark Times*. Fort Washington: Harvest, 1970, 164-66쪽. 「발터 벤야민」『어두운 시대의 사람들』 권영빈 옮김. 문학과지성사, 1983.

16) 이러한 언급은 푸코를 연상하게 한다. 벤야민이 영미학계에 수용될 때의 푸코와의 관계에 대해서는 Jeffrey Grossman, "The Reception of Walter Benjamin's Writings into the Anglo-American Literary Institution" *The German Quarterly* 65.3-4(1992), 414쪽 참조.

결국 시대를 번역하는 사람이다.

그러나 벤야민은 번역이 의미의 전달이 아니라 형식mode이라고 했지, 번역이 곧 순수 언어라고는 말하지 않았다. 번역이 형식이라는 주장을 「역사철학테제」와 연결해서 읽는다면, 지배 역사 속으로 통합되지 못한 것을 드러내는 역사유물론자의 과제와 번역가의 과제는 그 형식에 있어서 닮았다. 지배 역사, 혹은 승리자의 역사 속으로 통합되지 못한 누락된 역사들, 누락된 삶들 속에 어떤 공통된 의미가 있는 것이 아니다. 각 시대에 따라, 각 사회에 따라 억압의 내용은 다르다. 그것은 때로 종교적인 것일 수도 있고 인종적인 것일 수도 계급적인 것일 수도 있다. 따라서 이들 사이의 의미의 동일성, 혹은 의미의 등가를 찾는 것은 아무런 의미가 없다. 공통점은 "누워있는 자를 짓밟고 넘어가는" 개별 사태를 구현하는 그 형식에 있다.

이렇게 보자면, "번역은 외국어로 된 원본을, 혹은 고대 언어를 이해하지 못하는 독자에게만 의미 있는 것이 아니다"[17]라는 벤야민의 주장은 과거에 대한 지배적인 해석, 승리자의 항아리 속에 담을 수 없는 어떤 것을 염두에 둔 것이다. 그러므로 번역가의 과제는 이 항아리를 깨는 데 있는 것이지, 그 항아리를 온전하게 보전하고 전달하는 데 있는 것이 아니다. 만약 한 시대의 인식을 조직화하는 담론구조를 푸코를 따라 에피스테메라고 한다면, 에피스테메를 찾으려는 노력은 로고스 중심의 형이상학이며, 전통적 번역관은 이러한 로고스중심의 의미를 전달하는 데 주력해온 셈

17) Benjamin, "The Task of the Translator", 69쪽.

이다. 그러므로 벤야민이 비판하고자 하는 것은 바로 전체 형이상학을 관통하는 로고스중심주의인 셈이다. 이런 관점에서 그는 60년대 이후의 후기구조주의를 이미 선취하고 있다고 할 수 있다.

그렇다면, 벤야민의 신비주의적이고 종교적인 색채를 어떻게 읽어야 할까? 벤야민은 아무리 나쁜 번역가라 할지라도 원본 속에 단순한 정보로 환원될 수 없는 어떤 시적인 것, 신비한 어떤 것이 있다는 것을 인정할 수밖에 없다고 하면서 번역가는 "시인처럼 [그 신비한 어떤 것을] 되돌려/보여 주어야 한다고 주장한다.[18] 이 문장의 번역에는 사실 논란이 많다. 영어번역본은 이 구절을 시인처럼 재생산해야[reproduce] 한다고 번역하고 있다. 하지만, 불어본에서 이 단어는 "*rendre, restituer*"(잃어버린 것을 회복하다. 돌려주다라는 의미)로 옮기고 있고, 독일어 원문은 "widergeben"으로 "다시[wider] 주다[geben]"는 의미다. 이 부분은 기표와 기의가 과일과 과일껍질처럼 붙어 있어 너무나 조화롭게 보이는 원문에서 발견할 수 없었지만, 번역과정에서 기표가 주름 잡힌 헐렁한 의복처럼 몸과 하나가 될 수 없기에 기표와 기의의 조화로움이 깨어짐으로써 원문 속에서는 보이지 않았던 어떤 것을 번역이 돌려주어야 한다는 말일 것이다.

사실 원문을 완전히 단어 그대로 번역하고자 할 때 어떤 번역도 가능하지 않다. 번역이 불가능하다면, 번역이 존재해야 할 이유는 없다. 번역은 언제나 번역가능성 위에서 작동한다. 그렇다면, 번역가능성이란 무엇을 말하는가? 벤야민의 설명으로는, "모

18) 위의 글, 70쪽

든 인간이 다 잊어버렸다고 해도 그곳에는 잊어버릴 수 없는 순간이 있으며, 바로 이런 삶과 순간이 있다면 이것은 인간이 성취해내지 못한 요구이며, 이것을 성취해야 할 영역이 바로 번역"이다.[19] 이것은 인간의 기억이 아닌 신의 기억이라고 말한다. 이러한 의미에서 번역가능성이란, 기존 언어를 반복하고 전달하는 것에서 생겨나는 것이 아니다. 원본을 완전히 똑같이 전달하는 것은 불가능하기 때문에 번역이 불가능하다고 선언해버리는 것은 번역가에게 주어진 책무를 무책임하게 방기하는 것과 다를 바가 없다.

따라서 번역가능성은 신의 기억, 혹은 잊어버릴 수 없는 삶의 순간이 담겨 있는 행간을 드러내도록 새로운 언어를 창조하는 데서 생겨난다. 언어를 창조할 가능성이 바로 번역의 가능성이며, 이 지점에서 원작과 번역이 만난다. 여기서 다시 「역사철학테제」를 통해 조금 우회해보자. 그는 「역사철학테제」에서 다음과 같이 말한다.

> 과거 세대와 오늘날의 세대 사이에는 비밀스런 동의가 있고, 우리 역시 이 땅에서 선조와 마찬가지로 희미하긴 하지만, 메시아의 힘을 부여받았다. 그래서 우리는 이 땅에 [메시아의 힘을] 도래할 수 있도록 해야 한다. 과거가 요구하는 것은 바로 이 힘이다. 메시아의 힘은 값비싼 대가를 치르지 않고 쉽게 도래하지는 않는다. 역사적 유물론자는 이 사실을 너무나 잘 알고 있다.[20]

여기서 우리는 벤야민을 신비주의자로 유대-기독교 전통 속에서

---

19) 위의 글, 70쪽.

20) Benjamin, "Theses on the Philosophy of History", 254쪽.

벤야민을 종교적으로, 메시아적으로, 예언자적으로 해석하는 사람들을 만나게 된다. 앞서 인용한 「번역가의 책무」의 "신의 기억"은 「역사철학테제」에서 "메시아의 힘"으로 반복된다. 물론, 벤야민이 문장은 인식을 가로막는 벽일 뿐이기 때문에 축어성/단어성 literalness/Wörtleichkeit, 즉 문자 그대로, 단어 그 자체에 주목해야 한다고 지속적으로 역설하고 있다. 그래서 벤야민이 말하는 신이나 메시아를 종교적이지 않다고 주장하는 데는 무리가 따를 수도 있다.

하지만, 나는 벤야민이 종교적일지는 모르지만, 종교적 전통의 수호자가 아니라고 감히 단언할 수 있다. 위의 인용문에서 보듯이 그가 말하는 메시아는 미래에 도래하여 우리에게 구원을 가져다줄 존재가 아니다. 전통 종교에서는 "신을 믿으라, 신을 믿으면 (사후에) 구원을 받을 것"이라고 말한다. 이러한 태도는 다가올 미래의 구원을 수동적으로 기다리는 주체를 암시하며, 현재는 다가올 구원과 관련해서만 의미 있는 것이 된다.

그러나 벤야민의 주장은 이와는 정반대다. "메시아는 역사의 목적이 아니라, 역사의 단절로부터 도래한다."[21] 미래에 다가올 구원을 기다리는 것과 지금 현재, 이 순간에 과거를 도래시키는 것은 완전히 다르며, "우리가 이 땅에서 메시아의 힘을 도래하게 해야한다"는 주장과도 완전히 대치된다. 벤야민은 잊힌 삶이 내밀한 삶의 현상과 관련된다고 말한다. "편견에 가로막혀 있었던 시대에도 삶이란 신체적 삶에 한정되지 않았다."[22] 하지만, 이는 그

---

21) Benjamin, "Theological-Political Fragment", *Reflections: Essays, Aphorism, Autobiographical Writings*, New York: Harcourt Brace Jovanovich, 1978, 312쪽.

가 말하는 현재의 의미를 다시 되새길 때, 신체는 유한하지만, 영혼은 영원하다는 의미는 아닐 것이다. 삶이란 '대문자 역사'의 무대 위에서 상연된 것만이 아니라, 역사에 기록되지는 못했지만, 실제로 존재했던 무대 바깥의 모든 삶과 생명을 말하고, 삶은 이렇게 감추어진 미시적 역사로부터 결정된다. 역사를 승리자의 역사, 혹은 거시적 역사 개념으로 한정하지 않고, 그 폭을 넓히게 되면, 삶의 개념도 무한히 확장된다. 그러므로 벤야민이 삶을 말할 때, 지금까지 승리자의 역사 속에서 간과되고 잊혀진 삶을 염두에 두는 것이다. 따라서 벤야민의 주장을 관습에 얽매여서 그 의미만을 전달하고자 할 때, 가장 비본질적인 내용만이 남게 되는 것은 아닐까?

위대한 예술 작품은 과거다. 하지만, 하나의 예술이 과거 속에서만 의미 있다면, 혹은 과거가 과거로만 남아있다면 그것은 아무런 의미도 없고 번역되어야 할 이유도 없다. 위대한 작품이 지속적으로 번역되는 것은 그것이 과거의 것이기 때문이 아니라 새로운 형태로 현재의 시간 속에서 지속될 수 있는 힘 때문이다. 시간이 지나면 원작은 죽는다. 죽은 언어는 아무런 의미도 없다. 죽은 언어를 똑같이 반복하는 것 또한 아무런 의미가 없다. 위대한 예술 작품이 위대한 것은 당대의 공식 언어를, 그 시대의 인간들의 일상적 언어를 넘어서는 어떤 것을 구현하고 있기 때문일 것이다. 그래서 예술작품이 위대한 것으로 평가되고 정전으로 읽힐 때, 단지 문장과 구문이 의미하는 바가 중요한 것이 아니다. 그에

22) De Man, 위의 글, 71쪽.

게 중요한 것은 드러나지 못한 과거의 요구와 메시아의 힘이다. 이것은 번역을 통하지 않고서는 드러나지 않는 힘이며, 이런 의미에서 번역은 언어 속에 내재하는 이질성을 맹아적, 즉 씨앗의 형태로 발현하는 형식이 된다. 번역은 그것을 유비와 상징을 통해 드러낸다.

이런 의미에서 번역은 원전(과거)을 지속 가능하게 하며, 원작에 사후의 삶을 부여하는, 생존sur-vival의 형식이 된다. 사후의 삶이란 죽은 후의 구원이나 천국과 같은 종교적 개념이 아니라, 삶이 기록되지는 않았지만, 끊임없이 자신의 주장/요구를 반복하는 힘으로 나아간다는 것을 나타내려는 것이며, 메시아의 힘과 같은 신학적 은유는 이 땅에서 세속적으로 성취되어야 하는 과정을 기술하려는 것이다. 그러므로 메시아적 힘이란 기술되지 않은 과거가 오늘날의 우리에게 "요구/주장을 하는 힘"이며, "대가를 치르지 않고는 이루어지지 않는다"는 것은 원작/과거를 깨뜨리지 않고서는 결코 그 힘을 현시할 수 없다는 뜻일 것이다. 하르트만에 의하면 이는 "동질적 시간 개념을 파멸시키고, 현재를 재구성하는 힘"이자, "역사의 연속체로부터 폭파된 현재 시간Jetztzeit으로 충전된 과거"다.[23] 벤야민은 다음과 같이 말한다.

> 보편 역사란 동질적이고 공허한 시간을 채우고자 수많은 데이터만을 모은다. […] 생각은 사유의 흐름만을 보여주는 것이 아니라, 사유를 정지시키기도 한다. 사유가 긴장으로 가득찬 배열[24] 속에서 갑자기 정

23) Geoffrey H. Hartman, *Criticism in the Wilderness,* New Haven: Yale UP, 1980, 78쪽.

24) 여기서 배열(configuration)의 의미는 시간적이나 인과적인 배열이라기보다는 성좌(constellation)와 연관된 개념이다.

지할 때, 그 배열에 충격을 가하게 되고 이를 통해 사고는 하나의 단자로 결정화된다. […] 이러한 단자의 구조 속에서 그는 사건의 메시아적 정지의 표식, 달리 말해 억압된 과거를 위한 투쟁에서 나타나는 혁명적 기회의 신호를 인식한다. 그는 동질적이고 공허한 역사의 진행을 폭파시켜 […] 그로부터 과거를 인지한다.[25]

여기서 드 만은 벤야민의 "정치적인 것"을 "시적인 것"으로 대체하여 읽는다.[26] 만일 벤야민의 "정치"가 "시"로 전치되어 읽힐 수 있다면, 이것은 거꾸로 벤야민에게 "시"가 "정치"와 무관한 영역이 아니라는 것을 뜻한다. 따라서 벤야민의 "순수언어"를 순수하게 "언어적인 것"으로만 읽을 수는 없다.

구체적으로 벤야민에게 순수언어란 무엇일까? 그는 언어 일반과 인간의 언어를 구분한다.[27] 그러나 우리는 동물에게도 언어가 있다고 생각하지 않는다. 관습적으로 언어란 인간 고유의 것이다. 과연 벤야민이 인간 언어와 언어 일반을 구분할 때 언어의 범위를 넓혀서 동물의 언어도 포함하려고 했던 것일까? 다시 드 만을 빌면, "고유의 언어 속에서 편안하다고 생각하고, 우리 고유의 것이라 부르는 언어 속에서 아늑함과 친숙함을 느끼기 때문에 우리가 언어에서 소외되지 있지 않다"고 생각하는 것이 바로 인간의 언어일 것이다. 만약 이러한 것이 인간의 언어라면, 인간의 언

25) Benjamin, "Theses on the Philosophy of History" 263쪽.

26) De Man, 위의 글, 93쪽.

27) Benjamin, "On Language as such and on the Language of Man", *Selected Writings 1: 1913-1926.* Ed. Marcus Bullock and Michael W. Jennings, London: Belknap, 1996, 62-74쪽. 『언어일반과 인간의 언어에 대하여/번역가의 과제 외』, 최성만 옮김, 길, 2008.

어가 소위 말하는 주체의 언어라면, 순수 언어는 라캉식으로 말해서 상징계의 그물망을 통과할 수 없는 것일 것이다. 하지만, 상실 이전의 그 어떤 것은 인간의 언어라고 할 수는 없다. 바로 이것을 벤야민은 순수 언어라고 말하고 있는 것은 아닐까.

그래서 바로 이 지점에서 나는 벤야민이 라캉의 실재적 대상(*objet a*) 개념을 선취하고 있다고 생각한다. 물론 벤야민은 라캉보다 앞선 시대를 살았다. 그러나 라캉이 프로이트의 독자였듯이, 벤야민도 프로이트의 독자였다. 물론, 벤야민은 프로이트의 영향이 강력하게 드러나는 곳에서도 프로이트를 직접적으로 언급하지 않았고, 잠시나마 프로이트를 언급했던 시기는 거의 죽음이 임박했을 때인 1935년과 1939년 사이였다.

그러나 벤야민이 프로이트의 이론을 접한 것은 1918년경으로 추측된다. 숄렘에 따르면 벤야민이 프로이트를 처음부터 높이 평가했던 것 같지는 않지만, 『독일 비극의 기원』이나 멜랑콜리에 대한 벤야민의 글은 그와 프로이트의 연관성을 부정할 수 없도록 만든다.[28] 하지만, 벤야민은 프로이트의 심리주의에 머물지 않고 그것을 훨씬 더 정치적인 방향으로 밀고 나아갔다. 만일 우리가 라캉을 단순히 인간 내면의 분석가로만 간주하지 않고, 보다 정치적인 방향으로 밀고 나갈 수 있다면, 역사가 벤야민의 여정 속에서 라캉을 미리 엿볼 수 있을 듯하다.

선술했듯이 벤야민은 번역이 "순수 언어"와 밀접하게 관련되

---

28) 벤야민과 정신분석의 연관성에 관해서는 Sarah Ley Roff, "Benjamin and Psychoanalysis", David S. Ferris, ed. *The Cambridge Companion to Walter Benjamin*, Cambridge: Cambridge UP, 2004, 115-133쪽 참조.

어 있다고 했지, 순수 언어가 곧 번역이라고 말하지 않았다. 마찬가지로 번역이 곧 라캉의 실재를 구현한다고 말할 수는 없다. 실재는 일종의 목에 걸린 뼈다. 하지만, 원래의 모습 그대로 우리의 인식 지평 속으로 솟아나지 않는다. 이와 마찬가지로 순수 언어는 일종의 씨앗이며, 이 씨앗은 흙속에서 자라서 싹을 피우고 잎이 솟아나기 전까지는 결코 우리 앞에 그 모습을 드러내지 않는다. 씨앗이 자라서 풀이나 꽃이 되고 나무가 되는 과정이 바로 번역이다. 그래서 번역은 원작을 옮겨 심는 것이고, 이동시키는 것이자, 곧 전이의 과정이다.

그러므로 벤야민이 말하는 과거가 자신을 주장하는 힘이란 "기억에서 누락된 것이 완전히 사라지지 않고 반복적으로 우리의 생활을 혼란시키며 그것을 뒤흔들어놓는 강요/주장instance/insistence 이라는 라캉의 실재 개념과도 어느 정도는 통할 수 있는 개념일 것이다.[29] 즉 상징화되지 못한 과거, 혹은 푸코 식으로 말해서 기록되지 못한 역사가 순수 언어의 요구라면, 번역의 과제는 순수 언어의 요구/주장을 발현하는 것일 것이다. 상징계의 그 본래적 균열을 우리가 보지 못한다면, 실재는 스크린 속에 숨어서 결코 자신을 드러낼 수가 없을 것이다. 그러나 실재란 결코 재현의 그물에 잡히지 않는 것이어서, 상징계로 등장하려면 원래의 모습이

---

29) 세리단이 영역한 『에크리』에서 불어 'Instance'는 'Agency'로 번역되어 있다. 하지만, 이것이 주체에게 힘을 행사하기는 하지만, 행위자가 아니므로, 핑크는 'Instance'를 그대로 사용하고, 지젝은 어감을 좀 더 강화시켜 'Insistence'로 옮겼다. 이 번역어에 대한 보다 자세한 설명은 Lacan, *The Seminar of Jacques Lacan Book XX* (Ed. Jacques-Alain Miller. Trans. Bruce Fink. New York: Norton, 1999) 3쪽의 역자 주 참조.

아닌 왜상의 형식을 빌어야 하는 것처럼, 순수언어의 씨앗이 그 모습을 드러내려면 반드시 번역의 형식을 빌어야 한다.

벤야민은 모든 언어에는 근친성이 있다고 한다. 하지만, 언어의 근친성이란 어원이 동일하다는 것이 아니고, 모든 언어가 원래 동일했다는 것도 아니다. 벤야민은 번역은 "원문의 내적 긴장 *intentio*에 목소리를 주는 것"이라고 했다.[30] 영어본이든 한국어본이든 *intentio*는 의도나 지향 등의 현상학적인 용어로 주로 번역된다. 하지만 번역이 의사소통을 목표로 하지 않는다면, 그리고 언어가 라캉이 말하는 바처럼 우리의 의식을 넘어서 있는 것이라면, 언어란 현상학적인 지향이나 의도를 넘어설 수밖에 없다. 따라서 intention이란 삶 내부의in 긴장tention을 말하는 것이고, 모든 언어에 근친성이 있다는 벤야민의 주장은 바깥으로 펼쳐진 방식에서가 아니라, 안으로 접혀진 형식이 동일하다는 뜻일 것이다. 그러므로 언어 속의 근친성은 직접적으로 인간이 확인할 수 있는 것이 아니라, 번역의 형식을 통해서만 현시될 수 있다. 따라서 재현불가능한 것을 언어 속에 합체하는 것이 번역이요, 재현불가능한 것을 위해 새로운 언어를 창조하는 것이 벤야민의 번역인 것이다.

이 책에서 이러한 벤야민의 번역관은 데리다를 통해, 호미 바바를 통해, 스피박을 통해 그리고 이창래, 에메체타 등의 문학작품을 통해 계속 변주될 것이다. 하지만 이것은 동일한 내용의 변주가 아닌 그것을 옮겨내는 형식의 변주일 것이다.

---

30) Benjamin, "The Task of the Translator", 79쪽.

3. 번역과 해체: 자크 데리다

> 기표와 기의가 근본적이고 절대적으로 일치할 수 없다는 것은 그것이 기능하지 않는다는 뜻이 아니라 기표와 기의의 차이가 언어의 기능에 한계, 대단히 큰 커다란 한계를 부여한다는 말입니다. 바로 이 한계가 번역을 가능하게 합니다. […] 이 한계 속에서 번역은 기의와 기표 사이의 차이를 실행합니다. 이 차이가 절대 순수하지 않은 것처럼, 번역 역시 절대로 순수하지 않습니다. 따라서 번역의 개념은 ***변형***으로 대체되어야 할 것 같습니다. 번역은 하나의 언어에서 다른 언어로, 하나의 텍스트에서 다른 텍스트로의 변형입니다. 즉 번역은 의미화 도구를 순수하게 손상되지 않은 채로 남겨두고, 순수 기의를 다른 언어나 텍스트로 전송하는 것과는 아무런 상관이 없습니다.[1)]

번역은 차연, 흔적, 타자 등과 함께 자크 데리다 사유의 핵을 관통하는 중요한 주제이다. 우선 데리다의 학자로서의 삶은 후설의 「기하학의 기원」을 번역하면서 본격적으로 시작되었다.[2)] 출판되자마자 수많은 논란을 불러일으켰지만, 지금은 대단히 유명해져 있는 역자 서문은 데리다의 초기 이론의 씨앗을 담고 있다.

이 책에서 언어와 관련된 부분은 주로 5·6·7장에 걸쳐 있는데, 후설과 결정적으로 언어에 대해 다른 입장을 취하는 이유가

---

1) Jacques Derrida, "Semiology and Grammatology", *Positions*, Trans, Alan Bass, Chicago: U of Chicago P, 1981, 20쪽. 박성창 편역, 「기호학과 그라마톨로지」, 『자끄 데리다: 입장들』, 도서출판 솔, 1992.

2) Jacques Derrida, 1962, *Edmund Husserl's Origins of Geometry: An Introduction*. Trans. John Leavey, Jr. Lincoln: U of Nebraska P, 1989. 완역본은 아니지만 배의용이 옮긴 『기하학의 기원』(지만지, 2008) 참조.

데리다가 다음과 같은 관점을 취하고 있기 때문이다.[3] 첫째, 언어란 의사소통의 도구가 아니며, 이름은 사물에 대한 지배의 형태다. 이것은 권력을 당연시하고 중립화하는 효과를 지니고 있다. 둘째, 단어와 단어가 표상하는 의미 사이는 근친성이 있기는 하지만 확정적이지 않다. 셋째, 언어란 (특히 후설의 조이스 연구와 관련하여) 번역 불가능성과 번역 가능성 사이에서 기능을 하는 것으로 이해되어야 한다.

우리는 언어를 보편적 의사소통의 수단으로 이해하기 때문에 서로 다른 언어로 번역할 수 있다고 생각해왔다. 하지만, 데리다는 이미 역자 서문에서부터 이러한 번역의 전제에 도전하고 있다. 우선, 언어 자체가 의사소통의 도구 이상의 기능을 한다는 점, 고유명이나 이름 짓기, 그리고 표현능력에 의존하는 언어가 수많은 다른 의미를 연상시킨다는 점에서 언어 속에는 번역을 가능하게 하는 동시에 번역을 불가능하게 만드는 요인이 있다는 점 등, 이후에 제기될 그의 급진적 사유의 씨앗이 이미 역자 서문에 파종되어 있음을 알 수 있다.

또한 "텍스트 바깥에는 아무것도 없다."라는 그의 가장 유명한 문구 역시 언어의 이동적 속성에 주목하는 번역과 밀접한 관련을 지니고 있다. 그는 우리가 텍스트를 읽을 때, 텍스트 바깥의

---

3) 『기하학의 기원: 서문』은 데리다가 1962년에 출판한 첫 책이며, 뒤에 출판된 다른 어떤 책에서 보다 조심스럽고 용의주도하게 논의를 전개하고 있는데, 필자가 여기서 지나치게 단순하게 정리한 감이 있다. 하지만, 후설의 논의가 아니라 데리다가 번역에 말하고자 하는 바에 초점을 맞추고자 이 부분은 간략하게 넘어가겠다.

역사적, 심리적인 요소나 작가의 자전적 요소를 덧붙여서 총체적인 의미를 만들고자 해서도 안 되고, "작가 자신은 지각하지 못하면서 그가 사용하는 언어 패턴들에 대해, 그가 장악하는 것과 그렇지 못한 것 사이의 일정한 관계를 겨냥해야만 한다."라고 설명한다.[4] 즉, 역사, 심리 등의 텍스트 바깥을 통해서 텍스트를 읽고자 하는 것은 언어 속의 틈새와 간극을 메우고, 어떤 지배적인 해석을 만들어나가려는 다분히 목적론적 과정에 동참하는 것이기 때문이다. 그래서 그는 언어 내부의 혹은 언어 간의 틈새 공간을 번역을 통해서 사유하고자 했던 철학자였다. 언어의 틈새 공간은 의식적이고 이성적 사고가 생겨나기 이전에 발생하는 것이며, 모든 규정적이고, 상징적 정체성을 부여하는 메커니즘으로 들어가기 이전, 즉 번역가가 정확한 단어의 대치물을 찾기 이전에 발생한다. 이를 데리다는 '번역'의 공간이자, '차연'[5]이 발생하는 장소라고 말한다. 이 갈라지고 벌어진 균열의 공간을 목적론적인 해석 행위로 메우고자 할 때, 번역은 필연적으로 '권력'이 개입하는 장소가 된다.

근대적 번역관은 텍스트를 읽고서 받아들이는 독자의 해석

4) Derrida, *De la grammatologie,* Paris: Minuit, 1967, 227쪽. *Of Grammatology,* Trans, G. Spivak, Baltimore: Johns Hopkins UP, 1976, 158쪽. 한국어 번역은 『그라마톨로지에 대하여』(김웅권 번역, 동문선, 2004) 참조. 인용은 주로 영역본에 의거했고, 필요할 때 불어 원본과 한국어 번역본을 참조하였다.

5) *defférance*는 실제로 차연보다는 차**이**, 差移 등의 번역어가 훨씬 더 좋은 번역이다. 차연으로 번역했을 때, 가장 큰 손실은 음성중심주의를 해체하고자 했기에, 발음은 같고, 문자를 달리 표기한 데리다의 의도를 살리지 못한다. 그러나 독서의 편의와 접근성을 고려하여 좀 더 대중화된 용어인 차연을 그대로 사용하였다.

은 다양하지만, 그럼에도 공통으로 묶어낼 수 있는 지배적 해석, 즉 지배 담론이 존재한다고 전제한다. 데리다는 이 전제의 허구성을 해체한 선구적인 학자다.

그는 목적론적인 해석에 저항하고, 과정으로서 읽기를 선호한다.[6] 그에 의하면 말은 일종의 원본이며, 글은 말의 번역이 된다. 언어란 반복될 수 있을 때만 송신자나 작가를 넘어서 이해될 수 있다. 사람은 그 메시지를 이해하기 위해 언어를 반복해야 한다. 그러나 반복은 같은 것의 반복이 아니라 차이를 가진 반복 즉 '반복차이'iteration다. '반복', '또 다시'once again를 의미하는 "iter"은 산스크리트어의 "itara"에서 온 것이며, 이는 '타자'other를 의미한다.[7] 원래 반복차이가능성란 것은 수학에서 쓰는 용어로, 근사치의 반복이란 뜻이다. 예를 들면, 수의 계산에서 모든 소수점 이하의 수까지 다 고려할 수가 없다. 그래서 소수점 이하의 몇 자리 정도에서 반올림하여 근사치를 구하게 된다. 데리다의 경우 언어란 바로 이 근사치에 다름 아니다. 근사치에는 언제나 오차가 따르기 마련이고, 이 오차가 반복됨으로써 예견되지 않은 의미를 열어주는 것이다. 따라서 반복차이가능성이란 바로 차연이고 흔적이며 타자와 다른 맥락이 아니다. 따라서 '반복차이'는 동일한 것의 닫힌 반복repetition 타자성에 개방하는 형태이며 문자 기록을 구조화하는 표지가 된다. 따라서 이것은 송신자에 의해 의도되지 않고 예견되

6) Derrida, *Margins of Philosophy,* Chicago: U of Chicago P, 1982, 18쪽.

7) Derrida, "Signature Event Context", *Margins of Philosophy,* 1972. Trans. Alan Bass, Chicago: U of Chicago P, 1982, 315쪽. 좀 더 자세한 논의는 Derrida, *Limited Inc.*(1977. Evanston: Northwestern UP, 1988) 참조.

지 않은 의미를 열어준다. 의미란 추출되거나 재구성, 혹은 반복될 수 있는 것이 아니다. 하지만, 번역 행위에서 번역가는 의미를 결정해야 한다. 이러한 의미의 결정과정은 번역에서 특정한 해석 행위가 수반됨을 말해주는 것이며, 이 해석 행위는 결국 번역을 원본의 반복이 아닌, 차이를 가진 반복으로 만든다.

따라서 그가 말하는 언어 역시 자체로 완결된 텍스트로서 바깥의 사물을 담아 전달해주는 그릇이 아니다. 소쉬르가 선구적으로 보여주었듯이 언어는 청각 영상인 기표와 내용인 기의로 분리되어 있으며 그 둘의 관계는 자의적이다. 소쉬르를 그의 언어관의 출발지로 삼은 데리다는 이에서 한발 더 나아가, 기표가 기의를 찾아 떠나지만, 이 둘의 만남은 궁극적으로 실패한다고 주장한다. 즉 기표가 기의를 찾아 나선다 할지라도 임의의 출발지와 임의의 도착지 사이의 차이, 즉 시간 내기와 공간 내기로 말미암아 그 시도는 언제나 좌절한다. 따라서 기표는 자신을 다른 기표에 끊임없이 이양함으로써 기의와의 만남을 약속하지만, 이 이양의 과정 속에서 언어는 은유와 비유에, 인용과 번역에 자신을 개방할 수밖에 없다.

그러나 이러한 언어의 이동적 속성을 고정하여서 한 장소에 정박시킬 때 그것은 하나의 곶cape이자 항구가 된다. 라틴 어에서 곶*caput*은 어간 *cap*이 뜻하는 바처럼 자본capital의 장소이며, 선장captain이 지휘하는 방향성 있고 질서정연한 행위인 동시에 그 목표 지점은 수도capital이다. 이 장소는 수많은 지역 중의 한 장소가 아니라 모든 지역을 대표하는 보편성 장소이자, 모든 지역을 아우르는 총체성의 장소이다. 그러므로 데리다가 가장 두려워하는 것은 이러한 고정 점이요, 보편성이라는 이름으로 진행되는 타자의 살해이다.

따라서 이 장에서는 데리다가 번역에 대한 주제를 직접적으로 언급하는 글들[8]을 중심으로 이러한 타자 살해와 언어의 강제적 정박이 갖는 정치적 의미를 살피고, 언어 내의 그리고 언어 간의 틈새, 차이, 타자의 공간에 주목하여, 겉으로 보기에 서로 다른 언어로 된 텍스트 간의 의미 전달이라는 번역 개념을 탈신화화시키고, 권력에 봉사하고, 권력의 시녀 구실을 하는 번역 문화의 비판을 넘어서, 번역 자체가 가지는 가능성과 독특성, 그리고 번역이 우리에게 열어줄 수 있는 윤리에 주목하고자 한다.

바벨과 함께 태어난 번역의 필연성

살아있는 언어는 주어진 시공간을 초월해 보편적 말씀으로 귀결

8) 본 연구에서는 데리다가 번역을 본격적으로 거론하는 저작인 『타자의 귀』 (1979, *The Ear of the Other: Otobiography, Transference, Translation: Texts and Discussions with Jacques Derrida,* Trans. Peggy Kamuf. Lincoln: U of Nebraska P, 1985), 「일본인 친구에게 보내는 편지」 ("Letter to a Japanese Friend", 1987, Trans. David Wood and Andrew Benjamin, *A Derrida Reader: Between the Blinds*. eds. Peggy Kamuf. New York: Columbia UP, 1991. 270-6쪽; 「바벨탑」 ("Des Tours de Babel" Trans, Joseph Graham. *Difference in Translation,* Ed. J. Graham. Ithaca: Cornell UP, 1985, 165-209쪽); 「관련된 번역은 무엇인가?」 ("What Is a 'Relevant' Translation?" Trans, L. Venuti, *Critical Inquiry* 27.2 (2001): 174-98쪽)에 초점을 맞추었다. 하지만, 데리다의 번역에 대한 관심이 어떤 문제의식에서 출발했는지를 알고자 『그라마톨로지』를 포함했다.

될 수는 없다. 모든 언어는 기표의 이동과 여행의 과정이며, 이 과정에서 언어는 끊임없이 출몰하는 이질적 타자에 의해 계속하여 오염된다. 이 오염을 원천적으로 봉쇄할 길은 없다. 언어의 이동과 여행의 속성은 모든 언어, 모든 텍스트가 번역을 수반할 수밖에 없다는 것을 보여준다. 언어의 현전성과 고유성이 하나의 신화요, 구성된 것에 불과하다면 언어와 언어 간에서뿐만 아니라, 하나의 언어 내에서도 번역은 필연적이다.

물론 이때 번역은 축어적 의미의 일대일 등가성에 기초한 번역 개념을 넘어선 것이다. 언어 간의 등가성이란 하나의 신화이며, 번역을 당대 역사와 사회의 맥락으로 재구성한 결과이다. 번역에서 등가성의 신화를 걷어낼 때 우리는 실제 번역의 현장을 삭제하는 것이 아니라, 대리보충의 형식으로 그것을 더욱 심화하고 확대해나갈 길을 열 수 있다. 데리다는 「바벨탑」에서 언어의 산포와 이동, 그리고 번역이 서양 역사의 기원에 위치하는 창세기의 신화에서부터 시작되었고, 그것은 야훼의 명령이었음을 상기시킨다.[9] 그리고 번역이 원본에 대해 더 주변적이고 이차적인 문제가 아니라 아마도 원본에서 이미 작동하는 언어 현상으로 논의되어야 함을 밝힌다.

『기하학의 기원: 서문』에서 지적했던 언어에 관한 제안들을 번역과 이름 언어를 중심으로 더 깊이 발전시키고 있는 이 글에서 데리다는 발터 벤야민의 「번역가의 책무」와 「언어 일반과 인

9) 제목인 "Des Tours de Babel"에서 'Tours'는 '탑'을 의미하는 동시에 언어의 순환, 이동과 여행을 암시한다.

간언어에 대하여」를 다시 읽으면서 그의 통찰력에 경의를 표한다. 벤야민에 의하면 언어는 단순히 의사소통의 도구가 아니며, 언어 바깥에 존재하는 사물에 대한 매개가 아니다. 그리고 번역이 원본에 대해 부차적 존재가 아니라 오히려 원본이 그 생존을 위해 번역에 의존할 수밖에 없다. 벤야민의 번역 논의에서 살펴보았듯이 '생존/사후의 삶'Sur-vival은 저자의 생물학적 삶과 죽음을 넘어서는 것으로, 저자의 부재 속에서 여전히 살아있는 문자의 기능이기도 하다.

벤야민의 논의에서 데리다가 초점을 두는 것은 재현의 언어에 상반되는 위치를 차지하는 '이름 언어'이다. 데리다가 읽는 벤야민에 의하면 이름 언어 속에서 신, 인간, 세계 사이에서 존재했던 조화롭고 충일한 관계가 재발견될 수 있다고 본다. 여기서 번역은 단순히 의미를 전달하거나 유사성에 기반을 두고 원문의 의미를 재현하는 것이 아니라, 언어의 본질인 자기지시성을 회복시켜 주어야 한다는 것이다. 그래서 데리다는 벤야민이 "진정한 번역은 투명하다. 진정한 번역은 원문을 모두 포괄하지도 않고, 원문의 빛을 방해하지 않는다. 그것은 순수언어가 마치 번역의 매개에 의해 더욱 강화된 것처럼, 원문을 더욱더 충만하게 비출 수 있도록 해준다."[10]고 말했다고 본다.

그러나 데리다에게 투명한 번역이나 완전히 순수한 언어란 그 기원에서부터 존재하지 않는다.[11] 데리다는 순수 언어를 원본

10) Benjamin, "Task of the Translator", 위의 책, 79쪽.

11) 여기서 데리다는 벤야민의 순수언어를 문자 그대로 순수한 언어로 읽고, 벤야민

은 그 자체로 완전하지 않으며, 언제나 그 속에 결여를 숨기고 있다. 데리다에게 번역은 원본의 이러한 결여를 대리보충하는 행위이다. 번역은 이미 완성된 것(원본)을 보충하는 덧붙임이 아니라 원본에서 가려져 있었던 결여를 드러내 주는 방식이다. 그는 우선 「번역가의 책무」에서 '책무'가 위임, 책무라는 뜻 이외에 채무, 빚이라는 의미도 지닌다는 것에 주목한다. 번역은 결코 채무에서 벗어날 수 없다. 번역가는 언제나 오류와 실수의 위험에 노출되어 있기 마련이다. 원본과 번역의 관계는 보충적이며 번역의 채무는 상환 불가능하다. 벤야민에 대한 전통적 읽기는 '번역이 책무'라는 점에 초점이 맞춰졌지만, 데리다는 번역의 '빚'과 '채무'로 초점을 이동한다. 번역가에게 빚의 상환을 요구하는 존재는 결코 원문이 아니다. 원문 역시 번역을 통해 보충되어야 한다는 빚을 스스로 지고 있다. 원문은 "기원에서부터 결점 없고, 충만하며, 완전하고, 총체적으로 자신의 정체성을 확보하고 있지 않기 때문이다."[12]

그러나 데리다는 벤야민에게 채무상환의 의무를 부과하는 존재는 원문이 아니라 '신'이라고 본다. 벤야민은 원문이 기호의 자의성과 언어의 도구성에 오염되어 있기에 원문과 번역을 동시에 아우르는 언어의 근친성을 발견하고 그 속에서 숨쉬고 있는 언어의 자기지시성을 획득하는 것이 번역의 과제라고 보았다. 순수언어의 본질, 즉 언어의 자기지시성은 추방 이후 상당 부분 퇴

의 메시아성을 세속적인 차원에서 읽지 않고 있다. 이 부분에 관해서는 이 책의 "벤야민"장(2장) 참조.

12) Derrida, "Des Tours de Babel", 위의 책, 188쪽.

색하긴 했지만, 태초에 신은 인간에게 사물의 이름을 짓는 능력을 부여함으로써 신의 창조를 완성하였기에, 벤야민의 이름 언어는 타락 이전의 순수 언어를 구현한다고 데리다는 읽는다.

데리다가 벤야민을 읽는 방식은 다분히 전통적이지만, 그가 벤야민을 해체하면서 벤야민의 글 속에 잡힌 주름을 펼쳐내는 읽기는 상당히 주목할 만하다. 데리다는 바벨의 일화를 통해 벤야민이 순수 언어로 가정하는 고유명, 즉 이름언어를 해체한다. 셈족이 건설하려는 탑의 이름은 '바벨'이며, 히브리어로 발음할 때, '혼란'Confusion과 발음이 같다. 독특하고 반복될 수 없는 경험을 대표하는 고유명사인 '바벨'은 번역할 수 없다. 하지만, 데리다는 '바벨'이 '혼란'을 의미하는 보통명사이기도 하다는 점에 주목한다. 바벨의 'Ba'는 원어에서 '아버지'를 의미하고 'Bel'은 '신'을 의미한다. 이 경우 '바벨'은 보통명사가 되어, 신의 도시, 혹은 아버지 하나님의 성스러운 도시를 의미한다. 따라서 고유명으로서 바벨은 번역 불가능하지만, 보통명사로서 바벨은 번역 가능하다. 그러므로 바벨은 그 제목에서부터 번역 불가능성과 번역 가능성을 동시에 나타내는 표지이다. '바벨'이 '혼란'을 의미하지만, 이 '혼란'의 의미는 최소한 이중적이다. 바벨은 '혼란'을 의미하는 동시에 아버지로서 '신의 이름' 그 자체이기도 하기 때문이다. 즉, 바벨은 신의 이름이지만, 그 신의 이름은 '혼란'을 의미한다. 그리고 바벨이라는 도시는 신이 부여한 공동체의 공간이기도 하다. 이 공간은 신의 분노로 말미암아 서로 소통이 불가능한 도시가 되면서, 번역이 필요불가결해진 것이다.

셈족의 '셈'Shem 역시 고유명이기는 하지만, 보통명사로서 '이름'이란 뜻이다. 그런데 그들은 부여받은 이름인 '셈' 이외에 다른 이름을 스스로 만들어 붙이길 원했다. 즉 그들은 이름의 이름을 원했던 것이다. 그들은 전 세계에 그들이 만든 언어를 부과하기를 원했고, 그들의 언어가 보편어가 되기를, 그들의 제국이 세계의 제국이기를 원했던 것이다. 하지만, 신은 이 기획에 분노했고, 신은 자신이 내려준 언어의 선물을 파괴하고 혼란을 가져다주었다. 신은 스스로 자신의 이름을 선택하여, 히브리어에서 '혼란'과 발음이 동일한 '바벨'이라고 외친다. 그 이후 그들은 더는 같은 언어로 소통할 수 없게 되었다. 사실 혼란은 고유명과 보통명사 사이에서 일어난다. 야훼는 고유명으로 바벨을 외쳤으나, 셈족은 그것을 '혼란'으로 받아들였다. 그러므로 신은 고유명사를 인간들이 보통명사로 번역하도록 강제하는 전쟁을 일으킨 셈이다.

이는 조이스의 『피네간의 경야』에 나오는 두 단어 "HE WAR"[13]에서도 동일한 방식으로 드러난다. 데리다는 이 두 단어를 통해 어떻게 조이스가 야훼의 입장에서 어떻게 언어 사이의 전쟁을 선포하는지 보여준다.[14] 이 두 단어, HE WAR는 번역의 필요성은 있으나, 하나의 특정한 언어로 번역하는 것은 불가능하다. WAR를 영어로 보면, 이것은 "그는 전쟁한다" 정도가 될 것이

13) James Joyce, *Finnegan's Wake*. New York: Penguin, 1979. 258.12

14) Derrida, "Two Words for Joyce", *Post-Structuralist Joyce: Essays from the French*, Ed. Daniel Ferrer Derek Attridge, Trans, Geoff Bennington. Cambridge: Cambridge UP, 1984. 148-58쪽. 「조이스의(에게 하고 싶은) 두 마디 말」, 김보현 편역, 『해체』, 서울: 문예출판사, 1996. 528-58쪽.

나, 독어로 본다면 “he were” 즉 “그는 존재한다”로 번역될 수 있으며, 또한 war를 독일어 동사가 아닌 형용사로 읽는다면, 또 다른 의미가 있다. 그리고 이 말이 바벨탑을 묘사하는 장면에서 등장한다는 점을 상기한다면, 조이스의 이 두 단어 역시 바벨의 일화와 무관하지 않음을 알 수 있을 것이다. 조이스는 야훼의 입장에서 자신의 텍스트를 번역하라고 명령하지만, 동시에 하나의 유일한 언어는 안된다는 신의 금지를 구현하고 있다. 여기서 금지와 명령은 동전의 양면과 같이 붙어 있다. 탑의 파괴와 동시에 언어는 번역 없이 존재할 수 없게 되었지만, 동시에 신 그 자체, 즉 야훼 자신도 번역을 통하지 않고서는 존재할 수 없게 된 것이다.[15] 따라서 인간에게 번역을 명령한 것도 신이요, 신 자신을 포함해서 원본을 존재하지 못하게 한 것도 신이다.

야훼의 분노는 셈족이 그들의 언어를 유일무이한 보편어로 만들기를 원했기에, 그리고 그들의 혈통이 유일무이한 계보가 되기를 원했기 때문에 생겨난 것이다. 그래서 야훼는 이 계보학적인 연대를 해체시켰다. 이 과정을 데리다는 “셈족은 세계 속에 이성을 가져오기를 원했다. 이 이성은 동시에 식민화의 폭력이자 자신의 어휘를 보편화하려는 폭력을 의미한다”라고 설명한다.[16] “그들의 기획이 성공했더라면, 그들의 언어는 나머지 세계에 대해 폭력적인 헤게모니에 의해 부과된 특정한 언어가 되었을 것이다.”[17]

15) 야훼가 히브리어로 모세에게 말한 “I am that I am”에서 자음만 딴 YHWH에서 유래되었다면, 야훼 역시 번역이라고 볼 수 있겠다.

16) Derrida, “Des tours de Babel”, 174쪽.

17) Derrida, *Ear of The Other,* 101쪽.

그러나 이 기획은 실패했고, 문화적 민족적 정체성에 의해, 보편성 공동체를 위한 단 하나의 언어에 의해 제공된 평화로운 투명성은 신에 의해 파열되었다. 그 이후 번역은 사람들의 소통을 위해 필요불가결한 것이 되었지만, 동시에 완전한 번역이 불가능해졌으며, 이것이 오늘날에도 번역의 문제가 사라지지 않고 우리를 괴롭히는 이유가 된다.

레비스트로스의 원주민 문화의 번역과 문자

서구의 교육과 근대의 가치를 내면화해온 우리는 전통적 서구형이상학의 주장과 마찬가지로 말을 보편적 의사소통의 수단으로 간주하고, 문자는 말을 기록하고 보조하는 수단으로 간주하는 경향이 있다. 하지만, 데리다의 가장 초기의 저작인 『기하학의 기원』의 역자 서문과 『그라마톨로지』에서 이러한 말과 문자의 위계질서에 도전한다.[18] 물론 이는 익히 알려졌듯, 서구의 음성로고스중

18) 데리다가 사용하는 '문자'(*écriture*/writing)는 이성원 교수의 통찰력 있는 주장에서 시작되어 문자 대신 문자기록이라고 번역하는 예도 있다(김재희 · 진태원 번역, 『에코그라피』(민음사, 2002) 역주 6, 78-79쪽). 데리다는 세포의 정보를 기록해둔 유전자 코드나 대수 등 기존에 문자로 생각되지 않았던 영역으로 문자의 개념을 넓히고 아주 좁은 의미에서 문자를 쓰인 말로서만 간주해온 서양의 전통 자체를 폭력으로 간주하고 있다. 따라서 데리다의 문자를 기록으로 번역하는 것은 의미상으로는 대단히 근접한 번역인 것은 사실이지만(기록보다는 '표기'가 더 정확할 수도 있다), 이 번역어를 채택하지 않은 것은 데리다의 문자가 갖는 전복적 의미를 희석하지 않는가 하는 우려 때문이다. 물론 기존의 문자 개념이 많은 문제를 지니고 있기 때문에 '*gramme*'(영어는 gram)을 문자를 대신하는 새로운 어휘로 사용할 것을 데리다는 권한다(*Positions*. 26쪽). 그렇다면 '*gram*'을 기록으로 번역하고, '*écriture*'을 문자로서 번역한 『읽기이론, 이론읽기』(장경렬·

심주의나 플라톤, 아리스토텔레스, 루소, 헤겔, 후설 등 서구의 대가들이 구축해놓은 현전의 형이상학을 비판하기 위한 것으로, 말, 글이라는 이분법을 가능하게 만든 형이상학의 전제를 무너뜨리고자 하는 것이다. 하지만, 이것은 기존의 이분법을 거꾸로 뒤집어 말보다 문자가 중요하다는 주장이 아니다. 사실 문자 속에도 음성이 들어 있고, 음성 언어 속에도 문자가 기입되어 있다. 문제가 되는 것은 음성 자체, 목소리 자체, 혹은 발화 자체가 아니라, 음성 언어를 특권화시켜서, 말씀이 시공간을 초월한 투명하고 의문의 여지없는 진리를 구현한다는 사유 속에 들어 있는 폭력이다.

여기서 진리와 보편성에 대한 추상화된 비판보다 한국을 비롯하여 한자문화권에 속하는 동아시아, 혹은 이집트, 라틴 아메리카의 잉카, 마야 문화 등 비유럽권 문자 체계가 논의되는 방식을 구체적 예로 든다면 음성 중심 사유의 문제점이 더 명확히 드러날 것이다. 『일반언어학 강의』에서 소쉬르는 "언어와 문자는 분명히 구별되는 기호 체계이며, 문자의 유일한 존재 이유는 언어를 표상하는 데 있다"[19]고 주장하고, 표음문자만을 연구대상으로 삼

이소희 · 고갑희 옮김, 한신문화사, 1999)는 용어 번역에 많은 고민과 토론을 거쳤음을 반증하는 사례이다.

그러나 *'gram'* 역시 그리스 어로 문자를 지칭한다. 따라서 여기서는 기존에 우리가 쓰는 어휘인 문자의 문제를 부각시키기 위해서 *écriture*는 '문자'로, 데리다가 문자를 대신하는 새로운 용어로 사용하길 원하는 "*gram*"이 포함된 그라마톨로지는 원어 그대로 옮긴다. 참고로 중국에서 『그라마톨로지』는 ≪论文字学≫으로 옮겼고, 일본에서는 우리와 같이 음역하여 '그라마톨로지'라고 쓰지만, '표기학'이라고 옮긴 경우도 보인다.

19) Ferdinand de Saussure, *Course in General Linguistics*. trans. Wade Baskin, 1959, Trans, Roy Harris, Illinois: Open Court, 1986, 24쪽. 최승언옮김, 『일반언어학강의』, 민음사

고 다른 문자 체계를 의도적으로 배제했다. 그 주된 이유는 표의문자, 설형문자, 그림문자 등을 포함한 비 알파벳 문자는 음성언어를 발음 그대로 복제하여 그 현전성을 전달하기 위한 도구로 정의되는 서구 문자관에 맞지 않기 때문이다. 이것은 그림문자, 상형문자 등은 진화가 덜 된 문자 체계라거나, 상형자의 특성을 아직도 완전히 탈피하지 못하고, 여전히 보전하는 한자는 일종의 미완성된 알파벳이라고 생각하는 경향과 맥락을 같이한다. 즉 문자 없는 문화는 원시문화로, 표의문자를 사용하거나 표의성을 여전히 간직하는 한자문화는 진화가 덜 된 문화로 간주하는 것은 표음문자가 언어의 발달단계에서 최종적이라는 인식에서 연유하는 것이다. 그리고 이것은 음성언어가 문자에 우선한다는 전통적 인식의 소산으로, 음성언어에 특권을 부여함으로써만 표음문자가 모든 문자에 대표성을 띨 수 있다.

그렇다면, 과연 음성언어는 문자보다 더욱 근원적이고, 순수한 현전성을 갖는가? 플라톤에 의하면 음성언어 즉 말은 "영혼 안에 쓰인" 것으로 문자 언어인 "글보다 뛰어나고 효과적"이며, "영혼의 본성에 대해서 통찰하도록 하고 그 각각의 본성에 맞게 알맞은 말을 발견하여 담론을 질서 짓고 배치하도록 한다."[20] 음성언어는 농부가 적절한 곳에 적절한 양으로 씨를 뿌리는 것에 비유되고, 문자는 장소를 가릴 것 없이 아무렇게나 씨를 뿌려대는 농부에 비유된다. 즉 문자는 똑같은 것만을 계속해서 반복하며,

---

20) Plato, "Phaedrus", *The Collected Dialogues of Plato,* ed. Edith Hamilton and Huntington Carins, Princeton: Prinston UP, 1961, 276-77쪽.

영혼 안의 지식을 전달하지 못하고 영혼 외부의 표식으로 자기 자신을 반복한다. 그래서 플라톤에게 문자는 약이라기보다는 독이라는 의미에서 '파르마콘'과 동의어가 되는 것이다.

소쉬르와 함께 근대의 사유를 이끌었던 레비스트로스 역시 이러한 플라톤의 유산을 이어받아 말을 신성한 것으로, 문자는 신성한 사회를 타락하게 한 '독'이라고 주장한다. 이와 관련하여 두 개의 일화가 『슬픈 열대』에 나온다.[21] 레비스트로스는 브라질의 남비콰라를 문자가 없는 원시 부족으로 이해한다. 이곳은 고유명, 즉 자신에게 주어진 신성한 이름을 발설하는 것이 금지된 곳이기도 하다. 그에게 가장 원시적인 사회는 문자의 독이 침범하지 않은 사회이다. 남비콰라 사회를 분석하면서 그는 원래 신성했던 이 사회에 문자가 도입되면서 타락하게 되었다고 주장한다.

남비콰라에서 유일하게 서구문자의 기능을 이해한 부족장은 자신이 백인의 문자를 알고 있기 때문에, 서양과 물물교환을 성공적으로 중개하면서 권력을 강화하고자 했다. 레비스트로스는 이 사례를 들어 문자가 모든 문화활동의 원천인 동시에 문화가 항상 억압하여야 하는 그 자체의 구조에 관한 위험한 지식으로 개념화했다. "나의 가정이 맞는다면 문자의 일차적 기능은 의사소통의 도구이지만, 결국에는 다른 인간들의 노예화를 용이하게 한다."[22] 하지만, 과연 레비스트로스의 분석처럼 남비콰라 사회의 타락이

---

21) Claude Lévi-Strauss, *Tristes Tropiques: An Anthropological Study of Primitive Societies in Brazil,* New York: Atheneum, 1964, 286-97쪽, 박옥줄 옮김, 『슬픈 열대』, 한길사, 1998.

22) Lévi-Strauss, *Tristes Tropiques,* 292쪽.

문자의 속성에서 기인하는 것일까? 레비스트로스는 다음과 같이 말한다.

> 내가 일단의 어린아이들과 놀고 있었던 어느 날, 친구에게 맞은 여자아이 한 명이 있었다. […] 그러자 그 아이는 내 곁에 와서 무엇인가를 비밀스럽게 속삭였다. […] 그 아이는 복수를 하려고 내게 자신을 때린 친구의 이름을 알려준 것이다. […] 그 후 조그만 공모가 이루어졌고 그때부터 아이들은 어른들의 이름을 어렵지 않게 알려주었다.[23)]

이것은 문자가 아니라 레비스트로스라는 이방인의 존재 자체가 남비콰라 사회에 대한 강력한 위협이자 위반임을 명확히 나타내는 사례이다. 앞서 말했던 부족장 일화에서도 문자가 가지는 속성 그 자체에서 위반이 생겨난다기보다는 그들이 한 번도 본 적이 없는 종이와 연필을 나누어 주는 행위 자체에서 위반이 생겨난다. 종이와 연필은 그 자체로 그들과 다른 세계에 속하는 서구인이 가져온 뭔가 신기한 물건이자, 그들을 더 풍요롭게 해줄 일종의 선물이다. 물론 이 선물은 제한 경제 내에 위치한다. 그들은 종이와 연필을 가지고 무엇을 할까, 한참 망설이다가 호리병 박에 새겨진 것과 같은 '점선'과 '빗금'을 한껏 그려놓는다. 이 모습을 관찰하면서 레비스트로스는 그들에게 '문자'가 없을 뿐만 아니라 문자에 대한 개념조차 형성되어 있지 않다고 생각했다.

하지만, 이 지점에서 과연 그가 무엇을 보았는가? 그의 시선은 전형적인 유럽인의 그것이다. 아이가 거울에 비친 자신의 모습을 보면서 자기 이미지를 구성하듯이, 그는 남비콰라 족을 보면서

23) 위의 책, 270-71쪽

서구인이자 유럽인인 자신의 이미지를 상상하고 투사한다. 꿈속에서 갑자기 어린아이가 되어 있는 자신을 바라보듯이, 그는 머나먼 이국의 땅에서 어린아이가 되어 있는 유럽을 본다. 달라진 것은 분명히 장소인데, 그의 시선은 먼 옛날의, 혹은 신석기 시대쯤의 유럽을 장소로 포착한다. 그래서 부족장의 일화가 실려 있는 「문자의 교훈」 장의 후반부는 남비콰라 부족이 아니라, 타락한 유럽의 이미지가 부족의 이야기를 대신한다. 레비스트로스는 결코 남비콰라 부족을 유럽과는 독립적으로 존재하는 다른 문화라고 생각하지 못했고, 유럽의 과거, 혹은 유럽을 비추는 거울의 이면으로 생각했다. 그는 유럽적 사고의 울타리 속에서, 그가 볼 수 있는 것만을 볼 수 있었을 뿐이었다.

물론 레비스트로스가 의도적으로 다른 세계를 비하하고자 했던 것은 아니다. 그는 당대의 진보적 지식인이었고, 유럽의 경계 바깥에 있는 부족이나 민족들을 가능한 한 객관적으로 소개하기를 원했다. 따라서 그는 문자라는 독이 침투하기 이전의 사회는 이상적인 사회라고 생각했고, 유럽의 문자가 이 사회 속으로 침투하자마자, 서로를 착취하고 지배하고자 했으므로 타락의 원인이 유럽 문화에 있다는 유럽 비판적 입장을 취했다. 따라서 데리다의 레비스트로스의 비판은 개인에 대한 비판이 아니라, 서구 지식 전반에 걸쳐서 내면화되고 보편성으로 격상된 서구를 중심으로 간주하는, 유럽 중심의, 주체 중심의 원근법에 대한 비판이다.

과연 남비콰라 부족에게 문자가 없었을까? 유럽인으로서의 그의 지각이 작동하기를 멈추는 곳에서, 즉 유럽의 원근법이 작동하지 않는 곳에서 그의 눈은 갑자기 보기를 멈추고, 자신의 지식을 동원하여 상상의 이미지를 만들고, 그것을 객관적인 것처럼 제시한다.

그에게 호리병 박의 빗금과 무늬는 문자일 수도 없고 그 사회가 기층 부에 축적해온 기억의 양상으로 드러나지 않는다. 그에게 그것은 낙서였다. 하지만, 남비콰라 부족뿐만 아니라, 한국을 포함한 한자문화권에서도 문자의 文은 어원적으로 모든 표기의 집합이자 과거 역사의 압축된 기억을 의미한다. 가장 초기 단계의 한자의 자형을 담고 있다고 간주하는 갑골문에 의하면 그것은 인간의 시체 위에 새겨진 칼집(문신)이며, 좁은 의미에서는 개별 글자를 의미하지만, 넓은 의미에서는 문화와 문학, 그리고 풍습 일반을 지칭한다. 즉 새의 발자국, 별의 성좌, 거북의 등딱지 위에 새겨진 형체까지도 망라하는 한자문화권의 文이 기원의 흔적을 어떻게 담고 있는지, 그리고 그 흔적이 어떻게 현재에도 사후적으로 출몰하는지를 생각한다면, 한자를 열등한 문자체계로 비하하는 것과 레비스트로스가 남비콰라 부족을 묘사하는 것 사이에는 분명한 유사성이 있다. 이것은 자문화를 중심으로 형성된 지식이 그 자체로 중립적이거나 객관적이지 않다는 것을 보여주는 것이다.

한편, 고유명을 발설하면 안 된다는 남비콰라 부족의 금기는 레비스트로스의 시선 속에 어떻게 포착되는가? 레비스트로스는 문자가 없다고 간주되는 남비콰라 사회에서 '고유명'을 절대적으로 특이한 음성언어로 인식하고, 마치 창세기의 이름짓기처럼 문자 이전의 현전성을 가장 잘 보존하고 있다고 생각한다. 그래서 고유명과 관련된 부족의 금기는 레비스트로스에게 유럽에서는 찾아보기 어려운 현전성에 대한 향수를 불러일으킨다. 그러나 과연 고유명은 정말 고유할까?

고유명의 고유[proper]는 라틴어 '*proprius*'에서 유래한 것으로, *homo proprius*가 농장의 일꾼으로 영주가 숙식을 제공하는 영지에 귀속된 비자유민을 뜻하는 것처럼 고유성은 결코 개인만의 고유성이나 독특성을 의미하지 않는다. 어느 사회에서나 고유명은 그것이 소속되어 있는 문화와 전통을 벗어날 수 없다. 누군가 나의 이름을 부르면 나는 대답한다. 고유명은 이런 식으로 개인의 정체성과 밀접하게 결합한다. 고유명은 "나"라는 개인의 독특한 속성이 아니라 내가 태어나면서 다른 누군가에 의해 붙여진 이름이다. 이름이 돌림자 형태를 띠는 경우가 많은 한국의 이름 체계도 마찬가지다. 이름은 그 자체로 고유하고 특이한 것이 아니라 코드화된 가능성들의 체계 속에서 개인의 소속이 어디인가를 보여준다.

이러한 맥락에서 고유명은 고유한 것이 아니며 절대적 개인성이란 불가능하다. 무의식과 독립적으로 존재하는 의식이 존재하지 않듯이, 라캉의 상징계가 실재 없이 존재할 수 없는 것처럼, 타자의 흔적과 어떤 식으로든 관계하지 않는 절대적 개인은 불가능하다. 이것은 고유명이 개인과 무관함을 설파하기 위해서가 아니라 개인이란 언제나 불가능한 경험에 의존한다는 것, 즉 타자와 관계 맺음 없는 고유한 개인이란 존재하지 않는다는 것을 말하기 위함이다. 개인이 개인으로 존재하려면 타자와의 관계 맺음이 이루어져야 하고 이 관계 맺음은 개인이 개인으로 고유하지 않음을, 절대적 개인이 불가능함을 말한다. 그러므로 "고유명이 유일한 존재의 현전에 한정된 유일한 호칭이라는 것은 기원신화에 불과하다."[24] 따라서 고유명이 고유한 것으로 인식되는 관례는 사회적 도덕적 의식에 의하여 자기 정체성을 보장해주는 도장으로 사후 구성된 것이다.

데리다는 음성언어의 속성을 가장 잘 담지 하고 있다고 생각되는 고유명에서도 음성언어가 문자보다 시원적이지 않다는 것을 보여준다. 여기서 문자란 우리가 통상적으로 '문자'라고 개념화한 그것 자체를 넘어서는, 동양문화권의 한자 文이 망라하는 모든 것, 혹은 그 이전의 것까지도 포함하는 것으로 간주하여야 한다. 문자는 단지 기록만은 아니다. 문자는 기록일 뿐만 아니라 흔적이기도 하다. 데리다에게 문자는 프로-그램^pro-gram^이다. 즉 문자^gram^ 이전의^pro^ 모든 것을 망라하는 것이다. 기록으로서의 문자는 음성이나 말의 번역이지만, 그것은 반복차이로서의 번역이요, 말 역시 이러한 의미에서 번역 없이 존재할 수 없다. 문자는 타자와 타자의 흔적을 포함하며, 차이를 차별이 아닌, 있는 그대로의 차이로서 받아들인다. 문자가 다른 기표를 번역하는 문자를 의미하고, 모든 기표가 다른 기표를 지칭한다면 문자는 언어 일반의 기능, 나아가 모든 언어는 번역임을 나타내는 표시이다.

---

24) Derrida, *Of Grammatology,* 109쪽.

번역은 폭력인가: 관련된 번역과 『베니스 상인』의 1파운드의 살

모든 역사를 통틀어 번역은 불가피하다. 하지만, 번역의 불가피성을 단지 입증하는 것이 번역이 처해있는 문제를 해결해 주는 것이 아니라 오히려 번역을 또 하나의 문제로서 부각시킨다. 말/문자, 원문/번역 등의 이분법에서 그 위계질서를 전복한다고 해서 열등한 범주가 언제나 어디서나 바람직하고 지향해야 할 범주가 될 수는 없다. 단순한 전복, 단순한 뒤집기는 기존의 이분법을 진정한 의미에서 해체하지 못한다. 비근한 예로 반식민담론에서 1세계를 악으로 간주하고, 3세계를 선으로 간주하는 것은 구체적 상황과 맥락에 따라서만 의미 있는 진술이 된다. 식민지에서 벗어나서 정치적으로 독립적인 정권을 세운 많은 3세계 국가에서 자행된 독재와 폭정은 때로는 민족주의라는 수사학 아래에서 독립 이전에 제국이 자행했던 폭력을 반복하는 예도 많았으며, 억압받은 민중의 상황이 독립과 더불어 마술적으로 사라지지도 않았기 때문이다.

다른 이분법적 범주에서와 마찬가지로, 말/문자의 이분법에서도 단지 말 중심주의의 허구가 폭로되었다고 해서 표의성을 간직한 문자체계가 표음문자보다 더 우월한 문자라고 생각하는 것 역시 마찬가지의 오류를 반복하는 것이다. 이것은 원문/번역의 위계질서에서도 마찬가지이다. 원문과 번역의 이분법을 해체하고 원문이 번역에 개방될 수밖에 없다는 것을 보여주는 것 자체가 열등한 범주의 번역을 우월한 범주로 만들자는 주장은 아니다. 열등한 범주는 열등하기 때문에 권력의 행사에 더욱 취약할 수 있고 시장의 논리에 쉽게 편입될 수 있다. 문제는 열등한 범주이기에 쉽게 저항할 수 없는, 투명성과 중립성의 가면을 쓰고 등장하는 권력 지향적 맥락이다.

바벨 신화에서 야훼의 명령은 언어 간의 소통이 번역을 통하지 않고서는 불가능하다는 것을 보여주지만, 바벨의 혼란은 번역이 언어 간의 협상이자, 한 언어 내부에서도 발생하는 이질성과 우리가 타협할 수밖에 없다는 것을 보여준다. 그래서 번역은 상징적 사건이며, 번역에는 결론이 없다.[25] 하지만, 역사 이래 문명 대부분은 결론 없는 번역을 참아낼 수 없었다. 번역에게 '원본과 동일하라'는 불가능한 명령을 내리고, 그것을 반드시 복종해야 하는 정언명령과 같은 것으로 생각한 것은 근대의 인간이다. 등가성에 입각한 투명한 번역, 이것은 아무리 노력해도 성취할 수 없는 욕망이다. 이 거대한 욕망 앞에서 번역은 차선책으로 원문과 최대로 관련되고, 원문에 최대한 종속되기 위해 노력한다. 하지만, 이 과정은 많은 경우, 진정한 투명성을 위한 것이 아니라, 그 투명성, 혹은 객관성의 가면 하에서 주체 중심의, 우월한 문화 중심의, 헤게모니를 쥔 집단의 응시와 시선을 숨기고 있다. 그래서 번역은 민족적 문화적 위계질서에 종속되고, 종속될 수밖에 없었던 것이다.

데리다가 「바벨탑」 등을 발표한 80년대 중반 이후 십수 년이 지난 1998년 번역가 학회[26]에서 새삼스레 「'관련된' 번역은 무엇

---

25) Derrida, "Des Tours de Babel", 205쪽.

인가?」[27]라는 논제로 다시 번역의 문제를 끄집어내는 것도 이와 무관하지 않을 것이다. 이 글에서 그는 관련된 번역을 동화된 번역이자 외국 텍스트를 자국의 문화와 자국어의 가치에 동화시키는 번역이며 현재의 번역 관행인 유창한 번역이라고 주장했다. 슐레이어마허가 자국화번역이 외국 텍스트의 외국성을 삭제한다고 일찍이 경고한 바처럼, 데리다 역시 이러한 번역관행에 의문을 제기하고, 투명한 척하는 번역 언어 속에서 자민족중심적인 폭력이 숨어 있다고 주장한다. 그는 관련된 번역에서 자민족중심적인 폭력과 투명해 보이는 언어를 통해 그 폭력이 동시에 신비화된다고 주장하면서 그는 관련된 번역이 수용언어와 수용 문화의 관심과 이해에 따라서 기의를 고정시키는 것이라고 비판한다.

그러나 슐레이어마허와 달리 데리다는 이러한 관행을 불가피한 것으로 간주한다. 왜냐하면 모든 번역은 언어와 문화 간의 틈새의 경제 속에 참여할 수밖에 없고, 절대적 관련성 및 가장 정확한 투명성과 가장 일탈적이고 기울어진 비관련성 사이에 번역이 위치해있기 때문이다.

그렇다면, 우선 이 글에서 번역을 수식하는 '관련된'relevant이란 형용사는 무엇을 의미하는가?[28] 이 글을 영어로 번역한 베누티

---

26) 이 학회의 정확한 명칭은 ATLAS, 즉 Assisesdela traduction Lettéraire a Arles이다.

27) Derrida, "What Is a "Relevant" Translation?" Trans. L. Venuti. *Critical Inquiry* 27.2 (2001), 174-98쪽.

28) relevant에 해당하는 적당한 우리말을 찾기가 쉽지 않아서, 사전적 의미 그대로 "관련(關聯)된" 번역이라고 옮겼다. 우선 일본에서는 이 용어를 관련(關連)으로 옮기고 있었고, 중국에서는 확당(確當)이라고 옮기고 있다. 일본어 번역 '관련'

는 역자서문에서 데리다가 사용한 "관련성"이 동화나 자국화와 같은 의미라고 말하고 있다.[29] 그렇다면, 그가 번역학에서 주로 사용되는 어휘인 "동화" 대신 "관련된"이란 용어를 쓴 이유는 무엇인가? 이 질문에 대해서 베누티도 데리다도 명시적으로는 대답하지 않는다.[30] 하지만, 데리다가 '동화'라는 용어를 사용하지 않는 것은 사뭇 의도적인 것 같다. 동화란 한 문화가 일방적으로 다른 문화 속으로 편입된다는 뜻을 지니고 있는데 반해, "relevent"는 동화된다는 의미외에도 여러 가지 의미를 담고 있기 때문이다. 즉 데리다가 "relevant"가 파생되어 나온 "relève"에 주안점을 두고 있다는 사실과 무관하지 않다.

번역에서 사실상 관련성을 질문한다는 것은 데리다에게 번역의 본질을 정의하는 작업이기도 하다. 관련된 번역이 원본과 번역을 정확하게 관련시킨다는 의미를 지니고 있기는 하지만, 원천적으로 그러한 관련성은 불가능하기 때문에 그 자체로 모순어법이다. 하지만, 다른 언어를 완전히 똑같이 옮기는 번역이 불가능하다고 모든 번역을 거부한다면, 번역에 대한 논의는 가능하지 않

은 우리와 한자가 달랐다. 連은 수레들이 연이어 가는 모습에서 연이어가다, 관계되다 연루되다라는 뜻으로 쓰이는 글자이고, 聯은 耳(귀 이)와 絲(실 사)로 구성되어 『설문해자』에서는 '귀가 뺨에 붙어 있다'고 설명하고 있다. 즉 얼굴의 양 끝에 실(絲)처럼 '연결된' 귀라는 이미지를 그린 것으로 보인다. 그러므로 데리다가 relevant를 타자의 목소리를 열심히 청취하고, 타자와 관련성을 이야기하기 위해서 사용되었다면, 우리나라 "關聯"이 일본의 關連보다는 더 나은 번역인 것 같다.

29) Lawrence Venuti, "Introduction" *Critical Inquiry* 27.2 (2001), 170쪽.

30) 데리다가 직접적으로 언급하고 있지는 않지만, '관련된' 번역이란 용어 선택은 번역학자 거트의 논의를 참조한 것 같다. E. Gutt, *Translation and Relevance: Cognition and Context*, Oxford: Blackwell, 1991.

다. 번역이 가능하다는 전제 하에서만, 번역에 대한 논의는 가능하고 번역은 어떤 형태로 수행되어야 하는가에 대한 관심으로 나아갈 수 있다.

그래서 그는 우선 ‘relevent’의 어원을 살핀다. ‘relevent’는 영어, 독어, 불어에서 다 같이 쓰이는 말로 라틴어 ‘relevāre’에서 유래하였고 이것은 ‘다시’[re] ‘들어 올리다’[levāre]는 뜻이다. ‘relevāre’에서 영어의 ‘relevant’[관련된]와 ‘relieve’[완화하다, 안심시키다]가 파생되었고, ‘levāre’의 어근인 ‘levis’에서 지렛대라는 의미의 ‘lever’가 파생되었다. 그러므로 이 단어는 다른 문화, 다른 사람, 다른 것을 자신의 척도[lever]로 다시 들어올리거나 아니면 그것을 자신에게 맞게 편안하게 만든 것[levāre]을 의미한다. 불어 ‘relevant’의 어근인 ‘relever’은 날 것을 익히고, 양념을 쳐서 먹는 자의 입맛에 맞게 변형한 ‘요리’를 의미한다는 점에서 “동화”와 유사하지만, 단순히 “동화”로 축소할 수 없는 “도전”이라는 의미도 들어있다. 또한 명사 ‘relevé’의 어원적 의미는 “고양”을 의미한다. 여기서 고양을 헤겔의 ‘지양’과 더불어 읽을 때 보다 중층적인 의미를 획득한다.

어원적 의미에서 관련된 번역이란 일차적으로 다른 문화를 자신의 척도로 재어서 보다 편안하게 만들거나 자문화에 맞도록 동화시킨 것이자 잘 익혀서 입맛에 맞도록 변형시킨 요리와 같은 것이다. 이 경우에 관련성은 자문화에 동화시킨다는 것과 같은 의미이며, 타자를 타자로서 인정하지 않는 동일화 전략이자 자민족중심주의이다.

그러나 명백히 자민족중심적인 발상에서 태어난 번역은 원래 번역가의 의도를 배반하고, 동일성을 해체하고 타자를 도입하여 정의로 도약하게 된다. 데리다가 보여주고자 하는 것은 번역이 가지고 있는 이러한 가능성이다.

데리다는 이 용어에 대해 보다 치밀하게 문제제기를 하고자 세익스피어의 『베니스의 상인』[31]에서 '1파운드의 살'이 어떻게 번역되는지 살핀다. 데리다는 유대인 샤일록Shylock에게 돈을 빌린 기독교인 안토니오가 채무를 갚지 못할 시 '1파운드의 살'을 떼어내기로 한 증서를 중심으로 기독교 국가에서 이를 어떻게 번역하는가를, 기독교식의 번역 관행이 취하는 전략을 노출함으로써, 언어 속의 틈새와 당대의 헤게모니와 결합한 해석적 관행을 읽어낸다. 이를 위해 그는 명백히 기독교인인 포오샤Portia가 유대인 샤일록의 정의justice와 법 담론을 어떻게 자비mercy의 담론으로 전이하고 번역하면서 어원적으로 거래에서 시작된 자비가 애도의 산고를 통해 어떻게 정의로 도약하는가를 살핀다.

우선 샤일록은 의미를 하나로 고정하려는 축어적 해석을 대표하는 동시에 직역주의를 고수하고자 하는 유대교를 대변한다. 샤일록은 유대인으로서 베니스라는 사회에서 경멸받는 존재이지만, 그는 베니스 사회가 법질서를 지키려면 법을 문자 그대로 고수해야 한다고 믿는 인물이다. 그는 "증서대로 벌금을 받겠다는 것도 저희의 안식일에 두고 맹세한 사실입니다. 그래도 거절하신다면, 공작님의 특권과 이 도시의 자유가 위태로워질 것입니다."

---

31) William Shakespeare, *The Merchant of Venice,* London: Methuen, 1955. 김종환 옮김, 『베니스의 상인』, 지만지, 2008.

라고 말한다.[32] 하지만, 안토니오의 살 1파운드는 사실상 그 실용적인 가치는 전혀 없다. 유대인을 착취하고 유태인에게 적대적인 사회풍조에도 채무와 채권으로 이루어진 계약은 샤일록에게 베니스 사회의 구성원이 될 수 있는 일종의 허가증과 같은 것이다. 따라서 증서에 적힌 문구 그대로 실행하겠다는 샤일록의 원칙은 '1파운드의 살'이라는 문구가 단 하나의 의미만을 있으며, 그것은 다른 방식의 해석이나 번역을 허용하지 않는다는 전제에 기초한다.

반면, 번역가이자 심판관으로 등장한 포오샤는 같은 증서의 같은 문구를 기독교식으로 전유하여 번역한다. 즉 포오샤는 샤일록의 법과 정의에 입각한 문구를 "유대인은 반드시 자비로워져야 한다"[33]는 "자비" 담론으로 번역한다.[34] 자비 담론은 법의 문구를 문자 그대로 받아들이는 것이 아니라 명백히 기독교인의 입장에서 재해석한 것이다. 번역가이자 텍스트의 해석자의 역할을 하는 포오샤는 채무자는 채권자에게 빚을 갚아야 한다는 당연한 사실을 뒤집어서 자신과 기독교인에게 명백히 유리한 입장을 끌어낸다. 포오샤에 의하면 자비는 "미덕 중에서도 최고의 미덕으로 [···] 세속적인 권력을 넘어서는"[35] 것이다. 따라서 "자비가 정의에 양념을 칠 때"[36]란 포오샤의 말은 세속적 법인 법보다 더 위에 있는 질서를 따르라고 샤일록에게 권고하는 것이다. 물론 포오샤는

32) 위의 책, 4막 1장, 36-39.

33) 위의 책, 4막 1장 178

34) 원문은 "Then must the Jew be merciful" 이다.

35) 위의 책, 4막 1장 184-85.

36) 위의 책, 4막 1장. 193, 원문은 when mercy seasons justice이다.

정의는 세속적인 법과 관련되고, 자비는 종교적이고 신적인 질서과 관계되기 때문에, 정의와 자비가 완전히 다른 질서에 속한다는 것은 알고 있다. 그러나 포오샤는 자비의 정신적 권능이 세속적이거나 정치적인 것이 아니라 내적이고, 정신적이고, 이상적인 것이라고 주장하고, 자비는 정치적인 것이 아니라 '왕의 가슴 속 깊이 자리하는 신이 베푸는 최상의 미덕'[37]이라고 말한다. 그래서 포오샤는 샤일록이 세속적인 질서가 아니라 내재적이고 보다 상위의 질서에 속하는 자비의 원칙을 따라야 한다고 주장한다. 데리다에 의하면, 포오샤는 명백히 안토니오의 편에서 "기독교적인 것을 정치적으로 번역하고, 가시적인 것을 비가시적인 것으로 이동시키는 내재화의 궤도를 통해 협상을 벌인다."[38] 포오샤의 번역 방식은 법에서 정의로 도약하고, 정의의 개념을 전유하여 유대인을 강제적으로 기독교화시키고자 한다.

데리다는 기독교인들이 억압한다는 사실 그 자체에만 주목하고 있는 것이 아니라 기독교가 번역을 통하여 그 억압을 투명하고 중립적인 것으로 보이게 만드는 숨은 번역의 동인을 해체하여 보여준다. 번역은 유대인인 샤일록의 모든 토지와 재산을 몰수하고, 기독교로의 개종을 강요하는 중요한 도구다. 들머리에서 말했듯이 개종을 의미하는 라틴어 '*convertere*'가 '번역하다'는 뜻을 동시에 가지고 있다는 것을 상기한다면, 번역과 개종이 얼마나 밀접한 관계를 지니고 있는지 이해할 수 있을 것이다.[39]

---

37) 위의 책 4막 1장. 89-90.

38) Derrida, "What Is a "Relevant" Translation?" 193쪽.

유대교는 구약의 비유적 해석을 허용하지 않으며, 아직도 민족 종교로 남아있다. 유대교는 구약을 문자 그대로 읽는다. 하지만, 기독교는 그 속에 담겨 있는 정신을 해석하고 확대하고 번역한다. 일 예를 들면 신약의 골로새서 2장 11절에는 할례의 의미를 구약과는 달리 해석한다. "너희가 손으로 하지 아니한 할례를 받았으니 그것은 곧 육체의 몸을 벗는 것이요, 이는 곧 그리스도의 할례니라." 즉 유대교에서 할례는 문자 그대로 신체의 할례를 의미하는 것이지만, 기독교의 신약성서에서 할례는 정신적이다. 유태인은 몸(육체적 할례), 즉 글자의 외재성과 관련되고, 사도 바울과 기독교는 정신(정신적 할례), 의식, 정신의 현전성과 관련되어 있다. 그러므로 샤일록에게 자구를 비유적으로 읽는 기독교식의 번역 관행은 기독교로의 개종을 의미한다. 안토니오에게 돈을 빌려주고 받은 채무 증서의 문구에 집착하는 샤일록은 글자에 대한 맹신과 의식의 내부성 자체가 번역 과정의 장소라는 것을 보여준다. 그에게 번역은 개종이다. 그래서 그는 번역을, 변형을, 이동을 단호히 거부한다.

포오샤가 법과 정의를 자비 담론으로 번역할 때, 데리다는 "자비"의 어원 속에 '금전적 거래'라는 의미가 있다는 점에 주목한다. 포오샤의 '자비로운'merciful이라는 말 속의 의중은 신적인 "자비"만을 의미하기 위해서가 아니다. 어원적으로 'merces'는 시장을 의미하고 'merci'는 '금전적 보수나 보상'을 의미한다. 그래서 포오샤는 "빚을 인정한다면 유태인은 채무변제를 해주어야 한

39) 이 부분에 대해서는 "포스트식민주의" 장에서 다시 언급할 것이다.

다."고 말할 수 있었던 것이다.

그러나 샤일록은 증서의 문구를 '거래'로 번역하는 것을 거부한다. 포오샤가 안토니오의 빚을 세배로 갚겠다고 제안하자 샤일록은 "내게 내 영혼에 대고서 위증을 하라고? 나는 베니스를 위해서라도 그렇게 할 수 없다"고 말한다.[40] 샤일록에게는 1파운드의 살이 중요한 것이 아니라, 그는 맹세를 하늘에 걸고 했고, 그는 맹세를 배반할 수 없다. 맹세를 배신하는 것은 위증이다.

그래서 포오샤의 자비에 대한 호소는 종교적 의미에서 샤일록에게 개종하라는 요구와 다름이 없다. 그래서 그는 1파운드의 살 대신 3배의 돈을 지불하겠다는 제안을 거절한다. 샤일록의 거절은 반복된다. 이것은 거래로서의 번역을 거부하는 것인 동시에, 자신의 맹세를 영혼에 걸고 했기에 영혼의 거래를 거절하는 것이며, 개종을 거부하는 것이다.

샤일록에게 맹세란 인간의 언어가 통제하고 철회할 수 없는 약속이다. 맹세가 곧 채무증서인 것이다. 맹세란 절대적 금지이고, 절대적 금지는 번역을 불가능하게 한다. 맹세하기는 초월 그 자체이고, 인간을 넘어서는 경험이며, 신적인 것의 기원이다. 이 맹세를 지키지 않는 것은 위증이다. 그에게 위증보다 더한 죄는 없다. 그래서 샤일록은 반복한다. 위증할 수 없다. 그는 맹세를 반복한다. 이것이 충실성이요, 맹세의 정수이다.

문제가 되는 것은 빚이다. 이 빚은 잴 수 없고 1파운드의 살은 다른 것으로 번역될 수 없다. 포오샤는 변호사의 복색으로 안

40) 위의 책 4막 1장. 225-26.

토니오에게 빚을 진 것을 인정하도록 했다. "네, 네, 그렇습니다." 안토니오의 인정은 단순하고 짧다. "네"라는 말로서 듣는 사람과 말하는 사람 간의 동일성이 설정되고, 타자의 주장은 억압된다. 그리고 이것은 다시 "유태인은 반드시 자비로워져야한다"라는 평결로 번역되어 전달된다.

그러나 유대인인 샤일록은 "어떤 법에 내가 자비로워야 하오? 어떤 법이오? 말해보시오"라고 말하며[41] 포오샤의 계산을 거부한다. 자비와 법은 명백히 같은 차원에서 기능 하는 것이 아니다. 전자는 신적이요, 후자는 세속적이다. 그러나 포오샤는 그 둘의 간극을 무시하고 둘 사이의 동일성을 설정한다. 그리고 이에서 한발 더 나아가 포오샤는 샤일록에게 안토니오를 용서하라고 말한다. 하지만, 법의 역할은 용서하는 것이 아니라 죄의 유무를, 죄의 경중을 판결하는 것이다. 포오샤가 말하는 용서와 자비는 초법적인 어휘이다. 샤일록이 맹세라는 초월적 영역에 거주한다면 포오샤는 용서와 자비라는 초법적 영역에 거주한다. 물론 용서, 자비와 맹세 중 어떤 것이 더 우월한 것인지, 어떤 것이 더 가치 있는 것인지는 판단하기 어렵다. 확실한 것은 자비를 말하는 자가 헤게모니를 쥐고 있는 자이다. 포오샤는 용서와 자비를 절대로 거부할 수 없는 절대적 가치로 승격시키고, 그것을 법이나 정의보다 훨씬 강한 권력으로 만든다.

그래서 샤일록이 유대인이 아니라면 일어날 수 없는 일이 일어난다. 판사는 증서의 문구대로 시행하되 피를 한 방울도 흘려서

41) 위의 책 4막 1장. 179.

는 안 된다고 조건을 단다. 그러나 이것은 불가능하다. 그 후 그들은 샤일록의 전 재산을 몰수한다. 이것은 상황이 역전되는 순간이며 이 순간 샤일록은 단순히 한 명의 채권자가 아니라 억압받은 유대인을 대표하게 된다. 이것은 개종만이 유대인을 구제할 수 있다는 일종의 협박이다.

총독은 샤일록의 재산을 나누어 절반을 안토니오에게 주고 절반을 국가에 바친다. 그러나 포오샤는 "총독에게 자비를 청한다."[42] 물론 샤일록은 총독에게 자비를 구하지도 않고 자비를 구하기보다는 죽기를 원하지만, 자비를 구했다 하더라도 총독은 재산의 몰수 대신, 벌금형을 내렸을 것이다. 재산의 몰수든, 벌금형이든, 자비란 돈으로 번역된 것이고, 자비를 금전적 보상의 차원에 종속시킨 것이다. 그러나 자비나 용서는 이러한 차원에 거주할 수 있는 범주가 아니다. 용서는 계산이나 협상이 아니다. 용서는 하거나 하지 않는 것, 그 둘 중의 하나다. 보상을 바라고 하는 용서는 용서의 원래적 의미가 아니다. 이렇게 볼 때, 포오샤의 번역은 의미의 전달이 아니라 특정한 상황과 맥락 속에서 자신의 특권을 주장하는 방식이며, 데리다는 반유태주의의 논리와 힘이 "1 파운드의 살"의 번역을 통해서 어떻게 행사되는가를 번역을 통해 전경화시키고 있다. 데리다의 「관련된 번역」을 여기까지만 읽을 때, 번역은 완전한 폭력이요, 강한 자가 약한 자를 굴복시키는 도구다. 번역과 언어의 이동은 우리가 지향해야할 윤리의 지평을 여는 것이 아니라, 위에서 아래로 흐르는 권력의 이동이자 권력이

---

42) 위의 책 4막 1장. 364-69.

자행하는 악이다.

여기서 다시 "관련성"이라는 데리다의 글의 제목으로 다시 돌아가 보자. 번역은 과연 무엇에 관련되는가? 번역은 권력에 관련되고, 권력과 관계를 맺는 데 필요한 제도적 승인일 뿐인가? 제도를 승인하기 위해서 "정의"에 양념을 치고, 정의는 양념으로 변형되고 번역된다. 양념[season]이란 섞임과 혼합, 그리고 수정과 변형을 의미하는 것으로 이것은 번역을 가능하게 하는 동시에 진정한 번역을 불가능하게 만든다. 여기서 양념은 번역을 일종의 고정된 닻이자, 완전한 정박지로, 하나의 곳으로 만든다는 것을 의미한다. 곳은 앞에서 말했듯이, 번역이 과정, 이동, 여행으로서의 역할을 포기하고, 하나의 목적지에만 정박하라고 요구한다. 이것은 번역이 실패할 수밖에 없는 원인이다. 이렇게 볼 때, 관련된 번역은 목적론적인 해석이 되고, 번역을 투명하고 보편적인 해석으로 고정하는 것이며, 결국 폭력으로 귀결될 수밖에 없음을 보여준다.

타자, 애도, 번역의 책무

바벨탑의 붕괴 이후, 언어는 혼란에 빠졌고, 세계의 모든 사람이 공유하고 소통할 수 있는 원본 언어는 사라졌다. 번역은 공통 언어의 부재, 바로 이 부재의 자리를 메워야 한다. 하지만, 레비스트로스와 세익스피어의 예에서 보듯, 번역은 타자의 전유요, 타자의 살해다. 더는 원본 같은 것은 없고, 원본을 대신해줘야 할 번역이 권력의 도구에 불과하다면, 과연 번역논의를 통해 데리다가 말하고자 하는 바는 무엇인가? 아직도 많은 학자는 데리다의 사유가 끊임없는 해체의 과정일 뿐이고, 결론 없는 상대주의의 아포리아일 뿐이라고 주장하고 있다. 여기까지 데리다를 읽었을 때, 데리다는 기존의 구성을 무너뜨리는 작업 이외에 어떤 다른 시도를 하는 것 같이 보이지 않는다. 그러나 여기서부터 논의의 초점을 조금 전환하여, 이러한 해체를 통해 데리다가 나아가고자 하는 지향점이 어디인지를 살펴보고자 한다.

데리다는 번역이 권력의 도구만이 아니라, 번역 그 자체 속에 들어 있는 윤리의 가능성을 열어 보이고자 했다. 하지만, 이런 윤리의 가능성은 기존 번역이 가지는 전통적인 잣대를 무너뜨리지 않으면 절대 열리지 않는다. 그래서 데리다의 글은 서론이 무척 길다. 그것이 무엇이든 결론 없이 무너뜨리기만 하는 학자라는 오명이 생겨난 것도 바로 이 때문이 아닐까?

사실, 번역 행위는 사실상 해석을 만드는 작업이며, 이를 통해 의미와 문화, 역사를 구성해나간다. 그래서 어떠한 읽기도 이러한 의미를 만드는 번역과 다르지 않다. 하지만, 서둘러 결론부터 말하자면, 데리다는 읽기의 유효성을 확보하기 위해서, 책임Responsibility이란 단어에 들어 있는 반응Response에 주목한다. 책임 있는 번역가는 타자, 혹은 전적인 타자에 반응할 수 있어야 하고, 타자에 반응할 때, 번역은 차이의 절멸을 고취하는 전체화의 힘에 저항할 수 있다는 것이다.

그러나 이러한 데리다의 주장은 귀 기울일만하고, 그 구호는 매력적이지만, 정말 타자에 귀를 기울이는 번역이, 타자에 응답하는 번역이 실제 번역의 현장에서 과연 가능할 것인가? 이를 위해 번역가는 어떻게 번역해야 하는가? 여기서 일본학자인 이즈츠도시히코가 '해체구성'deconstruction을 어떻게 번역하면 되겠느냐는 편지에 대한 답장으로 쓴 「일본인 친구에게 보내는 편지」[43]는 번역의 역할과 책임을 살피는 데 유용한 잣대를 제공한다.

이 글에서 그는 해체구성이라는 용어 자체가 바로 번역이며, 프랑스어 'Deconstruction'이 명백하고 유일한 의미를 담은 것이 아니라고 밝힌다. 그는 하이데거의 『칸트와 형이상학의 문제』에 실린 독일어 '파괴'Destuktion를 Deconstruction으로 번역했으나, 번역된 용어가 결코 하이데거의 철학에서 나타나는 의미와 결코 같아질 수가 없었다고 밝힌다. Destruktion은 서양 형이상학의 역사와 존재론의 근본적 개념들이 구성되고 건축되는 과정을 의미한다. 그러나 프랑스어 'Deconstruction'은 파괴의 의미가 너무 강해서 오히려 니체의 괴멸demolition에 더 가까운 어휘로 생각되었다. 그래서 데리다는 deconstuction이라는 단어를 찾아내었고 그것이 적절하다고 생각했다.

즉 'deconstruction'에서 구성한다는 것에 초점을 두면 구조주의적이기도 하지만, 'de'에 초점을 두게 되면 그것은 반구조주의적인 것이기도 하다. 이것은 자민족중심주의를 포함하여 로고스중심적이고 음성중심적인 모든 종류의 구조들을 분절하고 해체하기 위해 고안되었다. '해체구성'이란 어휘 자체에 데리다의

43) Derrida, "Letter to a Japanese Friend", 270-6쪽.

번역에 대한 고민이 담겨있다. 접두사 de가 이 단어의 부정적 뉘앙스를 풍기게 한다 할지라도, 해체구성이란 분석이나 비판이 아니다. 분석이 아닌 이유는 구조의 해체가 구조를 단순한 요소로, 더 해체할 수 없는 기원으로 퇴거하는 것이 아니기 때문이며, 비판이 아닌 이유는 칸트의 용례에서 보듯이 비판이란 결정이자 선택이자 판단이 되기에 그것이 궁극적으로 해체 대상이 되기 때문이다.

또한, 해체는 방법론적 도구도 아니며, 동일자로 변형될 수 없다. 즉 해체구성은 사건이며 해체될 수 없다. 이것은 자아를 반영하는 것도 의식을 반영하는 것도 아니다. 해체구성을 번역하는 어려움과 그것을 정의하는 어려움은 개념을 정의하는 모든 술어들이 해체되고 재구성되어야 하기 때문이다. 이것은 컨텍스트로서 문자, 흔적, 차연, 대리보충, 하이멘, 파르마콘, 파르레곤과 같은 개념과 유사한 여로에 놓인다.

번역에서 '관련성'이라는 어휘 역시 해체와 같은 맥락을 획득할 때 번역 가능성과 번역 불가능성의 이분법적 아포리아에서 헤어날 가능성을 보전한다. 번역이 부차적이라거나 원본과의 관계에서 파생되었기에, 그 관계를 뒤집거나, 거부하는 것이 중요한 것이 아니라, 번역의 수행이 타자를 우회하며 타자와의 관련 속에서 생겨나야 하기에, 관련성은 불가피하다. 타자와의 관련은 번역이 단순히 한 언어(원본)에서 다른 언어(번역)로의 이동의 문제만이 아니라, 원본 그 자체의 결여 문제와 연관되는 것이기 때문이다. 사실상 결여의 문제를 부각시킬 때 역자 서문이나 역자 주는 어떤 의미에서 번역의 관련성을 가장 충실하게 이행하는 것일 수 있다.

이러한 맥락에서 데리다는 앞서 언급한 일본교수의 질문에 질문에 응답한다. 즉 또 다른 구문론적 질서 안에서 해체를 대체하는 용어를 찾거나 만들어낼 때, 어떤 다른 장소에서 해체의 효과를 일으키는 단어를 발견하거나 창조했을 때에만 해체는 다른 말로 번역되거나 대체될 수 있다. 이것은 번역은 운반이며, 운반은 변형을 낳거나 견뎌야 한다는 것을 의미한다. 즉 조이스의 『율리시즈』에서 몰리[Molly]의 "예스"가 타자를 우회하면서 등장하듯이, 번역은 타자를 억압하면서 원본의 기원신화를 강화하는 형태가 아니라 타자를 통해서 타자를 우회하면서 생성되어야 한다. 그것은 원문 속의 결여로서 자리하는 타자를 호출하는 과정이며, 그래서 관련된 번역에서 '관련성'이 동일자의 재생산이 아니라 현세적 질서를 넘어서는 이질적 타자와의 관련성임을 역설하는 것이기도 하다.

그러나 타자를 호출해야 한다는 것이 데리다의 결론이라면, 이것은 결론이라기보다는 오히려 타자란 무엇인가에 대한 새로운 문제를 발생시킨다. 말과 문자, 원문과 번역, 관련된 번역의 가능성과 불가능성이라는 이분법을 해체하고 구조하는 그 핵은 타자를 우회하면서 다시 반복된다. 문제는 해체가 해체될 수 없는 것처럼 타자 역시 해체될 수 없는 것이요, 개념화될 수 있는 '그 무엇'이 아니라는 데 있다.

그러나 단순화를 무릅쓰고 타자의 형식을 추적해보면, 데리다의 타자는 역설적이게도 그가 비판하는 벤야민의 '순수언어'와 만난다. 벤야민의 번역이 순수언어를 호출해야 하는 불가능한 가능성을 탐구하듯이, 데리다 역시 타자를 호출해야 하는 불가능한 가능성[44]을 번역에 부과하기 때문이다. 물론 데리다는 원본인 신 자체가 '결여'에서 출발하며, "번역을 간청하는 최초의 채무자"라고 주장하면서[45] 벤야민과 자신을 차별화한다. 하지만 '기원을 드러내어야 하는, 순수언어를 발현해야 하는 번역가의 책무' 그 자체에는 벤야민과 이견의 여지가 존재하지 않는다. 문제는 '기원'이다. 그러나 전술했듯이 데리다에게 기원은 결여 혹은 구멍 없이 존재하지 않으며, 기원 자체가 사후적 보충의 효과라는 점에서 사실상 데리다의 역설적인 주장은 역설이기를 멈추고 대리보충으로 보환으로 등장한다.

이 지점에서 벤야민의 순수언어를 데리다식으로 치환하여, 문장이 아닌 단어 자체로 읽을 때, 순수언어는 상징계 안에 거주하는 그 무엇이 아니다. 그것은 우리의 해석이 침범할 수 없는 영역이다. 그것은 상징적 기호로 기록되지 못한 것이자, 어떤 식으로든 언어의 실패를 구현하는 실재의 대상에 가깝다. 라캉이 언어가 실재적 대상의 '살해자'이지만, 실재를 완전히 죽일 수 없다고 했듯이, 벤야민은 부르주아의 도구주의적 언어관이 순수언어를 살해하고자 했지만, 그 살해의 시도에도 그것은 이름언어의 형태

44) 불가능한 가능성에 대한 보다 자세한 설명은 이 책의 「가야트리 스피박」장, 특히 "번역과 정치" 158-171쪽 참조.

45) Derrida, "Des tours de Babel", 184쪽.

로 자신을 보전하며, 번역을 통해 그것의 생을 연장하고, 그 사후에도 생명을 부여할 가능성을 보았듯이 말이다.

그러나 여기서 데리다는 순수언어 그 자체에 기원적 결여를 위치 지움으로써 순수언어의 자리에 타자를 기입한다. 이 타자는 라캉의 대타자의 결여, 혹은 언제나 자신의 자리로 다시 돌아오는 대상, 실재적 대상을 연상하게 한다. 사실 데리다의 타자는 라캉적인 해석의 원환에서가 아니라 단어의 쓰임 그 자체에서 무척 닮았다. 그러나 데리다의 타자는 엄격한 의미에서 존재가 아니다. 그것은 오히려 '아직 태어나지 않은 자'이거나, '이미 죽은 자를 불러내는 귀신, 혹은 유령'과 같은 의미에서 현세적 질서를 넘어서는 (귀)신적 속성을 지닌다. 이러한 속성을 호출하는 임무를 번역에 부여함으로써, 데리다는 번역을 원천적으로 봉쇄하고, 문자성을 고수하는 같은 유태인인 샤일록이 아니라, 포오샤의 번역에서 번역의 가능성을 본다. 즉 포오샤의 의도를 해체하면서 포오샤의 의도를 넘어서 그 의도를 배반하는 관련된 번역을 다시 구조하고 있다. 포오샤의 번역에는 그러한 (귀)신성, 떨칠래야 떨칠 수 없는 유령이 깃들어 있다.

그래서 이를 제대로 번역해내려면 헤겔적 의미에서 지양, 혹은 지양을 위한 산고를 필요로 한다. 이 산고의 효과를 통해서 생명을 연장하거나, 혹은 죽음 이후의 삶을 부여한다는 두 가지 모두의 의미에서 원본의 몸을 생-존하도록 만들어야 한다. 여기서 다시 책임감과 번역의 관련성이 재고되어야 한다. 타자에 대한 반응성, 즉 책임감이 관련된 번역의 관련성의 문제를 다시 부각시킨다. 즉 바로 이 책임감으로 인해 번역에서 직역을 고수하는 샤일록이 아닌, 관련성을 말하는 포오샤의 어휘로 번역의 수행성을 다시 생각하게 하는 것이다.

번역은 원본의 애도이며, 애도는 죽음을 알리는 조종과 더불어 시작된다. 애도는 반복을 가능하게 하는 조건이며, 이것은 번역이 순수언어로 가는 여정에서 필수적이다. 이것은 애도 행위가 주체의 존재 조건임을 말하는 것이고, 그러한 주체 없이, 즉 수행하는 행위자 없이 번역이 존재할 수 없다는 의미에서 번역의 수행성을 가능하게 한다. 하지만 그것은 번역의 바로 현재의 상태라기보다는 번역가의 약속이자, 맹세이다. 타자의 도래를 약속하는 번역은 그것의 절대적이고 예견할 수 없는 독특성에 호소한다. 데리다의 번역은 애도의 산고를 통하여 레비스트로스와 벤야민, 세익스피어를 반복하면서 번역가의 책무를 수행하겠노라는 약속으로, 맹세로 반복된다. 이때 번역은 타자라는 불가능한 것의 경험에 관련되는 것이고, 이것은 단지 "아마도"peut-être라는 근본적인 경험으로 자리할 것이다.

4. 번역과 권력: 포스트식민주의 번역이론가들

번역이라는 단어 자체는 많은 의미를 지니고 있다. 로만 야콥슨의 기념비적 정의에 의하면 번역에는 세 가지 종류가 있다. 첫째는 하나의 언어를 다른 언어로 옮기는 것, 즉 "언어 간 번역"으로 우리가 관습적으로 번역이라고 생각하는 것이다. 둘째는 "언어 내 번역", 혹은 "바꿔쓰기"로, 이미 말한 것이나 쓴 것을 주로 그 내용을 명확히 하고자 다른 말로 풀어쓰거나 바꿔 쓰는 것이고, 셋째는 기호 간 번역으로, 언어기호를 음악이나 그림, 영화 등의 비언어적 기호 체계로 표현하는 것이다.[1)]

주로 우리는 첫 번째 것만을 번역이라고 생각하고 둘째, 셋째의 것은 번역으로 간주하지 않는 경향이 있다. 그러나 번역의 어원을 살피자면, 라틴어 *Translatio*나 그리스어 *metapherein*, 독일어 *Übersetzung*은 모두 (언어의) 운동, 이동, 대치, 은유 등을 의미하는 것으로, 언어가 친숙한 곳을 떠나서, 외래의, 미지의 영역으로 여행하고 이동한다는 뜻을 포함하고 있다. 따라서 구조주의 이후의 언어적 전회 이후로는 언어와 언어 간 이동의 문제뿐만 아니라, 언어 내부의 이질성과 복수성에 초점을 맞추기 시작했다. 그리고 매스미디어와 멀티미디어의 시대로 정의되는 오늘날 점

---

1) Roman Jakobson,1959, "On Linguistic Aspects of Translation", L. Venuti, ed. *The Translation Studies Reader,* London: Routledge. 2000, 114쪽.

점 더 많은 텍스트가 영화나 영상물 혹은 뮤지컬 등으로 다시 태어나듯이 매체 간의 번역이 관심의 대상이 되고 있다. 이러한 최근 번역연구의 변화는 앞서 말한 바와 같이 고전적인 재현 개념에 의문이 제기되면서 시작된 것이다. 따라서 언어적 전회를 통한 번역연구는 언어 기호가 전달하는 것이 언제나 한계가 있거나, 혹은 단순히 전달을 넘어서는 어떤 잉여적인 것이 있다는 인식에서부터 비롯된다.

번역을 서로 다른 언어 사이의 소통으로 간주하는 전통적 번역관에서 번역은 문화 간의 차이를 줄이려는 것이며, 다른 문화들 사이에 교량을 놓는다고 생각되었다. 하지만, 후기구조주의에서부터 언어 그 자체에 결여가 있거나 재현 자체를 불완전한 것으로 간주하기 시작하면서 번역은 바로 이 차이를 드러내고, 이 차이와 간극을 통해 언어를 사유할 수 있게 해 줄 수 있다고 생각되었다.

포스트식민주의 역시 이러한 후기구조주의적 언어관에서 많은 영향을 받았다. 제국주의 담론이 구축해놓은 중립적이고 투명한 권력 지형을 해체하는 데 탈근대의 전략이 유효했기 때문이다. 사실 번역가가 언제나 텍스트의 기호에만 몰두할 수 있는 것은 아니다. 번역가는 하나의 기호 체계를 다른 기호 체계로 옮겨야 하고, 그 과정에서 각 기호 체계가 담지 하는 이데올로기, 그리고 다른 기호 체계에 대해 번역가가 가지는 열등감이나 우월감, 출판 시장이나 권력 기관이 암암리에 요구하는 방식 등에 취약할 수밖에 없는 존재다. 그렇다보니 포스트식민주의가 번역연구와 본격적인 절합을 모색하기 전에도 후기구조주의와 문화연구의 영향 아래 번역과 권력을 연관시키기 시작했다. 물론 시작은 조심스러웠고 전통적 번역연구에 후기구조주의가 스며드는 데는 좀 더 시간이 필요했다.

번역이 문화와 어떻게 상호작용하는 지, 번역과 문화를 연계시켜 번역학 연구를 활성화시킨 대표적 학자 중 한 명이 스타이너이다. 그의 대표적 저작 『바벨 이후』[2]에서 괴테에서 벤야민, 하이데거에 이르기까지 독일의 낭만주의자들과 후기 낭만주의자들에게 중점을 두고서, 번역을 공격, 침입, 포획, 약탈로서 탐구했다. 다중체계이론을 주장한 에벤-조하르는 서로 다른 이질적인 체계들이 어떤 역사적 시점에서 상호작용하면서, 혁신적인 체계와 보수적 체계 사이에서 경쟁하기 때문에 번역의 위치가 고정된 것이 아니라 유동적이라고 주장한다. 이 연구를 보다 발전시켜서 기술론적 번역연구를 주장한 투리는 언어적 등가의 가능성과 원문이 고정된 의미를 가진다는 전제를 뒤흔들고, 서로 다른 문화 체계가 교차하면서 형성되는 기호의 망을 강조한다. 이 두 연구는 번역을 개별적이고 고립된 텍스트 중심의 작업에서 탈피하여 문화 체계 속에서 번역이 작용하는 방식을 연구한다는 점에서 의의가 있다. 하지만 체계 자체가 유동적이라고 할지라도 번역을 여전히 어떤 보편 체계 속에서 작동한다고 본다는 점에서 전통 번역연구의 흐름에서 크게 벗어나있다고 보기는 힘들 것 같다.

2) George Steiner, 1975, *After Babel: Aspects of Language and Translation*, Oxford: Oxford UP, 1998.

물론 이 외에도 한스 베르미어와 홀츠-만타리와 같은 스코포스[3] 이론 등 많은 연구가 있지만, 문화연구와 본격적인 만남을 촉발한 학자는 배스넷과 르페비어가 편집한 『번역, 역사, 문화』를 들어야 할 것이다.[4] 이들은 번역과 문화가 어떻게 상호작용하는지, 그리고 문화가 번역에 영향을 끼치는 방식, 맥락, 역사, 관습에 주목하고, 번역연구의 초점을 텍스트 번역에서 문화의 번역으로 옮긴다. 이것이 소위 말하는 **번역의 문화적 전환**cultural turn이다. 르페비어는 다중체계이론과의 강한 유대를 보이고 있지만, 그것과 차이는 번역에서 가장 중요한 고려사항을 이데올로기로 본다는 점에 있다. 그리고 북미에서 번역과 권력을 다양한 방식으로 연구하고 번역연구를 문화연구로 절합을 모색한 학자는 로렌스 베누티를 꼽을 수 있을 것이다.

로렌스 베누티는 굳이 분류를 한다면 그는 포스트식민주의의 영향 아래에서 작업했다기보다는 후기구조주의의 영향을 더 많이 받았다고 볼 수 있다. 더 정확히 말하자면, 그의 연구방식은 탈근대적이라기 보다는 근대적이다. 하지만, 어느 쪽이든 그가 번역학을 문화연구의 가치 개입적 방식이 번역에도 도입되어야 한다고 주장하는 것은 명확하다. 우선 그는 에벤-조하르, 투리와 같은 다중체계 혹은 기술론적 번역이론가들의 장점을 인정하면서

3) 스코포스(skopos)는 목표 또는 목적을 뜻하는 희랍어로서 베르미어에 의하면 번역이 목표텍스트를 존중하는 원칙에 따라 의식적이고 일관적으로 이루어져야 한다고 주장한다. 이 원칙은 결정되어 있는 것이 아니라, 경우에 따라서 새로이 결정되어야 한다.

4) Susan Bassnett and André Lefevere, eds. *Translation, History and Culture* London: Pinter, 1990.

도 그들의 한계를 비판한다.

> 러시아형식주의나 구조주의 언어학에 뿌리를 둔 에벤-조하르와 투리 같은 경험적 기술론 번역의 옹호자들은 최근의 문학·문화연구(정신분석, 페미니즘, 마르크스주의, 후기구조주의 등)이 가져온 다양한 이론적 성과물을 간과하고 있다. 이 연구들은 휴머니즘적인 해석 내에서 사실과 가치를 분리하기가 어렵다고 주장하고 있는 담론들이다. 따라서 이 문화연구의 문제의식이 없다면, 번역이론가가 번역의 윤리, 즉 여러 가지 정치적 상황 속에서 번역이 수행하는 역할 등을 제대로 성찰할 수가 없다. 사실 오늘날 이러한 번역의 쟁점들은 협소한 분과학문의 경계를 따지는 일보다는 훨씬 더 중요한 것 같다.[5)]

베누티는 우선 미국 번역 관행에서 휴머니즘의 색채를 비판하고, 휴머니즘이 어떻게 미국의 신념과 이데올로기를 강화하고 있는지 살핀다. 그는 『보이지 않는 번역가』[6)]에서 번역에서 번역가의 존재가 왜 드러나지 않은 채 숨겨져 있는 이유가 번역가들이 번역물에서 번역 언어가 자연스럽고 유창하게 보이고자 자신의 존재를 스스로 지우고 있고, 저자를 위해 자신의 목소리를 부인하고, 원본이 객관적으로 재생산되었다는 것을 보여주기 위해서라고 주장한다.

> "비가시성"이란 오늘날의 영미문화 속에서 번역가의 활동과 상황을 묘사하기 위해 내가 사용하는 용어다. […] 시든 산문이든, 픽션이든 논픽션이든 간에 대부분의 출판인, 서평가와 독자에게 수용 가능한

5) Lawrence Venuti, *The Scandals of Translation: Towards an Ethics of Difference*, London: Routledge, 2000, 29쪽. 베누티, 『번역의 윤리: 차이의 미학을 위하여』, 임호경 옮김, 열린 책, 2006.

6) L. Venuti, *The Translator's Invisibility: A History of Translation*, London: Routledge, 1995, 1쪽.

> 것으로 평가받으려면, 번역된 텍스트는 우선 유창해야 하고, 번역 대상이 된 언어의 특이성이나 문체의 이질성을 없애고 번역 자체를 투명한 것으로 보이게 해야 한다. 외관상 번역본은 외국 작가의 개성이나 외국 텍스트의 본질적 의미와 의도를 제대로 담아내고 있다는 인상을 줘야 하기 때문이다. 즉 번역물이 번역이 아니라 원본과 같은 것으로 보여야 한다.[7]

번역가를 보이지 않도록 하는 전략 중의 하나가 서두에서 언급한 자국화 번역이다. 자국화는 영미권의 자민족중심주의에 따라 자신의 목표언어 및 자국의 지배적 가치를 공고화하고, 그 가치에 맞지 않거나 불협화음을 일으키는 것을 가능한 한 축소한다. 우선 자국의 가치를 각인하는 과정은 번역 작품을 선정하는 단계에서부터 시작한다. 이 단계에서 이미 가치가 없다고 판단되는 작품은 배제된다. 그리고 그다음 단계로 가면, 외국의 텍스트를 자국의 언어 가치에 맞게 고쳐 쓰는 과정이 수반되며, 나아가 번역물이 출판되고, 서평이 나오고, 독자에게 읽히면서 다양한 문화적 정치적 효과를 산출한다고 본다.

그러나 그는 번역이 반드시 수동적인 복종만을 의미하는 것은 아니라고 주장한다. 그는 지배-종속의 관행에서 벗어날 수 있는 번역형태를 외국화라고 말하며, 이를 통하여 우선 지배언어의 문화적 가치에 의해 지금까지 배제되었던 텍스트들을 선정하여 번역하는 것이 필요하고, 외국의 문화적 차이가 받아들여지도록 지배적 문화에 압력을 가해서 자민족중심주의에서 일탈을 유도해야한다고 주장한다. 자국화 번역은 지배-종속의 관계를 더 강

7) 위의 책, 1쪽.

화하는 번역이라면, 외국화는 이 관계를 무너뜨릴 수도 있는 문화적 실행으로 간주한다. 그래서 그는 『번역의 스캔들』에서는 외국화를 "소수화하는 번역"이라는 말로서 바꾸어 부르기도 한다.

하지만 베누티가 번역을 자국화와 외국화를 구분할 때, 그 구분이 절대적이거나 언제나 어디서나 자국화가 문화제국주의에 봉사하는 역할만을 담당하고, 외국화가 타문화에 대한 환대를 실행하는 절대적 형식이라고 주장하는 것은 아니다. 그는 자국화와 외국화가 다분히 상황적이며, 하나의 번역물을 자국화인지 외국화인지를 구분은 더 심층적인 분석을 요구한다는 것을 인정하고 있다. 또한, 그는 이곳저곳에서 데리다, 식수, 드 만, 들뢰즈와 가타리 등의 탈근대 이론가들을 언급하고, 이들의 글에서 번역가가 번역에 저항하는 "잉여"나 "잔여"에 주목해야 한다고 주장한다. 그러나 그가 명백히 "소수화 번역"을 말할 때조차 소수화는 자국화가 아닌 외국화를 실행하는 번역이라고 주장하며, 자국화와 외국화의 이분법적으로 구분하면서 외국화를 굳건하게 옹호하고 있다.

그래서 베누티가 번역학에 끼친 수많은 공헌에도, 과연 번역가들이 "유창한 번역"을 거부하면, 지배적 문화에 봉사하는 번역 관행이 바뀔 것인지, 그리고 번역 텍스트의 "외국화"를 성공적으로 실행한 경우 과연 그 번역이 살아남을 수 있을 것인지에 대한 논란은 많다. 이런 점에서 볼 때 영미 출판계의 헤게모니에 대한 그의 분석은 포스트식민주의의 번역연구와 맥락을 같이하는 점이 분명히 있지만, 번역의 더 복합적인 문화상황에 대한 설명력이 부족하다는 약점을 안고 있다. 따라서 이 장에서는 포스트식민주의와 번역연구를 좀 더 구체적으로 서술하고자 한다.

포스트식민주의와 번역연구

포스트식민주의의 맥락에서 번역의 문제는 재현, 권력, 역사기록에 대한 질문을 제기하고, 민족·인종·언어 간의 불평등과 불균등한 권력관계를 설명하는 가장 논쟁적인 지점이다. 식민주의 기획이 피식민지인을 타자화하고 종속시키는 현상은 법이나 제도와 같은 강제적 메커니즘을 통해서 뿐만 아니라 철학과 역사, 인류학, 문헌학, 언어학, 그리고 문학 속에서도 작동되고 있기 때문에, 번역의 문제에 주목함으로써, 그들은 권력/지식의 테크놀로지와 그것이 실행되는 방식의 구조를 해체하고 드러내는 주요한 방식이 된다. 이런 점에서 포스트식민주의 번역연구의 문제의식은 베누티 등보다 더 치열하다. 그러나 포스트식민주의를 식민주의와 같은 맥락으로 지배와 종속의 관계에만 주목하는 연구로서 개념화하는 것은 문제가 있다.

사실 '포스트'post로 시작되는 모든 비평 용어들은 개념적 혼란을 일으킨다. 포스트모더니즘, 포스트구조주의, 포스트페미니즘, 포스트식민주의, 포스트휴머니즘 등 최근의 많은 문화 이론은 '포스트'라는 접두어로 시작된다. 포스트식민주의라는 말에서도 이 '포스트'라는 접두어는 뒤에 따라오는 용어의 명료성을 해치고 모호하게 만든다. 어원적으로 보자면 '포스트'라는 말은 시간상으로 '이후'라는 뜻으로 시간상으로 '이전'을 나타내는 '프리'pre라는 접두사의 반대말이다. 그러나 포스트라는 접두사는 단지 '이후'라는 뜻으로만 한정되지 않는다. 동시에 우리 사회에서 통용되는 '탈식민주의'라는 번역어의 접두어 '탈'의 우리말 의미처럼 접두사 '포스트'가 탈피나 초극라는 뜻으로만 한정될 수 있는 것도 아니다.

물론 포스트식민주의에는 식민주의를 탈피하고 청산하고자 하는 의지나 열망이 담겨 있는 것은 사실이긴 하지만, '포스트'란 접두어를 탈피와 넘어서는 것으로 해석한다면, 포스트식민 담론은 식민주의를 해체하고 극복하여 새로운 정체성을 구축하려는 일종의 유토피아적이고 목적론적인 담론으로 전환한다. 이것은 목적론이나 유토피아라는 어휘에 파시즘이나 전체주의적 색채를 입혀서, 그 자체를 제거해야 할 악으로 규정하고자 하는 것이 아니라, 오히려 포스트식민주의가 그러한 유토피아나 목적론을 담아낼 수 없다는 좌절감이나 혹은 무능력과 관계한다고 보는 것이 더 적절할 것이다.[8)]

포스트식민주의의 개념을 둘러싸고는 여전히 논란이 되지만, "식민 상태에서 벗어난, 식민지 경험이 있는 민족/국가Nation의 담론"이라고 우선 정의할 수 있다. 그러나 포스트식민주의를 단순히 국가 담론으로 축소할 수 없는 이유는 21세기 현재에도 하나

8) 그래서 나는 더 대중적인 번역어인 탈식민주의 대신 다소 어색한 조어이긴 하지만 포스트식민주의라는 용어를 선택한다. 이것은 '포스트콜로니얼리즘' 속에 탈식민화의 의지 자체가 존재하지 않는다는 뜻이 아니라, 보다 적극적으로 식민 상태를 벗어난다는 뜻인 '탈식민화'(decolonialization)와 구분하기 위해서이기도 하다.

의 국가로 독립하지 못하고 국가 내의 소수민족으로 남아있는 집단도 많고, 호주나 뉴질랜드의 경우와 같이 토착민 대중 집단과 백인정착자들 집단, 아프리카에서 신세계로 강제 이주한 노예 집단, 그리고 남미에서 메스티조와 같은 혼혈, 아메리카 원주민을 포함하여 카리브족과 아라와크족과 같은 거의 멸종한 원주민 집단 등을 모두 배제되기 때문이다.

또한, 포스트식민주의를 민족 담론으로만 축소할 수도 없다. 베네딕트 앤더슨의 『상상의 공동체』에 따르면, "20세기 국가는 근본적으로 조합적이다."[9] 나이지리아와 같은 여러 아프리카 나라는 영국/유럽이 얼마 만큼의 영토를 점령했느냐가 현재 국가의 경계를 결정하고, 이때 하나의 부족이 서로 다른 국가에 속할 수도 있고, 다른 문화를 가진 부족들이 하나의 국가로 묶이기도 했다. 부족마다 언어가 다를 경우, 그들을 지배했던 제국의 언어는 독립 후에도 여전히 많은 부족을 하나의 민족인 것처럼 묶어주는 일종의 구심점 역할을 한다. 다른 모든 것 중에서 공용어가 된 제국의 언어는 정치적으로 독립했음에도 불구하고, 그들을 제국의 영향에서 벗어나지 못하게 만드는 주된 요인이다.

그러나 언어의 문제를 넘어서 독립적인 자문화의 언어를 여전히 보전하고 있다고 해서 식민주의에 공통된 물질적 현실과 재현방식에서 완전히 벗어나기도 쉽지 않다. 그래서 많은 포스트식민 연구자들은 한때 식민지였던 국가들이 정치적으로 독립했지

---

9) Benedict Anderson, *Imagined Communities: Reflections on the Origin and Spread of Nationalism*. London: Verso, 1991. 123쪽. 『상상의 공동체』 윤형숙 옮김. 나남, 2004.

만, 여전히 자신의 역사를 갖지 못한다는 고뇌에서 출발한다. 예를 들어 『하위자 연구』의 편집자로 잘 알려진 구하는 인도인들이 자신의 과거를 인식하기 위해 끌어올 수 있는 유일한 원천은 영국의 식민지 역사학뿐이라는 점, 그리고 이 역사학은 대부분 영국의 식민 관료들이나 기업가에 의해 서술된 것이라는 데 주목한다.

따라서 포스트식민주의 연구는 크게 보아 두 가지 흐름으로 요약될 수 있다. 첫째는 식민주의에 대해 우리가 지닌 인식들을 새롭게 해명하기 위해 과거를 재검토하는 데 전념하는 것이다. 이것은 정치적으로 독립했다고 해서 피식민자에게 의식적, 무의식적으로 부과되어온 식민주의의 재현, 독법, 그리고 가치관 등이 제국의 몰락과 함께 마술적으로 사라지지 않았다는 데서 연유한다. 이때 포스트식민주의는 식민주의 담론이론과 마찬가지로 재현과 재현 양식이 피식민지인을 식민 통치에 순종하도록 하는 다양한 방식을 탐구한다. 이 흐름에 해당하는 대표적인 사람들로서 프란츠 파농과 에드워드 사이드 등을 들 수 있다.

두 번째 경우는 식민 권력의 전복 이후에 구성된 사회적 관계와 민족국가의 경계를 넘어서 제국이 그 영향력을 행사하는 방식에 관심을 기울인다. 이때 포스트식민주의는 단순히 식민/피식민의 이분법을 넘어서, "범지구적 지배의 현재적 조건"이 된다.[10)]

10) Gayatri C. Spivak, *A Critique of Postcolonial Reason,* Cambridge: Harvard UP. 1999. 3쪽. 태혜숙 옮김, 『포스트식민이성비판』, 갈무리, 2005년. 이 책에서 스피박은 '식민주의'를 외국의 영토를 유럽이 행정적으로 지배하는 국면으로, '신식민주의'를 식민체제의 몰락 이후 출현한 제국의 경제적 문화적 장치로, 그리고 포스트식민주의를 범지구적 지배의 현재 조건으로 정의하고 있다.

제국주의나 신식민주의와는 달리, 포스트식민주의 담론은 하나의 국가, 혹은 국가적 단일체를 기준으로 지배와 억압, 식민과 피식민이라는 다분히 본질적이고 이분법적인 논의로 축소될 수는 없다. 따라서 그녀는 국가/민족 담론을 넘어서 독특한 개인들의 환원 불가능한 다수성으로서의 민중에 주목하라고 요구한다. 이것은 다수의 이질적인 민중들이 어떤 특정한 정체성으로 환원되거나, 그들이 추상적 "타자"로 일반화되는 것을 경계하기 위해서이다.

이 두 가지 포스트식민주의의 흐름이 서로 다른 담론 체계로 보일 수도 있지만, 포스트식민주의를 반식민주의나 민족주의 담론과 갈라서게 하는 지점은 앞서도 언급했듯이 그것이 목적론적이고 유토피아적인 담론을 지향할 수 없다는 데 있다. 독립 이후, 식민과 피식민의 현상은 상호 침투적이고 상호 전염적이며, 한쪽을 완전한 악으로 추방하기에는 이 둘의 경계가 이분법적 도식으로 명료하게 구분되지 않는다. 그리고 이것은 또한 식민과 피식민의 잡종화, 더 나아가 범지구화에서 연유하는 잡종화 현상을 어떻게 대면해야 하는가에 대한 고민으로 이어진다. 그래서 그들은 계급, 성, 인종 등만을 기본 범주로 인식하는 것에서 벗어나 다양한 주체 위치를 생각하고, 문화적 차이들의 결절과 결합이 만들어내는 과정에 초점을 맞춘다. 따라서 포스트식민주의와 번역이 만나는 지점은 주로 번역이 사실상 문화와 문화간의 잡종화를 촉진하는 대표적 장치라는 데 있다.

그러면 전통적인 번역학은 포스트식민주의를 비롯한 문화연구의 영향을 받으면서 어떤 형태로 변화하는가? 이어서 살펴볼 호미 바바의 경우, 번역은 한 언어에서 다른 언어로, 한 텍스트에서 다른 텍스트로 의미를 전이하는 것만을 의미한다기보다는 문화 간의 혼합과 한 세계와 다른 세계 그리고 한 언어와 다른 언어들 사이에서 투쟁하는 사람들의 운명을 묘사하는 하나의 은유이다. 이는 번역이 어원적으로 은유라는 의미가 지니기 때문이기도 하겠지만, 바바는 이보다 훨씬 더 많이 나아간다. 즉 여성은 가부장제의 언어로 자신을 번역하고 이민자는 자신의 정체성을 새로운 공간 속에서 번역해야 한다. 그들에게 번역은 "현실에 대한 2차적 혹은 매개된 재현"이며, 그들이 지배언어 혹은 헤게모니 언어로부터의 소외, 혹은 언어적 주변성 및 권력의 코드로부터 배제되어 있음을 나타낸다."[11] 즉 번역은 메트로폴리탄 중심에서 주변화되어 있는 사람들의 경험에 대한 은유로서, 권력의 어휘 내에서 편안함을 느끼지 못하는 루시디와 같은 이민자들이 자신을 "번역된 존재"로 만든다.[12] 이러한 입장에서 이 장에서는 각기 다른 문화적 층위에서 번역이 작동하는 방식을 살펴보겠다.

번역과 잡종화: 호미 바바

호미 바바는 포스트식민 이론의 선두 주자 중 한 명이자, 포스트식민주의 이론가 중 가장 많이 정신분석학의 영향을 받았다. 바바

11) Sherry Simmon, "Translation, Postcolonialism and Cultural Studies", *Meta,* 42.2, 1997, 462쪽.

12) S. Rushdie, *Imaginary Homelands,* London: Granta, 1991, 13쪽.

를 대표하는 '양가성', '잡종성', '흉내내기', '교활한 공손함', 그리고 '이산' 등의 용어들 속에는 정신분석학의 문제의식이 녹아있다. 이 용어들은 다 같이 연관된 개념들로서 필자가 이 장에서 살펴보고자 하는 "번역"의 개념과도 무관하지 않다.

이 용어들의 정의를 거칠게 살펴보자면, '흉내내기'가 제국을 모방하고 동화되어 완전히 같아지고자 하지만, 결코 완전히 동일해질 수 없는 잔여에 주목하는 것이며, '교활한 공손함'은 피식민지를 식민주체의 닮은꼴로 만드는 문명화과정을 수동적으로 받아들이면서도 그것을 교묘하게 전복하는 피식민주체의 저항에 초점을 맞춘다. 그리고 '이산'은 원래 모국을 떠나서 이곳저곳에 흩어져 살고 있는 유태인과 같은 민족들이 여전히 문화적 일체감을 가지고 있다는 것을 보여주기 위해 사용되던 용어였다. 바바는 이 용어를 다른 포스트식민주의자와 마찬가지로 식민지 시대부터 가속화되기 시작한 대량의 이주와 이주의 확산 때문에 세계적으로 문화의 잡종화가 가속화된 오늘날의 상황을 드러내는 것으로, 출신지를 떠나서 다른 곳에서 살고 있는 오늘날의 수많은 사람을 나타내는 것으로 본다. 그러므로 바바에게 이산이란 이전의 고정된 민족 개념으로 포섭될 수 없고 재현될 수 없는 틈새를 상상하고 일상의 근저에서 문화 차이를 접하는 집단과 개인을 드러내는 하나의 방식이 된다.

하지만, 바바는 이 용어들이 지닌 외연적 의미를 넘어서 그것을 정신분석학과 결합시킨다. 정신분석학의 스펙트럼이 대단히 넓다는 것을 감안할 때, 프란츠 파농에서 프로이트, 그리고 라캉

등의 다양한 정신분석학의 관점과 그의 이론이 어떻게 결합하는지는 구체적으로 설명하고 있지는 않다. 그의 이론은 단지 정신분석학에만 머물지 않고, 데리다의 해체론과 푸코의 권력 등 여러 이질적 담론이 동시에 펼쳐지기도 하고 뒤섞이기도 하기 때문이다. 그러나 바바가 프란츠 파농을 이론적 출발점으로 삼아 그와는 다른 방향으로 자신의 독창적 이론을 전개해나갈 때, 그가 정신분석학을 피식민지의 저항이 펼쳐지는 인간 내면을 읽어내기 위한 전략으로 이용하고 있다는 것은 분명하다.

이 심리적 차원을 그가 라캉을 직접 인용하고 있는 "흉내내기"와 연관시킬 때 흥미로운 지점이 생겨난다. 라캉에 의하면 "흉내내기"는 적응이나 동화의 문제라기보다는 변장, 위장, 위협의 문제이다.[13] 예를 들어 자신의 몸 색깔을 주변 배경색과 비슷하도록 바꾸는 작은 해양생물의 경우, 우리는 동물의 위장술이 환경에 적응하기 위한 것이라고 받아들인다. 그러나 라캉은 흉내는 결코 환경에 적응하고 환경에 동화되기 위한 것이 아니며, 오히려 이와 정반대라고 말한다. 주변의 바다가 하나의 완성된 그림이라고 볼 때, 이 바다 생물의 위장술은 그 그림에 얼룩을 만드는 것이고, 우리가 조화로운 총체로서 생각하는 것에 그와는 다른 이물질을 삽입하는 것이다. 가장 대표적인 예가 군사작전의 위장술로, 군사들

13) Jacques Lacan, "The Line and the Light", *The Four Fundamental Concept of Psychoanalysis*, London: Hograth, 1977, 99쪽. 맹정현, 이수련 옮김. 『정신분석학의 네 가지 개념』, 새물결, 2008. Homi K Bhabha, "Of Mimicry and Men", *The Location of Culture,* London: Routledge, 1994, 121쪽. 나병철 옮김. 『문화의 위치: 탈식민주의 문화이론』, 소명출판, 2002년.

이 주변환경과 자신을 구분하지 못하게 위장하는 것은 주변환경에 적응하기 위한 것이 아니라, 적을 공격해서 자신에게 적대적인 환경을 자신에게 유리하게 바꾸고자 하는 시도의 소산이다.

이렇게 볼 때, 바바에게 흉내내기는 단순히 식민지 지배자를 따라하는 데 초점이 맞춰진 것은 아니다. 전쟁을 하려고 나를 적의 모습으로 위장하듯이, 피식민지인이 지배자을 따라하는 것은 결국 지배권력을 교란하고 그 중심을 흩트리기 위한 고도의 전략이다.

바바가 "새로움이 세계로 틈입하는 방식"이 번역이라고 말할 때,[14] 단순한 의미에서 원본을 새롭게 다시 쓴다는 뜻이 아니다. 그에게 흉내내기가 제국의 문화를 잡종으로 만들어서, 제국의 문화 지도를 바꾸는 저항의 전략이듯, 번역도 원본에 구멍을 내고, 라캉식으로 말해서 원본이라는 그림에 얼룩을 기입하여, 원본 자체가 변화하게 만들고 원본 자체를 교란하려는 것이다.

이러한 의미에서 그는 번역을 "새로움이 세계로 들어가는" 과정으로 파악하고, '번역 문화'를 새로운 문화의 장으로써 제안한다. 바바에게 번역이란 문화적 교환의 새로운 양상으로써 기존의 문화 개념을 탈안정화하고 새로움에 대한 감수성을 창조하여 기존의 동일성에 기반을 두는 정체성을 깨뜨려서, 새로운 문화적 정체성을 만들어 가고자 하는 활동이며, 그것은 서로 다른 언어로 된 문화 간의 소통 매개라는 부차적인 역할을 담당하는 것이 아니라, 근본적이고 일차적이며, 재현에 의해 억압되고 보이지 않는

14) Homi K Bhabha, "How Newness Enters the World: Postmodern Space, Postcolonial Times and the Trials of Cultural Translation", *The Location of Culture*, 212쪽.

것으로 간주하였던 것을 보이게 하는 활동이며, 보이지 눈에 보이지 않기 때문에 없다고 생각했던 것을 창조하는 활동이다.

우선 바바의 대표작인 『문화의 위치』는 다른 동시대 문화 이론가들과 마찬가지로, 국가, 언어, 주체 등과 더불어 문화의 개념을 문제시하면서 등장한다. 전통적으로 민족 공동체의 모든 구성원을 혈통이나 출신지역에서 차이가 있다 하더라도 문화가 동질감을 제공해서, 같은 공동체로 안전하게 묶어준다고 생각되었다. 그러나 바바는 문화가 안정되고 고정된 영역이 아니라, 가장 난해하고 중층 결정된 개념으로써, 그 속에 어떤 유일하거나 변하지 않는 본질이 있다는 믿음이 하나의 신화이자 인간이 만들어낸 허구라는 후기구조주의적 믿음을 공유한다. 특히 식민주의 이후의 거대한 이주와 더불어 고도 기술의 발전에 의한 범지구화는 기존의 문화 개념의 근본적 탈안정화를 촉진한다. 전통적으로 보편성이라는 개념이 여성의 부정, 인종의 부정, 지역성의 부정 등, 부정에 의해 정의됨으로써, 모든 것을 포함하지만, 아무것도 포함하지 않는 것처럼, 고유한 문화 역시 자문화가 아닌 것을 부정하고 배제함으로써 만들어지고 구성된 개념일 뿐이라는 주장이다.

그래서 바바는 무엇보다도 배제와 부정의 전략으로 그 소속이 모호해진 공간을 번역의 공간으로 부상시킨다. 그에 의하면 이 공간이 바로 간극의 공간이요, 제3의공간, 중심과 주변이 겹쳐지는 잡종성과 혼합주의의 공간이다. 이 공간은 우선 세계가 1세계와 3세계라는 이분법적 도식으로 양분될 수 없다는 인식에서 출발한다. 1세계와 3세계를 대칭적으로 놓을 때 1세계는 3세계가 아닌 것이 되고, 3세계는 1세계가 아닌 것이 된다. 다시 말해 1세계에서는 착취당하고 핍박받는 집단이 배제되고, 3세계에서는 지배하고 억압하는 집단이 배제된다. 그러나 3세계가 언제나 어디서나 착취당하고 핍박받는 집단만으로 구성된 것도 아니고, 1세계가 지배자의 위용만을 자랑하는 것은 아니다. 3세계 역시 권력관계에 의해서 첨예하게 분할된 공간이며 1세계 역시 범지구화가 야기한 대량의 이주로, 자민족 출신이 아닌 수많은 집단들이 거주하는 곳이다. 다시 말해 바바는 주변집단 내에도 권력투쟁과 연관된 많은 집단이 있으며, 모든 집단을 고정된 범주로 단일화된 집단으로 범주화하는 것은 문제가 있다고 본다. 따라서 바바의 간극의 공간은 인종, 계급, 성차만을 기본범주로 간주하는 것이 아니라 인종과 계급, 성차 등만을 특권적 범주로서 간주할 때, 배제되고, 그러한 범주 속에서 재현될 수 없는 주변부를 염두에 두고 있다.

바바는 고정관념이나 이데올로기가 만들어놓은 울타리 내에 머물 때만 우리 집단으로 간주되고, 그렇지 않을 때 가차없이 타자로 추방되어 버리는 암묵적으로 중심과 주변을 분할하는 견고한 (정치적인 동시에 심리적인) 벽을 부수고, 그 사이의 틈새를 읽고자 하는 데 호미 바바의 초점이 있다. 바로 이 고정성을 부수고 그 사이의 틈새를 읽는다면 잡종성의 공간, 간극의 공간이 열린다는 것이다. 그래서 그는 주체의 기원을 넘어서 기존의 고정된 주체라고 생각되는 곳에 차이를 기입하는 복합적인 과정에 주목한다. 여기서 문화 차이는 단순히 모든 것을 넣어서 하나로 녹여내는 용광로와 같은 문화다양성이 아니다. 문화 차이는 다양한 소수자들이 그들이 살고 있는 문화 환경 속에 기입하는 얼룩이다. 그래서 그것은 단순히 경험에서 나오는 본질적 속성에서 기인하는 것이 아니라 새로운 집단을 부상하게 하고 현재의 정치적 조건들을 수정하고 재구성하도록 하는 것이라고 할 수 있다.

그러나 전통적으로 번역은 언제나 고정된 것을 무너뜨리고 새로운 것을 틈입하게 하는 장이 아니라 원본을 똑같이 모방하는 것으로 간주하였다. 그래서 번역은 바바가 말하는 것과 정반대로 지배세계가 더욱 잘 보존되고 지배자의 권력이 더욱 효율적으로 행사될 수 있는 채널이라고 생각되었다. 그러나 바바는 번역을 바라보는 이러한 전통적인 관점에 도전한다. 그 대표적인 예로 식민주의 담론을 유럽 내부의 담론으로 전달하는 조셉 콘라드의 『어둠의 심부』를 든다.

『어둠의 심부』에서 화자인 말로우Marlow는 커츠Kurtz를 찾아 콩고로 간다. 하지만, 말로우가 힘들게 커츠를 찾았을 때 그는 콩고의 깊숙한 어둠 속에서 "끔찍해! 끔찍해!"를 연발하며 죽어간다. 바바에 의하면, 이 작품에서 화자인 말로우는 커츠의 행동과 말을 유럽의 담론으로 변환하여 전달한다. 이는 동화적 번역의 대표적 사례로 보이지만, 번역에는 이러한 동화전략을 넘어서는 어떤 것이 존재한다.

물론 말로우가 하는 일은 커츠의 약혼녀에게 커츠가 그녀를 그리워하며, 그녀의 이름을 부르며 숨졌다는 식의 거짓말이다. 유럽의 거실에서 콩고와 같은 다른 세계에 대한 정보 부족이 아니라 상호모순되는 과잉 정보 탓에 유럽의 거실을 벗어난 적이 없는 커츠의 약혼녀는 아무것도 모르는 맹목 상태에 있고, 그래서 그녀는 말로우의 거짓말을 그대로 믿는다.

하지만, 바바는 말로우의 행동을 단순히 거짓말이나, 사실을 은폐하고, 진리를 억압하는 행위이기도 하지만, 동시에 이는 "식민주의의 악마적 존재"를 "낭만적 사랑과 역사적 기억에 대한 우울한 기념물"로서 전환한 것으로 읽는다.[15] 식민주의가 자행하는 악마성은 유럽 문화권 내부에서 살아가는 약혼녀에게는 이해가 불가능한 것일 것이고, 그래서 말로우는 식민지의 어둠은 유럽 속에서의 낭만적 사랑의 방해물과 같은 것으로 전이하여 번역한다. 즉, 그는 유럽 담론으로 전이되는 과정에서 생겨나는 이질성을 '번역'이라는 이름으로 부각시킨 것이다. 그러나 바바의 "번역"이 문화 생산의 장으로서 부상하는 것은 단순히 식민담론을 유럽 담론으로 번역하는 데서 생겨나는 '유럽식의 예의로 식민주의를 치환'하는 것만을 의미하는 것은 아니다.

말로우는 피식민지의 바깥, 즉 유럽의 내부에서 인식할 수 없는 것은 숨긴다. 낯선 영토와 광야를 이성, 합리성, 구원의 담론으로 변화시킬 때 모순이 생겨난다. 커츠의 끔찍함은 말로우의 거짓말로 사라지는 것이 아니라 낭만적 사랑의 서사 구조 속에 끔찍함을 기입한다. 바로 이것이 유럽의 기억을 바꾸고 이질적인 것을 고정된 유럽의 이미지 속에 틈입시켜서, 합리성 그 자체에 구멍을 낸다. 쉽게 말하면 유럽식의 낭만적 사랑이 행복감과 쾌락을 제공하는 것이 아니라 구체적으로 꼬집어 말할 수는 없는 무한한 공

15) 위의 책, 213쪽.

포를 제공하는 것이다. 이것이 바로 쾌와 불쾌를 가로지르는 친숙하지만 낯선 언캐니가 틈입하는 방식이요, 번역이 새로운 것을 틈입하게 만드는 방식이다.

그러나 바바의 관심은 3세계를 1세계로 번역하는 데에 있는 것만은 아니다. 그의 주된 관심은 제3의 공간, 특히 이쪽도 저쪽도 아닌 경계 선상의 담론, 이주자의 담론 장, 혹은 범지구화 시대의 잡종성의 공간으로 수렴된다. 예를 들어 이것은 바바가 번역된 존재로서 자신을 정의하는 살만 루시디의 『악마의 시』를 읽는 방식에서 드러난다. 루시디는 잘 알려진 바처럼 『악마의 시』로 인해 코란을 신성모독한 혐의로 이슬람계에서 추방되었고, 출판 후 오랜 시간이 지난 지금에도 그들에게 살해될지도 모른다는 공포와 위협 속에서 살아가는 인물이다.

바바는 이 추방의 의미는 루시디가 코란을 잘못 번역했기 때문이 아니라, 코란의 권위를 역사적이고 문화적인 상대주의의 맥락에 위치시킴으로써 결코 번역해서는 안 되는 코란을 번역함으로써 그 권위를 손상했다는 데 있다고 본다. 코란의 순수성, 기원에 대한 믿음, 종교적 전통을 고수해야 한다고 주장하는 이슬람 근본주의자들에게는 재위치와 재기입의 시학인 번역은 이단이자 신성모독이다. 이슬람의 편에서 보자면, 루시디는 유럽에 동화된 작가로 보이지만, 그렇다고 해서 유럽인들에게 루시디의 시학이 유럽 지향적인 것으로 환영할만한 것도 못된다. 서구 국가에게 루시디는 과연 유럽의 고유한 본질이 있는 지, 그리고 과연 누가 유럽에 속하고 누가 유럽에서 배제되는가 등의 서구 유럽을 불편하게 만드는 문제를 제기한다. 즉 루시디는 영국, 유럽 등의 경계를 이민자 담론으로 오염시킴으로써, 서구 유럽의 경계선을 재정의하려는 저항적 시도를 하고 있기 때문이다.

그렇다면 루시디의 이슬람 문화의 번역에서 문제가 되는 것은 무엇인가? 번역은 단지 하나의 언어를 다른 언어로 옮기는 것만을 의미하는 것이 아니다. 다른 언어로 옮겨지는 과정에서 번역은 변형에 저항하는 요소를 필연적으로 만날 수밖에 없다. 바로 이 저항적인 요소가 번역을 기존의 이분법, 날 선 '3세계 민족중심주의'와 '유럽의 자민족중심주의' 양측에 모두 속하지 않고, 양측에서 모두 환영받지 못하는 이질적 공간이요, 오염된 공간이자, 이분법적 경계를 넘어서는 공간으로 만든다. 즉 식민주의의 흉내내기와 번역은 고유한 민족성이라는 텅 빈 기표를 양가적이고 누더기처럼 너덜너덜한 서사로 말하게 하는 것이다.

그러므로 번역은 "과거나 현재에 대한 것"이 아니며, "근대적 진보에 대한 유토피아적 꿈"도 아니다. 루시디의 경우, 번역은 신성한 것을 세속적인 것으로 잘못 해석했기 때문에 주목할만한 것이 아니라, 그것이 틈새에 끼여 있기 때문에 새로운 것이다. 즉 루시디의 신성모독적 번역은 국경을 가로질러, 기독교와 이슬람의 양극단을 넘어서, 차이를 차이로서 받아들이지 못하고 고정성에 얽매여 있는 양쪽 사회 모두에게 심각한 사회적 공포증을 부추기고, 차이를 악마적인 것으로 치환하여 읽게 만든다.

이러한 공포증, 실재하지만 절대 보이지 않아야 하고, 숨겨져 있어야만 하는 기존의 체계가 감당할 수 없는 어떤 것, 번역은 바로 이 잔여물을 "생-존"하게 하기 위한 과정이다. 루시디의 소설이 극화하는 것은 '시간적으로 뒤늦게 우리의 인식에 구멍을 내며 들어온 어떤 것으로 반복해서 지우고자 하지만 반복해서 등장하는 "아이러니적이고 반란적인 '반복차이'"[16] 이다.

그래서 번역은 하나 이상의 국가 혹은 지역 문화와 관련된 문화적 언어적 재능을 지닌 소수의 고도로 훈련된 전문가들이 수행하는 작업이라기보다는 차이를 도입하여 새로운 문화를 만들어내는 장이 된다. 새로운 문화 생산의 장으로서의 번역은 이질적인 문화들의 조화로운 만남의 장이 아니라, 문화 간의 불균등한 권력관계로 말미암아 각 문화가 같은 척도로 비교불가능하다는 것, 즉 통약불가성을 나타내주는 지표이다.

그러므로 바바가 말하는 번역의 장소는 전통적인 번역에서 말하는 번역의 불가능성을 무대화하는 곳이다. 문화차이는 전통적 번역 개념을 따르면 '번역 불가능'하다. 그는 포스터의 『인도로 가는 길』에서 무슨 말이든 상관없이 마라마 동굴에 부딪히게 되면 단조로운 "부웅" 소리로 밖에 반향되지 못한다는 것[17]을 이러한 번역 불가능성의 예로 제시한다. 이것은 각 문화를 같은 척도로 비교할 수 없으며, 문화 간의 동질화가 불가능하다는 의미를 동시에 담고 있다.

그는 프레드릭 제임슨이 콘라드의 말로우와 같은 역할을 한

16) 위의 책, 227쪽. 이 개념은 바바가 데리다의 반복차이를 도입하여 그가 생각하는 번역에 적용한 것이다.

17) 위의 책, 145쪽.

다고 주장하면서 번역은 제임슨이 말하는 “탈근대의 다국적이고, 탈중심화된 네트워크를 지형화할 수 없는 우리의 무능력”[18]으로 인해 발생한다고 주장한다. 그는 제임슨이 포스트모더니즘의 특징으로 제시하는 ‘재현불가능성’이 포스트식민주의의 문화 간의 문제, 즉 결코 약분될 수 없는 차이의 공간인 “제3의 공간”과 연결된다고 본다. 이것은 서로 다른 동질화될 수 없는 문화가 만나는 지점으로써 경계 선상의 존재의 불안정성과 간극성의 공간이자, 번역의 장이기도 하다. 그래서 번역은 “민족/국가의 상상된 공동체의 동질성을 전복하고 새로운 집단 정체성들을 협상”하는 과정이 된다.[19]

이 지점에서 바바는 번역이 원본과 복사물의 이분법을 넘어선다고 말하는 벤야민과 만난다. 벤야민이 주장하듯이 번역은 원문화와 대상문화 모두에서 외국성과 이질성을 드러내는 작업이요, 원본의 죽음 뒤에 생겨나는 ‘사후의 생’이며, 번역 과정에서 내용이나 제제는 의미 작용의 형식에 의해 잔뜩 주름 잡힌 왕의 의복처럼 불연속적이고, 쭈그러들고, 이질적인 것이 된다. 그래서 바바는 벤야민이 말하는 번역을 원본의 지시적 구조와 의미 소통의 구조도 파괴하는 ‘불연속적인 다시 쓰기’이자, 다른 문화의 기입에 의한 새로운 문화의 장으로 다시 쓴다.

바바는 벤야민의 변형의 과정 속에 들어 있는 저항의 요소인 번역의 간극성과 외국성을 전경화시켜서, 이분법의 경계와 범지

18) 위의 책, 218쪽.

19) 위의 책, 230-31쪽.

구화의 동일화 논리에 맞서는 잡종화의 "실행 담론"으로써 번역을 부상시킨다. 이것은 "원본을 탈정전화"시키고, 원본을 일종의 "영원한 망명"에 이르게 하는 것이다.[20] 그래서 번역은 문화와의 관계에서 부차성과 소외의 과정을 담아낸다.

> 번역은 […] 모방하는 방식이지만, 못돼 먹고, 전치하는 의미에서이다. 원본의 우선성을 강화하는 것이 아니라, 그것을 모사하고 복사하고, 전이하고, 변형할 수 있다는 바로 그 사실에 의해 원본을 강화하는 방식으로 원본을 모방한다: 원본은 그 자체로 완결된 것이 아니다. 원본은 항상 번역에 개방되어 있기 때문에, 그것은 존재나 의미의 총체화된 선험적 순간, 즉 정수를 가진다고 결코 말해질 수 없다.[21]

이렇게 바바는 포스트식민과 이민자의 관점에서 번역을 문화 간의 경계를 재형상화하는 범주로서 부상시킨다. 이러한 바바의 번역관은 문화간의 '잡종화'가 진행되고 있는 영역, 다시 말해 문화간의 연결에서 파생하는 불안정성을 기초로 한다.

하지만, 그의 문화 개념은 재현이나 지식의 범주라기보다는 언표화의 과정, 혹은 의미화 과정으로, 국가·문화·언어·주체의 관습적 안정성이 흔들리고 있다는 전제하에서 가능하며, 부정의 과정인 차이의 논리에 의해서만 말해질 수 있다는 한계를 지닌다. 바바는 번역 언어의 권위에는 별로 주의를 기울이지 않는다. 벤야민과 드 만의 이론들을 이용하여, 기표가 지니고 있는 이질적 속성과 그것의 환원할 수 없는 특이성을 강조하면서도, 동시

---

20) 위의 책, 92쪽.

21) Bhabha, "The Third Space." *Identity, Community, Culture, Difference,* London: Wishart, 1990, 210쪽.

에 미국과 멕시코의 접경지대나 카리브해 등에서 2개국어 사용자들의 경우를 예를 들며, 경계지역에서 번역이 일상생활이라는 경험적 사실을 지속적으로 환기시킴으로써, 1세계와 3세계 속에서 주도권을 지닌 언어가 수행하는 힘에 대해 별로 주의하지 않은 것처럼 보이는 경우가 많다는 점이다.

그러나 바바가 개념화하는 번역을 자본의 세계화와 대량의 이주에서 기인하는 문화와 문화의 섞임으로만 단순하게 받아들이게 될 때 그의 잡종화 개념은 전지구화와 같은 개념으로 전유될 위험을 안고 있다. 바바를 비판하는 연구자들이 바바의 번역 개념이 포스트모던, 혹은 지구화의 보편화된 현상일 뿐이라고 폄하하는 것도 바로 이러한 이유에서이다. 그래서 바바의 논의는 그의 실제 주장과는 달리 영미 문화연구에서 새로운 국제화의 표상으로 오인되는 경우가 많다. 오늘날 번역이 일어나는 교통은 주로 영어에서 다른 언어들로 옮겨진다. 영어가 주도권을 지닌 언어이기 때문에, 양적인 면에서 영어 텍스트를 다른 언어로 옮기는 경우가 압도적이다. 상황이 이렇다보니 바바의 주장은 영어의 지배에 대한 암묵적인 동의를 표하면서, 문화적 표현의 단일 언어성(즉 영어)을 인정하고, 잡종성은 인도식 영어, 필리핀식 영어와 같은 영어 내부의 여러 다른 갈래들을 칭하는 것으로 전유될 위험이 있다.

물론 그가 말하는 잡종화은 그러한 단일언어성과는 거리가 멀다. 하지만, 영어가 모든 문화를 대변하게 됨으로써 마크스 등이 언급하는 "단일 언어의 쇠퇴에 의해 야기된 미국 대학의 위기론"[22] 속에 숨어 있는 정치학, 즉 영어가 지배하는 문화이론의 잡종성이 미국의 언어로 추진되는 정치학의 "단일지구적" 전통을 보여준다는 데 있다.

그러나 세리시몬이 언급한 바처럼 번역의 물질적 현실은 어떠한가? 번역을 묘사하기 위해 사용되는 고도로 은유적인 언어는 오늘날의 세계에서 유통되고 순환하는 언어의 현실에 대한 무감각성을 숨기고 있다. 영미의 문화연구는 번역을 통해 아주 융성하고 있지만, 그것들은 거의 번역의 실제에 대해 비판적으로 사고하지 않는다. 주로 영어로, 자신감에 차서 수행되는 이 연구들은 오늘날의 세계에서 지적이고 문화적인 사업에 대한 구체적 언어에 거의 주의를 기울이지 않는다.[23] 이것은 바바의 개념들이 지니는 많은 이점에도, 그의 번역관은 이런 문제들을 간과하는 것 같다. 이러한 빠져 있는 부분을 보충적으로 읽고자 다른 포스트식민주의 번역이론가들, 체이피츠의 『제국주의 시학』, 라파엘의 『식민주의의 계약』, 그리고 니란자나의 『번역의 위치』 등을 잠시 우회하기로 한다.

체이피츠, 라파엘, 니란자나의 번역연구

바바의 경우와 같이 모든 포스트식민주의 번역연구가 번역을 은

22) Elaine Marks, "Multiplicity and Morality", *PMLA* 109.4, 1994, 368쪽.

23) Sherry Simon, "Translation, Postcolonialism and Cultural Studies", *Meta* 42.2, 1997, 463쪽.

유적인 개념으로 사용하지는 않는다. 니란자나, 라파엘, 체이피츠 등 많은 연구자들이 식민주의 맥락 속에서 번역을 위치시키고, 그 지역의 역사와 번역관행을 직접적으로 비판함으로써 번역의 현장에서 어떤 일이 일어났는지를 그리고 현재 번역의 상황은 어떠한지를 살핀다.

우선 체이피츠의 『제국주의 시학』[24]은 영미 제국주의의 외국 정책의 역사에서 번역이 담당하는 중심기능을 살핀다. 특히 영미 제국주의가 최초의 영구식민지를 건설했던 1607년의 제임스타운에서 존 스미스가 인디언의 문화를 어떻게 번역했는지, 아메리카 원주민의 문화가 세익스피어에서 버로우즈에 이르는 텍스트에서 어떻게 번역되었는지를 살핀다. 그의 초점은 제국주의자의 우월한 언어, 우아한 언어가 어떻게 식민지의 언어를 잠식하는가에 맞춰져 있다.

이 책에서 가장 흥미로운 부분은 아메리카 원주민의 식민화와 번역의 관계를 소유 개념을 중심으로 살피는 장이다. 유럽의 식민주의자들은 인디언들이 사는 땅을 소유하기를 원했다. 그러나 문명화된 사람들은 다른 사람들의 땅을 훔치지 않는다. 체이피츠는 소유되지 않은 땅을 소유로 변형시키는 것은 번역의 과정을 통하여 효과를 발휘한다고 제시한다. 그것은 구체적으로 소유되지 않은 땅을 인디언에게서 양도받고자, 유럽의 사유재산 제도를 도입하여 인디언의 땅을 '누군가에게 소속된' 땅으로 번역한다.

24) Eric Cheyfitz, *The Poetics of Imperialism: Translation and Colonization from the Tempest to Tarzan,* New York: Oxford UP, 1991.

그래서 그는 번역의 의미에는 부동산의 전이를 지시하는 용어인 '양도'alienation의 의미가 포함된다는 점에 주목한다.

사실 소유나 번역의 개념에 상당히 많은 분량을 할애하고 있지만, 이 책에서 체이피츠가 분석한 식민주의자들의 중심 주제는 원주민, 혹은 피식민지인에게 제국주의자들과 같아지고, 제국과 동일하게 되도록 개종하거나 번역하라고 요구한다는 것이다. 이런 식으로 그는 "번역"이 언어를 지배와 통제의 1차적 기술이자 사회의 형성과 교화를 위한 강력한 채널로서 간주한다. 아메리카에 도착한 유럽인들은 인디언들이 땅을 소유하고 있는 것이 아니라, 단지 경작하고 있을 뿐이라고 보았다. 그러나 이 논리는 인디언의 문화를 유럽식의 소유 개념으로 잘못 번역함으로써 자신들의 이데올로기와 지배적 관념을 강제로 이식하고자 하는 시도이다. 그러나 이러한 체이피츠의 분석은 대단히 설득력 있고 호소력이 있지만, 과거 비판에만 몰두한 나머지 범지구화가 급속하게 진행되고 현 시점에서 번역이 나아가야 할 방향성을 제시하기는 쉽지 않아 보인다.

한편, 타갈로그 필리핀계 미국인인 라파엘은 『식민주의의 계약』[25]에서 필리핀의 한 종족인 타갈로그인들과 스페인인의 개종과 정복, 번역과 고백성사 사이의 상호 얽혀진 과정들을 탐구하면서, 스페인인과 관련해서 세 언어 간의 서열화가 생겨난 방식을 보여준다. 우선 정복자인 스페인인은 원주민을 개종하기 위해서

25) Vicente L. Rafael, *Contracting Colonialism: Translation and Christian Conversion in Tagalog Society under Early Spanish Rule*. Durham: Duke UP, 1993.

스페인어를 타갈로그로 옮겨야 했다. 이 과정에서 가장 상위어는 신과 가장 밀접한 라틴어이며, 중간은 스페인 제국의 언어인 카스티야어, 그리고 가장 하위어는 타갈로그어가 된다. 번역은 위에서 아래로 흐른다. 신에게서 멀어질수록 언어와 그 문화는 기독교의 진리의 개념에 점점 부합되지 않기 때문에 하위어로 내려갈수록 번역은 더욱 힘들어진다. 라파엘이 연구하는 스페인의 필리핀 정복과 식민화라는 맥락에서 타갈로그인들을 기독교로 개종시키는 역사적 변형에서, 개종과 정복은 같이 가는 것이며, 식민지 통치자의 이미지에 따라 '원주민'을 변형하고 번역하는 것이다. 그러므로 개종, 번역, 정복은 사실상 동일한 과정이 된다. 즉 라틴어와 스페인어 텍스트와 용어들을 타갈로그어로 번역하는 것은 타갈로그인을 변형시키고 그래서 또한 타갈로그 화자들을 유럽과 유사한 주체로 번역하고 개종하는 것이다.

필리핀을 분석 대상으로 삼는 라파엘은 번역이 순수성을 상실하고 토착 문화를 말살하는 데 기여했다는 것을 부정하지는 않지만, 그렇다고 번역을 추방해야할 악으로 간주하지는 않는다. 우선 라파엘은 17세기 인쇄공인 토머스 핀핀이 타갈로그어로 쓴 카스티야어 교본을 살핀다. 물론 여기에는 카스티야어를 이해하지 못할 때 원주민이 위험에 처할 수도 있고 폭력에 노출될 수도 있음이 암시되고 있기는 하지만,[26] 라파엘이 더 주목하는 것은 타갈로그인들이 스페인을 이해하고 자기식으로 전유하는 방식이다. 즉 타갈로그인들은 카스티야어를 의사소통의 수단으로 간주하는

26) 위의 책, 72-73쪽.

것이 아니라, 스페인 통치의 충격을 완화하기 위한 수단으로 사용한다는 것이다. 카스티야어에 노출되는 것이 스페인인들의 과도한 요구에 압도되는 것을 막아주고, 스페인 문화를 자신의 문화로 합병하게 도와줄 수 있다는 것이다. 즉 17세기 타갈로그인들에게 번역은 필연적으로 잡종화를 유발했고, 그들은 원주민의 가치를 번역을 통해 지우고자 하지만, 때때로 번역은 그것을 더욱 과장된 형태로 드러낼 수 있다. 바로 이 부자연스런 번역이 제국주의에 대한 모종의 저항수단이 될 수 있다는 사실에 라파엘은 주목한다. 가장 대표적인 예가 '고해성사'의 경우다. 17세기 타갈로그인들은 자신의 죄를 고백하러 오는 것이 아니라 남의 죄를 고하러 오는 등 언제나 스페인 인들을 곤혹스럽게 만들었다. 이러한 타갈로그식의 서구 문화 수용이 서구와의 순수한 동질화가 아닌 잡종화를 일으키고, 이런 식의 잡종화가 서구를 전유할 수 있는 발판이다. 즉 동화 과정이 아닌 잡종화 과정으로써 번역은 라파엘에게 차선의 대안이 되는 것이다. 이것은 장소와 시간, 크게 말해 역사적 대상을 서로 달리 하고 있긴 하지만, 바바가 흉내내기나 문화 번역 개념을 통해 주장하는 바와 크게 다르지 않다.

세 번째, 니란자나는 사실 이 장에서 마지막으로 언급되기는 하지만 라파엘이나 체이피츠보다 훨씬 더 많이 논의되는 번역연구가이며, 다음 장에서 논의할 스피박에게도 많은 영향을 받았지만, 스피박의 번역연구 역시 니란자나의 저작에 적잖이 힘입고 있다.

그녀의 『번역의 위치』[27]는 아주 인상적인 저작이다. 이 책은

---

27) Tejaswini Niranjana. *Siting Translation: History, Post-Structuralism, and the*

데리다와 벤야민 등의 해체론에 기대어, "이제는 부재중인 식민주의에 의해 여전히 유린당하는" 구식민주의의 이미지를 해체한다.[28] 그녀는 언어, 의미작용, 재현에 관한 후기구조주의 이론을 바탕으로 번역에 대한 전통적 관념에 도전한다. 그러나 후기구조주의자들과 다른 점은 번역을 근원적인 동일한 언어 내부에서도 여전히 작동하고 있는 차연의 형식으로 간주하는 드 만과 같은 해체론자를 비판하면서, 번역이 궁극적으로는 문화적 저항의 수단이라는 점을 강조한다는 점이다.

우선 그녀는 인도인의 입장에서 영국민들이 인도의 법률과 문학을 영어로 번역할 때, 인도어를 열등한 것으로 호명하는 방식을 드러낸다. 니란자나의 주제는 영어 혹은 영문학이 인도인들에게 새로운 품성을 각인하는 과정이며, 보다 구체적으로는 이 과정은 인도의 법률과 문학 등을 영어로 번역함으로써 이루어진다. 니란자나는 이 과정을 알튀세의 용어로 '호명'이라고 부른다. 즉 영문학은 인도인들을 이중적인 방식으로 '부르거나' '호명'한다. 즉 그들이 토착적 방식을 고수한다면 열등한 자로서, 그리고 '그들의 야망이 영국인과 유사해진다면' 진보된 자로서 호명된다.

그러므로 니란자나는 지금까지의 번역은 식민지배의 이데올로기 구조에 속하는 헤게모니 기구를 널리 전파하는 담론이었고, 제국이 동양의 이미지를 고정하고 서구의 구미에 맞도록 다시 쓰는 것이었으며, 이렇게 구성된 이미지가 본래적인 것으로, 진실인

Colonial Context. Berkeley: U of California P, 1992.

28) 위의 책, 8쪽.

것으로 각인되어온 과정이었다고 본다. 영어교육자, 선교자, 민족지학자 등 모두가 제국을 위해 이런 식의 잘못된 번역을 촉진하는 데 기여한 사람들로서, 그들이 여러 가지 사료를 폭넓게 수집하고, 구전으로만 전해오던 것들을 기록한 것은 모두 식민지배세력을 더욱 공고히 해주기 위함이었다고 주장한다.

그러나 그녀는 번역학은 최근까지도 문화 간의 힘의 불균형으로 말미암아 생겨난 문제를 전혀 고려하지 않았으며, 번역은 서로 다른 언어 텍스트를 의미의 손실 없이 전달하는 투명한 과정인 척 해왔다는 데 가장 큰 문제가 있다고 지적한다. 이러한 니란자나의 주장은 클리포드, 기어츠, 아사드 등이 인류학에서 원주민을 서구 언어로 번역하는 인류학에서 제기했던 문제와 크게 다르지 않다.

니란자나가 이들과 구분되는 점은 데리다, 푸코, 벤야민이 말하는 번역개념에 주목하면서, 첫째 번역을 일방통행로가 아닌 쌍방에서 같이 흐르는 작업으로 간주하고, 둘째 원문이 번역문에만 영향을 미치는 것이 아니라 번역이 사후적으로 원문에 영향을 미치고, 셋째 원문의 기원 신화를 해체하게 하는 양상이며, 넷째 역사와 철학과 같은 전혀 다른 학문이 번역연구와 어떻게 상호연결되는지를 보여준다는 점에서 많은 의의가 있다.

니란자나가 대안으로 내세우는 번역전략은 탈식민화를 촉진할 수 있는 "재번역"이다. 이것은 오리엔탈리즘에 의해 각인되어온 열등한 자로서 인도가 호명되는 것을 거부하기 위해서이기도 하지만, 서구 내부에서부터 서구의 헤게모니를 붕괴시키려는 시도이기도 하다. 니란자나는 이러한 재번역이 어떠한 형태가 되어야 하는지 보여주기 위해서 거장으로 칭송받는 인도의 종교적인 시*vacana*를 재번역하는 등 몇 개의 사례를 제시하고 있다.[29] 그러나 이론적 주장과는 달리 실제 번역은 모든 번역이 그렇듯이 논란의 여지를 남긴다. 사실 그녀가 책의 마지막에서 모범적 사례로 꼽는 번역은 식민주의전략에 의해 봉쇄당하지 않도록 토착언어 고유의 맛을 살려내고자 많은 노력을 기울인다는 점에서 베누티의 외국화 번역과 그 전략이 맞닿아있는 것처럼 보인다. 그래서 그녀가 선보이는 번역은 지나치게 난해하고 심오한 언어로 이루어져 있다. 레이 초우의 주장처럼 '복잡해지는 것'이 저항의 주요 전략이라면, 그것은 전달의 실패를 의미하는 것이고, 일반 독서 대중을 위한 것 될 수 없다는 점에서 문화의 위계를 더 강화한다고 할 수 있을 것이다.[30] 또한, 니란자나의 글이 호소력을 지니고 있음에도 불구하고, 저항적 번역 사례를 강조하기 위해서 좋은 번역과 나쁜 번역을 지나치게 이분법적으로 구분하고 있다는 인상을 지울 수가 없다. 그리고 누가 재번역이 또다시 인식론적 오류에 빠지지 않는다고 보증할 수 있을까? 그래서 이 지점에서 나는 다시 호미 바바의 사유의 틀로 되돌아가 보고자 한다.

---

29) 위의 책, 173-186 참조.

30) Rey Chow, *Primitive Passions: Visuality, Sexuality, Ethnography, and Contemporary Chinese Cinema*. New York: Columbia UP, 1995. 189-93쪽 참조. 정재서 옮김, 『원시적 열정: 시각, 섹슈얼리티, 민족지, 현대중국영화』, 이산, 2004.

다시 호미 바바로

베누티, 니란자나, 체이피츠 등 많은 포스트식민주의 번역 이론가가 3세계의 텍스트를 1세계로 옮기는 것에 많은 지면을 할애하고 있다. 그러나 3세계를 1세계로 옮기는 데 초점을 맞추는 것이 나쁘다는 뜻은 아니다. 전통적인 번역은 대개가 강한 자를 환대하는 형식이자 강한 자의 법칙을 표현하는 형태로 존재해왔다. 이를 포스트식민주의의 맥락에서 보자면 3세계의 언어들은 서양 언어들, 특히 영어에 대해 취약한 관계에 있다. 즉 3세계인들에게 다수어인 영어는 다수의 법칙을 표현하는 예절이며, 민주주의의 법칙이자 강한 자의 법칙으로 작용한다. 따라서 이 언어들은 번역에서 강제적 변형에 복종하기 쉽게 되어 있다. 그 이유는 첫째 3세계와의 정치, 경제적 관계에서 헤게모니 국가들은 3세계의 언어를 조작하는 힘을 지니고 있다. 우리나라에서도 마찬가지로 힘이 약한 언어는 강한 언어로부터 다양한 지식을 배워야 하고 다수의 양식을 본뜨고 재생산해야함을 의미한다. 따라서 1세계를 3세계로의 번역하는 것은 권력이 흘러가는 흐름과 일치한다. 그래서 3세계의 텍스트를 1세계로 어떻게 옮길 것인가를 고민하는 것은 이러한 권력의 흐름을 거스르는 것일 수 있고, 이 경우 충실한 번역은 어떤 것인지, 그리고 이 때 번역은 어떤 역할을 담당해야하는 것을 고민하는 연구는 그 자체로 의의가 있다. 하지만 1세계 문화를 3세계로 옮길 때와 3세계 문화를 1세계로 옮길 때 번역의 세부적인 전략은 다를 수 있지만, 1세계와 3세계의 구분 그 자체로만 정치적 힘의 관계망 속에서 자유롭지 않은 번역관행을 바꾸기 힘들다.

다른 한편, 체이피츠의 경우처럼 번역이 중심부의 담론들이 주변부로 전이되는 중심적 메커니즘으로 간주하고, 서구의 헤게모니를 엄청난 속도로 각인한다는 것을 강조하는 것만으로는 번역연구에서 돌파구가 열리지 않는다고 비판할 수는 있다. 하지만 그럼에도 불구하고, 번역을 문화 이론과 연계하여 번역의 정치학을 모색하는 작업은 세계의 국지적 문화가 세계화의 물결에 휩쓸리면서 더 주변화되어가고 있는 현 시점에서, 번역의 올바른 위상을 점검하려면 반드시 필요한 일이다. 비록 번역의 정치성을 탐구하려는 작업이 주로 과거의 비판적 분석에 치중해있고, 미래의 전망을 이끌어내는 데 있어 다소 미흡하다 할지라도, 우리가 중립적 의미 전이의 과정으로 생각해온 번역이 사실은 권력과 연계되어 있음을 보여줌으로써, 번역에 대한 반성적 사유를 촉발할 수 있는 계기가 될 수 있다고 본다.

하지만 번역이 3세계의 민족언어와 민족정신을 말살하거나, 혹은 더욱 주변화시키는 데 기여한다는 것만 강조한다면 번역은 그 자체로 추방되어야 할 악이 된다. 과연 번역을 추방한다면 영어와 같은 헤게모니 언어의 역할이 사라질 것인가? 1세기에 걸친 영국의 지배와 1세기에 걸친 미국의 간접 통치로 말미암은 국제언어로서의 영어의 헤게모니적 역할은 특히 영미 문화의 범세계적 확산을 동반하고 있다. 이러한 상황에서 번역을 추방하는 것이 불가능하기도 하지만, 번역을 부차적이고 별 필요없는 것으로 경시할 때 상황은 더 악화될 수 있다. 지구화가 문화다양성을 촉진하는 것이 아니라 오히려 단일문화성을 강화해온 것처럼 번역을 추방하는 것 역시 문화의 경계를 더욱 공고하게 할 수도 있기 때문이다.

따라서 이 장의 말미에서 바바가 말하는 잡종화로서의 번역으로 다시 돌아가 보고자 하는 것은 번역에서 충실성을 강조하는 것은 잘못된 관행이라거나, 오역이나 오독, 문화 간의 잡종화 전략만이 서구의 비판적 사유를 위해 필요하다는 주장을 하기 위해서가 아니다. 문제는 거의 모든 국가들이 자본주의로 포섭되고 있고, 자본의 공백 속에 살아가는 사람들이 세계화의 예외로 간주되는 오늘날, 과연 번역을 추방하고서 돌아갈 수 있는 본질이라는 것이 과연 존재하는가라는 데 그 고민이 있기 때문이다.

번역이 주체, 민족, 언어 등의 고유성을 해치고 그것을 고유한 것이 아닌 이물질로 오염시키는 주범이라고 주장하는 것은 세계를 선과 악으로 양분하고, 좋은 것만을, 혹은 나에게 쾌락을 선사하는 것만을 선택하고자 하는 시도이지만, 과연 우리에게 그런 자유가 있을까? 만약 그런 자유가 있다면 그것은 차이를 억압하고 다양성을 지우는 억압과 배제의 다른 이름일 뿐이다. 그렇다면, 우리는 차이를 말살하지 않고, 그 차이와 제대로 대면하는 법을 배워야 하지 않을까. 번역을 모든 문화를 한 방향으로 몰아서 권력에 포섭되는 양식이 아니라 동일화할 수 없는 것들을 불연속적으로 다시 쓰는 잡종화 과정으로 이해할 때, 번역 자체의 가능성이 열리는 것이 아닐까? 이렇게 볼 때 바바가 주장하는 번역문화가 한계가 없는 것은 아니지만, 차이를 세계 속에 도입하고자 하는 그의 시도에 주목해야 하지 않을까?

베누티의 주장처럼 번역은 그 자체로 언어의 소수적 사용이자, 약한 예술이며, 보이지 않는 일이다. 그래서 번역은 지배-종속의 관계를 강화할 수도 있지만, 반대로 무너뜨릴 수도 있는 잠재력을 지니고 있다. 소수성이란 종속적이거나 부차적인 문화적 정치적 입장을 의미한다. 이것은 비표준적이며, 정전에 속하지 않고, 헤게모니 문화에 의해 읽히거나 말해지지 않는다. 그래서 번역 속에서 외국의 것이 다양하게 자문화의 코드와 가치, 제도 속으로 동화됨으로써 무시되는 것을 무대화시킬 수 있고, 자문화의 가치가 번역을 통해 잠식되고, 이식되고, 변화하게 만들 수 있는 가능성을 지닌다. 그러므로 우리가 앞으로 생각해야 할 바는 전 세계의 번역가들이 공통적으로 무엇을 해야 하는가가 아니라, 소수성을 위해, 소수성에 의해 번역이 수행될 때, 번역이 취할 수 있는 독특한 형식일 것이다.

5. 번역과 하위자(여성): 가야트리 스피박

스피박은 주로 데리다의 영향을 많이 받은 포스트식민 페미니스트로 분류된다. 그러나 스피박처럼 이렇게 도식적인 범주화에 잘 들어맞지 않는 이론가도 드물 것이다. 그녀가 포스트식민주의자로 분류되는 것은 영국의 식민통치에서 벗어나기 직전 인도에서 태어나서 영국의 문화적 가치를 내면화하고 있는 식민 이후의 인도에서 자랐기 때문이라고들 한다. 그리고 페미니스트로 분류되는 것은 그녀가 여신이 강력한 헤게모니를 휘두르는 힌두교 칼리 Kali 종파가 운영하는 학교에 다녔기 때문이라고들 하며, 해체론의 영향은 박사 과정 지도 교수가 폴 드 만이기 때문이며, 마르크스주의 영향은 석사 학위를 마친 뒤 영국에서 1년간 수학할 때, 그 방면으로 공부했기 때문이라고들 한다.

그러나 개인적 이력을 추적하면서 스피박을 이런 식으로 범주화하는 것은 경험주의에 입각한 절반의 사실일 뿐이다. 어떤 면에서 그녀는 페미니스트도 포스트식민주의자도 마르크스주의자도 해체론자도 아니다. 물론 스피박은 자신을 고전적인 마르크시스트라고 말하기도 하고, 데리다의 영향을 부인하지도 않으며, 여성과 식민지를 겪은 민족들이 직면하는 여러 문제를 외면하는 것도 아니다. 하지만 스피박은 페미니즘을 말할 때는 페미니즘의 비판으로 시작하고, 포스트식민주의나 마르크스주의를 말할 때는 포스트식민주의나 마르크스주의의 비판으로 시작한다. 그리고 스피박 자신이 가장 큰 이론적 수혜를 받았다고 자청하는 데리다에게서 유럽 중심주의의 경향성을 지적하기도 한다.

언제나 결을 거슬러 읽는 스피박의 독법은 좌파 진영에서는 너무 기호적으로 비치고, 페미니스트에는 여성주체를 약화시키는 것처럼 보이고 포스트식민 이론가들에게는 지나치게 서구이론에 물들어 있는 것으로 보인다. 이러한 글쓰기 방식으로 말미암아 스피박은 때때로 불필요하게 난해하고 지적 허세로 가득 차 있다고 비판받는다. 그래서 이글턴과 같은 비평가는 스피박이 이론적 지지대인 포스트식민주의나 페미니즘을 토대까지 교란하는 언사도 서슴지 않기 때문에 어떤 주장도 한결같이 제기하지 못한다고 혹평을 하기도 한다.

그러나 나는 이러한 스피박에 대한 비판이 단순한 오독에서 기인한 것으로 생각하지 않는다. 흔히 한 이론가의 약점을 지우고 없애서 장점만 남기면 완벽해질 수 있을 것이라고 생각한다. 하지만, 장점과 단점은 동전의 양면과 같은 것이어서 단점을 지우면 장점도 사라진다. 다시 말해 오늘날 스피박이 주목할만한 이론가인 이유는 그녀가 관습적 범주 속에 안주하지 않고, 기존의 지적 전통을 뒤흔들었기 때문이고 그녀의 글 속에 이글턴과 같은 대가까지도 불편하게 만드는 힘이 있기 때문이다. 로버트 영은 이러한 스피박의 힘을 다음과 같이 말한다.

스피박의 놀라울 정도로 다양한 분야에 대한 관심은 놀라울 정도로 다양하다. 그녀가 주목을 받는 것은 정치적으로든 이론적으로든 다양한 전선에 참여하기 위한 남다른 지적 야심이 있기 때문이기도 하고, 또한 그러한 참여를 지속하는 능력 때문이기도 하다.[1]

스피박은 오늘날의 많은 이론과 다양한 지리·정치적 스펙트럼을 횡단하지만, 일련의 이론과 정치 현상들을 이분법적으로 분할하여 한쪽을 옹호하고 다른 쪽을 악으로 규정하지 않는다. 오히려 그녀는 한 이론의 일관된 논리가 겉보기와는 달리 대단히 복합적이라는 것, 그래서 그 메커니즘을 해체하고, 그것을 불온한 방식으로 굴절시키면서 이질 담론을 생산해왔다.

이런 이유 때문에 스피박이 번역과 번역학을 어떤 관점에서 어떤 방식으로 바라보고 전개해왔는지 일관성있게 살피기란 쉽지 않다. 번역을 직접적으로 언급하는 스피박의 대표적인 글은 『교육기계 속의 바깥』에 실린 「번역의 정치학」[2]이라는 짧은 논문이다. 그러나 이 논문이 스피박의 번역에 관한 이론적 실천적 여정을 압축적으로 보여주는 것은 아니다. 데리다와 마찬가지로 스피박에게 번역은 그녀가 전개해가는 거의 모든 글 속에 산포되어 있기 때문이기도 하겠지만, 박사학위를 받은 직후, 데리다의 『그라

---

1) Robert Young, *White Mythologies: Writing History and the West,* London: Routledge, 1990, 157쪽. 김용규 옮김. 『백색신화』, 경성대학교 출판부, 2008.

2) Gayatri Chakravorty Spivak, "The Politics of Translation" *Outside in the Teaching Machine*. New York: Routledge, 1993, 179-200쪽. 이 외에도 스피박이 역자 서문의 형식이 아니라 번역을 직접 언급하는 글은 "Questioned on Translation: Adrift"(*Public Culture* 13.1, 2002, 13-22쪽)과 "Translation as Culture" (*Parallax* 6.1, 2000, 13-24쪽) 등이 있다.

마톨로지』를 번역하면서 그녀가 학문적 명성을 얻기 시작했다는 점, 그리고 그 이후로도 인도의 작가 마하스웨타 데비의 작품을 꾸준히 번역하고 있다는 점에서 광범위한 번역의 현장에 발을 디디고 서 있기 때문이다. 따라서 스피박을 제대로 이해하려면 그녀의 전체 사유의 흐름과 동시에 어떤 작품을 어떻게 번역하고 있는가를 동시에 살펴야 한다. 서둘러 요점부터 말하자면 스피박에게 번역은 차이와의 대면이며, 차이를 무화시키는 동일성과의 싸움이다. 번역은 때로 차이를 길들이고자 하지만 재현과 달리 번역은 차이를 숨길 수가 없다. 차이를 드러내고 타자에게 귀를 기울이는 것, 이것이 스피박이 번역을 통해 하고자 하는 첫 단계다. 그러나 이 장의 주제가 "번역과 (하위자)여성"인 만큼, 스피박이 페미니즘에 대해 취하는 자세부터 살펴보는 것이 순서일 것 같다.

스피박과 페미니즘

1981년에 발표된 「국제적 틀에서 본 프랑스페미니즘」[3]과 「제국주의와 성차」[4]는 스피박이 페미니즘에 대해 사유하는 기본 틀을 보여주는 논문이며, 그녀가 왜 페미니즘 비판으로 페미니즘을 시

---

3) Spivak, "French Feminism in an International Frame" *Yale French Studies* 62, 1981, Reprinted in *In Other Worlds: Essays in Cultural Politics,* London: Methuen, 1987, 134-53쪽. 정혜욱 옮김. 「국제적 틀에서 본 프랑스페미니즘」 유제분 편, 『탈식민페미니즘과 탈식민페미니스트들』, 현대미학사, 2001.

4) Spivak, "Imperialism and Sexual Difference" *Oxford Literary Review* 7.1-2, 1986, 225-40.

작할 수밖에 없는지, 왜 하나의 이론에 머물지 않고 언제나 그것과 대결을 할 수밖에 없는지 보여주는 논문이다. 초기 페미니즘은 유럽과 북미 여성들이 주도하여 여성의 권리를 신장시킨 것은 사실이지만, 이 투쟁들은 서양철학의 전통 속에서 이루어진 것이었다. 그래서 스피박은 위의 두 글에서 1세계 남성 지식인들이 3세계를 만들고 구성하는 방식이나 1세계 페미니스트들이 3세계 여성을 구성하고 대변하는 방식이 다르지 않다는 것을 보여준다. 이것은 프랑스페미니즘 자체를 위기에 빠뜨리고자 하는 것이 아니라, 1세계 여성을 대문자 여성으로 일반화시키고 여성간의 차이를 간과하는 제국주의 인식론의 폭력과 그에 따른 이론적 교착을 타파하려는 것이다.

스피박은 문학비평에 종사하는 한 명의 여성으로서, 자신이 하는 작업에 대해서만 말할 수 있을 뿐, 여성 일반에 대해서는 말할 수 없다고 주장한다. 여성이라는 말은 문자 그대로 지시어를 찾아낼 수 없기 때문이다. 많은 페미니즘은 남성에 의해 산출되고 정의된 여성담론을 비판하는 입장을 취하거나, 여성을 억압된 대상으로 간주하고 대항적 여성주체를 세우고자 한다. 그러나 남성/여성이라는 이분법적 위계질서를 고수하는 한 위계질서 자체를 넘어설 수가 없다. 그리고 대항적 여성주체를 세우고자 계급과 인종, 빈부격차, 남과 북, 1세계와 3세계 등의 모든 차이를 무시하고 모든 여성에게 공통된 고정된 정체성을 부여하고자 한다면 결국 여성은 없어지고 아무것도 지시하지 않는 텅 빈 기표만이 남는다. 사실 하나의 깃발 아래 모든 세계의 여성을 통합하지 못하는 것이 최근의 페미니즘이 봉착해있는 한계이다. 그러나 한계를 한계로서 받아들이지 않고, 그 간극을 봉합하여 보편주체를 구성하고자 할 때 페미니즘 역시 타자에 귀를 기울이지 않은 유럽중심적인 담론이 될 수 있다는 것이 스피박의 요지이다.

하지만, 현실 속에서 성차가 사라지지 않고 남아 있는 한 성차를 폐기하는 것은 위험하다. 그래서 스피박은 여성이 남성보다 열등하게 태어났다거나, 여성 일반을 묶어줄 수 있는 표상이 없다고 하더라도, 사회 정치적 세계에 개입하기 위해 불가피하게 그 범주를 이용할 수밖에 없다고 주장한다. 이것이 스피박이 말하는 전략적 본질주의의 개념이다. 즉 스피박이 페미니즘이나 여성이라는 용어를 사용하는 것은 억압과 착취를 끝내는 장기적이고 정치적인 해결책을 주장하기 위해서가 아니라, "주도면밀하게 드러나는 정치적 이해관계에서 본질주의를 전략적으로 사용하기 위한 것"이며, 이 전략은 "이론적인 것이 아니라 상황적인 것이다."[5] 상황적이란 것은 현실 정치가 만들어내는 여러 가지 억압적이고 이데올로기적인 상황에 적극적으로 대응하기 위한 전략이지, 시공간을 초월하여 보편적으로 정의될 수 있는 어떤 고정된 이론에 따른 것은 아니라는 뜻이다.

그러므로 보편 여성이 아니라 차이의 여성을 말한다고 해서 스피박이 페미니즘이라는 범주를 폐기하는 것은 아니다. 그녀에게 페미니즘이 의미를 띠는 것은 인종주의나 민족주의 등의 다른

---

5) Spivak, *In Other Worlds: Essays in Cultural Politics*, New York: Routledge, 1988, 205쪽. 태혜숙 옮김, 『다른 세상에서』, 여이연: 2004.

담론과는 달리 하나의 보편 담론으로 전환하지 못하는 페미니즘의 가장 큰 약점, 바로 이것 때문이다. 차이를 동질화시키지 못하는 페미니즘의 무능이 차이를 무화하는 총체성의 눈으로 볼 때는 페미니즘의 이론화를 방해하는 큰 장애물이지만, **바로 그 장애 때문에 페미니즘은 차이에 응답할 가능성을 지닌 담론이 된다**.

따라서 스피박의 거의 모든 글은 수많은 여자의 이야기로 가득 차 있다. 그러나 그 여자들은 자궁으로 환원되는 생물학적인 여자도 아니고 사회적으로 구성된 젠더도 아니다. 민족주의, 마르크스주의, 인종주의, 해체론 등 스피박이 전략적 대결과 제휴을 모색하는 문화이론을 관통하는 키워드는 자본의 여백으로 밀려나 재현되지 못하는 수많은 여자들이다. 바로 이 여자들의 위치는 포스트식민주의, 민족주의, 마르크스주의 등의 패권적 담론의 싸움터에서 표시되지 않는 좌표이다.

스피박이 번역을 통하여 하고자 하는 일은 바로 이 누락된 여성들의 좌표를 보이게 하는 것이다. 그러나 차이의 여성을, 재현불가능한 차이를 우리에게 맞게 길들이지 않고 우리의 관점으로 재구성하지 않고 있는 그대로 드러내는 것은 불가능하다. 그러므로 벤야민이나 데리다와 마찬가지로 스피박은 바로 이 불가능한 것과 대면하기 위하여 번역을 끌어오며, 그녀에게 번역은 이 불가능한 목소리를 들릴 수 있게 할 것인지를 고민하는 첫단추이다.

하위자는 말할 수 있는가

스피박이 학자로서 현재와 같이 괄목할만한 관심을 끌게 된 글은 「하위자는 말할 수 있는가」[6]를 출판한 이후라고 보는 것이 적절할 것이다. 물론 이 논문이 88년에 처음 쓰인 것은 아니다. 1985년에 이미 「하위자는 말할 수 있는가: 과부 희생에 관한 고찰」[7]라는 제목으로 논문을 출판한 바 있다. 이 글은 "재현의 제국주의/제국주의의 재현"이라는 제하의 저널기획논문 중 하나로 출판된 것이다. 그리고 연이어 출판된 「세 여성 텍스트와 제국주의 비판」[8] 등을 포함한 여러 논문, 그리고 『타자의 세계들』[9] 등과 같은 저서도 제국주의를 비판한 탁월한 글로 간주되지만, 처음의 원고를 보완하고 개작하여 부제를 빼고, 「하위자는 말할 수 있는가」로 재출간함으로써, 스피박은 대단한 주목을 받음과 동시에 큰 논란에 휩싸이게 된다. 따라서 이 논문은 스피박의 학문적 이력에서 영미와 유럽의 제국주의 비판을 넘어서서 기존에 논의되지 않았던 영역을 새로이 부상시키는 커다란 전환점이 된다.

---

6) Spivak, "Can the Subaltern Speak?", *Marxism and the Interpretation of Culture*, London, Macmillan, 1988, 271-313쪽. 이 논문은 *A Critique of Postcolonial Reason: Toward a History of Vanishing Present*(Cambridge: Harvard Up, 1999)에 수정· 보완되어 다시 실렸다. 스피박, 『포스트식민이성비판』, 태혜숙, 박미선 옮김, 갈무리, 2005.

7) Spivak, "Can the Subaltern Speak?: Speculations on Widow-Sacrifice", *Wedge* 7/8, 1985, 120-130쪽.

8) Spivak, "Three Women's Texts and a Critique of Imperialism", *Critical Inquiry* 12.1, 1985, 243-61쪽.

9) Spivak, *In Other Worlds: Essays in Cultural Politics*, New York: Routledge, 1987.

하위자[10]란 이탈리아의 좌파인 그람시가 옥중에서 검열 때문에 "프롤레타리아"를 쓸 수 없어 그것을 대신해 사용했던 용어다. 이 과정에서 그는 노동자 중심의 주체 개념을 수정하고 확장하여 그 개념을 변화시킨다. 이 용어는 실질, 물질 등을 의미하는 'substance'의 'sub'과 타자를 의미하는 'alternity'의 'altern'을 합성한 단어이며, 종종 'subordinate'하급자로 바꾸어 쓰기도 했다. 이 경우 sub은 "하부에 있는"이라는 의미일 것이다. 그람시는 이 말을 주로 사회, 정치적 의식이 없는 이탈리아 남부의 조직되지 않은 농민집단을 지칭하는 말로 사용했다. 스피박보다 먼저 이 개념을 차용한 집단은 주로 인도에 근거를 둔 '하위자연구집단'으로 그들은 하위자를 "남아시아 사회에서 나타나는 종속의 일반적 특성"으로 정의했다.[11] 그러나 스피박은 이 용어를 빌려와서, 여기에 데리다의 색채를 입혔다. 그래서 스피박의 하위자는 그것의 어원인 sub하위-altern타자라는 말이 암시하듯이 주체의 위상을 부여받

10) Sutaltern의 우리말 번역어는 다양하다. 처음에는 하위주체, 하급자 등으로 번역되었고, 그람시의 맥락에서는 별 문제 없는 번역이긴 하지만, 스피박의 맥락을 따라가자면, 하위주체는 '주체'의 함의를, 하급자는 '계급'적 함의를 너무 강조하는 번역어가 된다. 그래서 최근 학계에서는 번역하지 않고 원어 그대로 서발턴으로 쓰는 경향이 있다. 태혜숙 교수가 이 논문을 처음 번역했을 때 이 용어를 하위주체로 번역했으나, 최근의 『포스트식민이성비판』을 번역 출간할 때는 이를 발음 그대로 서발턴으로 옮겼다. 원어를 그대로 사용했을 때의 장점을 살린 것이다. 그러나 옮길 수 있다면 나는 가능한 한 우리말로 옮기는 것이 좋다고 생각한다. 물론 이 경우 원어가 담은 의미가 번역어에서는 일정부분 소실될 수 있다. 그러나 이러한 손실 우려한다면 어떤 번역도 불가능하다. 그래서 무척 어정쩡한 용어이긴 하지만, 하위자로 번역하겠다.

11) Ranajit Guha and C. G. Spivak, 1988, eds, *Selected Subaltern Studies,* Delhi: Oxford UP. 35쪽.

을 수 있는 집단이 아니라, 오히려 주체화 과정에서 배제되고, 타자의 위상조차 부여받지 못하는 사람들을 지칭하고 있다. 따라서 많은 이론가가 스피박을 사회에서 낮은 계층에 있는 사람들을 말할 수 없다고 규정함으로써 그들의 정치적 위상을 약화시킨다고 비판하는 것은 그녀가 설정하는 하위자의 개념에 대해 오해하고 있거나, 적어도 그러한 개념 정의에 동의할 수 없어서 생겨난 것이다.

스피박에게 "주권을 가진 하위자 주체" 같은 것은 없다. 그것은 엘리트 지배 담론이 사후에 구성한 효과로만 존재할 뿐이다. 그것은 정치, 이데올로기, 경제, 역사, 섹슈얼리티, 언어 흐름의 거대한 네트워크들이 엉뚱한 인과논리를 사용하여 구성된 것이다. 의식이 주도면밀하게 결과를 놓고 그 원인을 나중에 추적하여 동질적이고 연속적인 주권 주체를 징후적으로 구성한 것일 뿐이다. 따라서 "주체는 결과를 원인으로 대체하는 메타렙시스다."[12]

따라서 하위자는 정의상 말할 수 없다. 스피박은 하위자의 대표적 예로서 인도의 남편이 죽으면 따라 죽어야 하는 과부 희생*sati*을 든다.[13] 이 관습은 영국제국주의와 서구페미니즘의 입장에

12) Spivak, *In Other Worlds*, 204쪽. 태혜숙 교수는 이 용어를 다음과 같이 설명했다. "메타렙시스란 아무 관련도 없어 보이는 다른 사물로 어떤 사물을 지칭하는 어법인데 이상한 비유와 엉뚱해 보이는 인과논리를 사용하여 새로운 의미를 만들어낸다. 서사학자들은 메타렙시스를 서사 층위를 위반하는 것, 즉 텍스트 외적 현실, 허구적 틀, 주요 이야기, 이야기 속의 이야기 등 이론적으로 보아 상호배타적인 영역들 사이의 구분을 위반하는 것으로 본다." 태혜숙, 「주요용어해설」, 『교육기계안의 바깥에서』 554쪽.

13) 스피박이 드는 하위자의 예는 대부분 여성이다. 그러나 하위자는 여성일 수도 있고 남성일 수도 있다. 그래서 여성을 지칭할 때는 젠더화된 하위자라는 용어

서 보자면 "여성의 분신 자살을 강요하는 야만적 문화"로서 폐지되어야 하며, 민족주의자의 입장에서 보자면 이는 "민족전통말살을 위한 제국주의 전략"으로 "과부들의 자살은 강요된 것이 아니라 자신의 선택"이라고 항변한다. 지식인들은 언제나 억압받은 타자들을 투명하게 대변/재현re-presentation하고 있는 것처럼 행동하지만, 그것은 민족주의자의 입장이거나 서구 유럽의 시각일 뿐, 실제로 분신을 어쩔 수 없이 감행할 수밖에 없는 여성의 목소리는 아니다. 존재하는 것은 각 집단의 패권적 입장일 뿐이다.

유사한 예로서 포스트 9-11 시대를 살아가는 우리는 "무슬림 여성은 말할 수 있는가?"라고 질문할 수 있다.[14] 9-11 이후 서구에서 여성문제는 각 지역의 야만성을 재는 척도로 받아들여졌다. 그래서 무슬림 여성이 억압받고 있으며 무슬림 여성에게도 서구 여성과 같은 자유와 인권이 부여되어야 한다고 서구의 페미니스트들은 목소리를 높였다.

그러나 이런 식의 개입은 미국의 무자비한 무력 사용을 억압

를 사용하기도 한다. 젠더화된 하위자라는 표현에 열광하는 사람들은 많지만, 스피박의 방점은 젠더 그 자체가 아니라 하위자에 있다. "젠더화된 하위자를 내가 사용한 것은 가부장제의 희생자로서 사회의 기층에 있는 사람을 '단순하게 의미'하기 위한 것"이다. 따라서 스피박이 젠더를 은유적으로 확장하여 재택노동이라든가, 착취노동, 아동노동 등을 "젠더화된 노동"이라고 말하지 않는다. 젠더를 이런 식으로 사용하는 것은 스피박의 기획과는 별 상관이 없다. 스피박은 젠더화된 하위자들에게 신용을 미끼로 소액대부사업(micro-enterprise)을 벌여서, 그들에게 자선을 베푸는 척하며 자본의 시장 속으로 끌어들이는 것은 제국주의의 기획에 봉사하는 보편주의 페미니스트들의 작업이라고 비판하고 있다. Spivak, *A Critique of Postcolonial Reason*, 102쪽, 각주 143 참조.

14) 스피박 자신의 아프가니스탄 여성들에 대한 언급은 *Other Asias* (Malden: Blackwell, 2007) 134-145쪽 참조.

받는 무슬림 여성을 구원하기 전쟁인 것으로 정당화시키는 데 봉사할 수 있다. 9·11 이전에도 아프간 등의 사회에서 여성 인권의 문제는 여전히 존재하고 있었으나, 페미니즘 진영에서조차도 이 사실에 거의 주목하지 않았고 관심을 두려고 하지도 않았다. 따라서 2001년 이전에 부르카나 히잡이 쟁점이 된 적이 거의 없었고, 서구 사회는 무슬림 페미니스트들의 국제 인권에 대한 호소에 귀를 기울이지 않았다. 따라서 국제 사회에서 그들은 최소한 정치적으로 억압당하고 있다는 희생자의 위상조차 부여받지 못했다.

그러나 2001년부터 부르카를 쓴 여성들이 잡지의 표지모델이 되어 새로운 타자를 대표하게 되었고, 그들에게 희생자라는 딱지가 붙기 시작했다. 그리고 그들이 표지를 장식한 잡지들은 날개 돋친 듯 팔려나가기 시작했다. 당연히 서구가 그 이전에는 그들의 인권을 외면했는가에 대한 통렬한 반성조차 없었다. 이 사례는 타자 이미지가 어떻게 만들어지고 상품화되고 소비되는가를 보여준다. 즉 타자, 인권 등의 문제는 정치적인 이해관계를 초월한 어떤 것이 아니라, 오히려 정치가 타자를 전유하고 대변하는 전형적 방식을 보여주는 셈이 된다.

이러한 맥락에서 이슬람권의 여성 문제를 비판하는 것은 "이슬람은 곧 야만이다"라는 미국의 이데올로기에 편승하는 것이며, 페미니즘 진영에서 아프가니스탄 여성들의 인권보호를 외치는 것은 아프간 여성들의 인권보호를 위하여, 그들에게 자유를 주고자 아프간을 침공했다는 식의 부시 정권의 '정의로운 전쟁'just war이라는 주장과 공명하면서, 이론 차원에서 미국의 침략행위를 추

인해주는 행위가 될 수도 있다.

이러한 정치적 상황에서 탈레반의 집권 이후 첨예하게 드러난 여성의 인권침해사례를 국제사회에 고발하며 세계의 관심을 촉구했던 아프가니스탄 여성혁명연합은 9-11 이후엔 이슬람 문화의 가치를 주장하고 나섰고, 부르카나 히잡은 패권적 제국주의에 대한 저항의 표식이 되었다. 나아가 몇몇 이슬람 국가에서는 무슬림 여성을 연구하는 것도 완전히 금지시키기도 했다.

다른 한편, 이슬람 여성을 구원해줘야 한다는 논리와 동시에 다른 문화는 모두 존중해주어야 한다는 문화상대주의가 고개를 들었다. 예를 들어 미국의 법이 적용되어야 하는 미국 이민자 사회 속에서 매 맞는 아내와 같은 성적 학대의 사례가 접수될 때, 살인에도 정당방위가 허용되는 것처럼 문화방위가 적용되었다는 판례가 있다.[15] 이것이 바로 타자를 존중하는 문화상대주의적인 태도의 전형적인 표본이다.

이런 식으로 두 거대한 정치집단의 싸움에서 무슬림 여성의 목소리를 사라지고, 그들의 위태로웠던 인권은 더 위태로워진다. 남자의 동행 없이 바깥으로 나가지 못하는 엄격한 교리 속에서 돌을 맞아 죽어가는 여성이 있다고 해도 개입하기가 쉽지 않은 상황을 맞이한 것이다.

스피박이 주목하는 것은 바로 이러한 정치적 이데올로기적 재현/대변의 과정에서 자신의 헤게모니를 강화하기 위하여 생산

15) Shohat, Ella, "Area Studies, Gender Studies, and the Cartographies of Knowledge", *Social Text,* 20.3, 2002, 73쪽.

되고 만들어낸 타자(예를 들어 미국 사회에서 무슬림 여성이 저널리즘에 활용되는 방식)가 아니라, 이런 패권 세력의 대변자들 사이에서 사라지는 목소리들이며, 대변/대표가 포섭하지 못하는 잉여다. 바로 이 잉여의 자리가 하위자가 위치하는 곳이며, 스피박이 말하는 전적인 타자의 위치다.

이러한 타자, 혹은 하위자를 이론적으로 잘 이해하려면 스피박이 의지하는 데리다의 '전적인 타자', '독특성', 그리고 '책임' 등의 개념들을 살피지 않고서는 불가능할 것이다. '전적인 타자' 혹은 '절대적 타자'란 데리다가 레비나스의 개념을 전유하고 변형시켜 만든 개념이다. 레비나스에 의하면 타자는 우리의 인식으로 환원될 수 없는 절대적 타자이지만, 데리다에 의하면 반드시 그것만을 칭하는 것은 아니다. 데리다는 "동일자의 체계와 관계없는 절대 타자의 존재는 자신이 초월하려는 존재론적 전통에 여전히 종속될 수밖에 없다"고 말한다.[16] 데리다에게 동일자와 완전히 분리된 형태의 타자는 존재하지 않으며 자아와 타자는 서로 오염되고 오염될 수밖에 없는 관계다.

우리가 흔히 생각하듯이 데리다에게 주체는 해체되어 사라진 것이 아니다. 즉 예전에는 존재했던 중심화된 주체가 오늘날에 들어서 마술적으로 사라져 버린 것이 아니라는 말이다. 조직화되지 않고, 인식되지 못하는 구조를 구조라 부를 수 없듯이 통합되지 않은 주체는 주체라고 불릴 수 없다.[17] 문제는 어떤 고정된 진

16) Derrida, *The Gift of Death*. Chicago: U of Chicago P, 1995. 85쪽.

17) Spivak, *A Critique of Postcolonial Reason,* 322쪽.

리를 위해 차이를 봉합하고 강제적으로 동일성을 구성하는 방식이며, 그 과정에서 이질성과 차이들을 마치 존재하지 않는 것처럼, 이전에 한 번도 존재한 적이 없었던 것처럼 간주하는 태도이다. 그러나 이러한 차이는 의미화 과정이 온전히 지배할 수 없는 미결정적인 것으로 결코 중재 될 수도 없고 지양될 수도 없다.[18] 지양할 수 없는 것을 억지로 없애고자 하는 것, 바로 이것이 폭력을 만들어낸다.

스피박에게서 번역은 바로 이 미결정적인 것을 드러내기 위한 전략이요 과정이며, 그래서 스피박은 독자-번역가로서의 우리가 우리의 인식으로 환원 불가능한 독특성과 대면해야 한다고 주장한다. 즉 주체가 타자를 인식하려면 어떤 식으로든 타자를 전유해야 하지만, 그 전유의 과정 속에 숨어 있는 이데올로기적이고 정치경제적인 이해관계를 해체하여 나의 인식으로 환원될 수 없는 독특성에 주목해야 한다는 것이다. 이것이 바로 전적인 타자를 말하는 것이 불가능하면서도 동시에 가능하게 하는 조건이다. 이러한 맥락에서 책임^response-ability^은 우리가 (불)가능한 방식으로 타자에게 반응^resoponse^하는 것이며, 타자의 부름에 응답하는 능력을 의미한다.

스피박은 이러한 데리다의 '타자', '독특성', '책임'이라는 개념을 유럽이라는 공간을 넘어서 포스트식민, 혹은 전 지구적 이산의 공간으로 옮겨서 그 개념을 보다 지역^locality^에 충실하는 보다 더 정치적인 용어으로 만든다. 서구는 서구와 비서구를 구분하고 비

18) Derrida. *Dissemination,* 221쪽.

서구를 타자로서 개념화하지만, 서구의 이론적 지형에서 논의되어온 타자는 전적인 타자가 아니라, 서구가 억압하는 자아의 이면이거나 혹은 서구가 원하는 타자 이미지의 창조에 지나지 않는다고 스피박은 주장한다.

이렇게 창조된 타자 이미지를 스피박은 (유럽의) '자아를 공고히 하는 타자'라고 부른다. 이것은 사이드를 포함한 많은 포스트식민주의 비평가들이 비판했던 타자성으로, 서구의 자아를 정의하고 서구의 자아를 지향하려고 만들어낸 타자에 대한 환상이라 볼 수 있겠다. 예를 들면, 다니엘 드포의 『로빈슨 크루소』에서 크루소의 충실한 하인으로 거듭나는 원주민 프라이데이[Friday]가 그 대표적 예이다.

『로빈슨 크루소』에 등장하는 원주민과 그가 생명을 구해준 프라이데이는 서구가 원하는 이미지대로 만들어진 착한 타자다. 이 작품에서 유일한 인간은 크루소, 혹은 나중에 그를 구하러 온 백인들이다. 즉 그의 배가 난파되어 우연히 도착한 곳이 무인도라고 말하는 것 자체가 그곳에 사는 원주민은 인간이 아니며, 최소한 유럽인들이 생각하는 고유한 인간성을 가지지 못한 집단이라는 뜻이다. 원주민은 인간이 아니라 식인종이며, 그가 우연히 생명을 구해주어 그의 하인이 된 프라이데이는 금요일에 만났으므로 주인인 크루소는 프라이데이라는 이름을 하사한다. 그러나 크루소는 프라이데이에게 원주민 고유의 이름이 있을 것이라고는 생각하지 않는다. 원주민은 인간이라기보다 원시 자연의 일부이며 개척되어야 할 대상이다. 프라이데이는 서구의 언어를 열심히 배우고 서구의 문화를 주인의 문화로 열심히 섬기고 자신 내부의 원주민성을 가능한 한 삭제한다. 그리고 주인을 위하여 쓰임이 다했을 때 기꺼이 사라져주는 서구가 원하는 피식민주체의 전형이다. 이러한 프라이데이의 모습은 서구의 환상이 만들어낸 착한 타자로서 서구에 의해 상상적으로 구성된 타자의 전형이기도 하다.

한편, 서구는 타자를 착하게만 상상하는 것은 아니다. 착한 타자의 반대편에는 다루기 힘들고 길들일 수 없는 악한 타자가 있다. 샤롯 브론테의 『제인 에어』에서 로체스터Rocheshter의 전처이자, 자메이카 크레올 여성인 버사 메이슨Bertha Mason이 대표적 예다. 즉 제국주의가 마음대로 할 수 없는 타자는 야만인인 동시에 동물 상태를 벗어나지 못한 자로 간주한다. 스피박은 억압된 버사 이미지를 읽어내기 위해 마셔레이의 징후적 독법[19]을 이용하여 『제인 에어』에서 두 가지 차원에서 작동하는 제국의 이데올로기를 읽어낸다. 하나는 "여성은 '성적 재생산'을 통한 가정의 영역에 속한다"는 것이며, 나머지 하나는 피식민지인에게 '영혼을 부여하고자 하는' 보다 더 '큰 제국주의 기획'과 관련된다[20]

19) Spivak, "Can Subaltern Speak?" 81-82쪽. 마셔레이의 초점은 "텍스트가 말하지 않은 것"이지만, 제국주의 비판을 위해서는 "텍스트가 말하기를 거부하는 것"을 읽어내는 것 또한 유용한 전략이다. 그녀에게 "텍스트가 말할 수 없는 것"은 사실 제3세계, 혹은 넓은 의미에서 이산의 텍스트들을 읽을 때 더 중요한 전략이 된다.

20) Spivak, "Three Women's Texts and a Critique of Imperialism", 243-61쪽. 이 소설에 대한 기존의 독법은 이글튼의 경우와 같이 『제인 에어』를 여자 가정교사라는 당시 영국의 모호한 계급 위치에 따라 읽는 방식과 산드라 길버트와 수잔 구바의 경우와 같이 『제인 에어』를 자율적이고 독립적인 여성 주체의 성공적 구현으로 읽는 페미니스트 독법이 대표적이다. 그러나 스피박은 이 소설이 어떻게 당대의 이데올로기에 부응하고 있는지, 어떤 방식으로 유럽의 자아에 적합한

이야기의 초반부에서 제인은 '로체스터와 버사로 구성된 법률적 가족'의 파괴자로 등장한다. 그 이후 '가정의 파괴'라는 반가족 담론에서 성적 재생산의 영역인 가족 담론의 형성, 즉 로체스터-제인의 결혼으로 옮아간다. 이 과정에서 제국주의 이데올로기는 버사와 로체스터 가정의 합법성에 심각하게 의문을 제기하고, 제인이 가족의 파괴자가 아닌 훌륭한 인격의 소유자이자 가정의 구원자로 거듭날 수 있는 촉매가 된다.

즉 로체스터는 자메이카 크레올 여성인 버사를 아내로 맞이함으로써, 순수와 사랑으로 가득하여야 할 가정이 버사의 야만성과 동물성에 의해 심각하게 오염되었다고 생각한다. 그는 버사를 인간·동물의 경계 선상에 있는 인물로 간주하며, 제인을 이러한 야만성과 수성을 극복해줄 수 있는 일종의 구원자로 인식한다. 따라서 버사가 크레올이라거나, 태생 원주민이 아니라는 피식민지 지역 내의 계층 구분은 최소한 19세기 유럽 사회에서는 거의 의미가 없다. 스피박은 엄격한 의미에서 버사가 하위자의 범주에 속하는 것이 아니라, 유동적인 부르주아 계급에 속하지만, 버사의 광기는 피식민지에서 계급적 위치와 상관없이 그녀를 하위자의 범주로 포괄할 수 있도록 해준다고 주장한다.[21)]

그러므로 소설의 서사가 버사를 묘사하는 방식은 혈통이나 계층과는 상관없이 피식민지인은 고유한 유럽인이 아니므로 야

대응물로서 타자를 만들어내는가에 초점을 맞춤으로써, 지금까지 간과되어온 이 작품의 침묵의 공간을 전경화시킨다.

21) Spivak, *A Critique of Postcolonial Reason,* 117쪽.

만인이 되고, 기독교 문명에 적응하지 못하기 때문에 미친 여자로서 감금된다. 그러나 버사에게 가해지는 폭력은 폭력으로 묘사되지 않는다. 오히려 버사는 흠잡을 데 없이 고귀한 로체스터의 품성을 갉아먹는 존재이며, 제인은 야수성에 의해 오염된 집에서 로체스터를 구원해주어야 할 인물로, 그의 가정에 사랑과 평화가 가득하게 하여야 할 임무를 부여받는다. 즉 제인은 가정의 파괴자가 아니라 구원자로 드러나고 이 과정에서 버사 메이슨은 거의 동물적 존재로 강등되어 마침내 제거된다. 그 후 제인은 가정에 충실한 여성의 임무로 돌아간다. 즉 버사를 죽음으로 몰고 가는 이 소설의 서술 구조는 제국주의 타자에 대한 인식론적 폭력에 대한 알레고리가 되는 동시에 적대적 타자가 서구 여성을 독립적인 주체로 거듭날 수 있게 하여주는 방식과 연결된다. 이것은 버사가 죽은 후 제인이 다시 전통적 여성 이미지로 복귀하는 결말이 시사하는 바이기도 하다.

이때 서구/비서구, 문명/야만은 서구인들이 세계를 인식하는 절대적인 범주다. 즉 칸트가 말한 것처럼 인간을 이성을 가진 피조물이라고 인식할 때, 서구적인 이성을 가지고 있지 않은 것으로 간주하는 사람들, 혹은 기독교의 세례를 받지 못한 사람들은 계몽Enlightenment의 영어 어원 그대로의 의미에서 더는 인간이 아니며, 그들이 인간으로 인정받으려면 반드시 서구문명을 수용하고 서구화되어야 한다. 이것이 바로 서구와 비서구를 나누어서 전자에 특권을 부여하는 인식의 폭력이다.

이러한 인식의 폭력은 소설이나 역사 속에서만 등장하는 것은 아니다. 스피박은 『포스트식민이성비판』 1장에서 서구 메트로폴리탄 담론이 어떻게 교묘하게 작동하는가를 보여주기 위해 서구철학의 거두, 칸트, 헤겔, 마르크스를 해체적으로 읽는다. 그들은 사실상 근대적 의미에서 타자를 자아와의 관계 속에서 정초해낸 사람들이자 타자의 배제를 보이지 않게 정교하게 수행해낸 사람들이다. 스피박은 해체적 읽기를 통해 완벽하게 폐제[22)]된 원주민 정보원의 흔적을 쫓는다. 칸트에서 원주민 정보원은 인간의 반성적 판단의 자율성을 강조하기 위한 도구에 지나지 않으며, 헤겔은 "인도나 중국엔 역사가 없고, 역사철학의 기초가 되는 발전과정으로 설명할 수 없기 때문에 역사의 바깥에 위치할 수밖에 없다고 말한다.[23)] 또한, 마르크스는 스피박 스스로 고전적 마르크스주의자라고 칭하면서도, 그가 아시아적 생산양식을 설명하는 데는 많은 문제점을 드러내고 있다고 본다.

그렇다면 이러한 제국주의 이데올로기를 폭로하고 이를 다

---

22) 이 용어는 프로이트가 편집증환자 슈레버의 자서전을 평가하면서 쓴 용어, Verwerfung를 라캉이 forculsion(영어: foreclosure)로 번역할 것을 제안함으로써 사용되기 시작한 것이다(*The Seminar of Jacques Lacan: The Psychoses 1955-1956* (Book III), Trans. Russell Grigg, 321쪽 참조.) 폐제란 원래 저당물의 반환권 상실을 의미하는 법률 용어로서 법원의 판결에 의해 상속인의 자격을 폐지하는 것을 의미한다. 라캉은 정신증의 형식을 정의하기 위해 사용한 것으로 상징화되어야 할 것을 한 번도 존재해본 적이 없었던 것처럼 상징계 밖으로 폐기해버리는 것이라고 설명했다. 하지만 스피박이 사용하는 폐제는 정신증과는 상관없이 「늑대인간」의 사례에서 프로이트가 말한 바 그대로 "심리적 방어기제로서 자아에게 용납되지 않는 것을 정동과 함께 송두리째 거부하여 마치 그러한 것이 한 번도 떠오른 적이 없었던 것처럼 행동하는 것이다"는 정의를 따른다. Spivak, *A Critique of Postcolonial Reason,* 4쪽.

23) Spivak, 위의 책 119쪽.

시 쓰는 행위가 하위자를 드러낼 수 있을까? 그러나 단순히 되받아쓰기로서 드러낼 수 있는 것은 무척 제한적이다.

되받아쓰기는 하위자를 드러낼 수 있는가?

우선 쿳시의 『포』[24]는 19세기 제국주의 소설, 『로빈슨 크루소』을 20세기에 반제국주의 판본으로 다시 쓴 것이다. '포'Foe는 로빈슨 크루소의 작가 드포Defoe의 원래 이름이다.[25] 쿳시는 드포의 원이름을 복원해서, 그것을 '적'을 의미하는 보통명사로 사용하는 동시에, 작품 속에 포라는 이름의 대필 작가를 등장시키고 있다.

이 소설은 수잔 바튼Susan Barton이 잃어버린 딸을 찾아 현재의 브라질인 바히다에서 출항하여 선상반란으로 선원들에게 살해당한 선장의 사체와 함께 표류하다 로빈슨 크루소와 프라이데이가 있는 섬에 표류하는 이야기다. 『포』에 등장하는 프라이데이는 『로빈슨 크루소』의 프라이데이와는 달리 스피박이 말하는 전적인 타자로 간주될 수 있는 인물이다.[26] 『로빈슨 크루소』에서 크루소가 타자인 프라이데이에게 말을 거는 법을 배우지 않고 자신의 언어를 가르치는 것과 반대로, 『포』의 프라이데이는 누군가에 의해 이미 혀가 잘려나가고 없으며, 크루소는 굳이 프라이데이에게

---

24) J.M. Coetzee, *Foe*, New York: Viking, 1987.

25) 아버지의 이름이 제임스 포(James Foe)이므로 드포의 원래 성은 포이다.

26) Spivak, "Theory in the Margin: Coetzee' *Foe* Reading Defoe's *Crusoe/Roxana*." *Consequences of Theory*, Eds. Jonathan Arac and Barbara Johnson. Baltimore: Johns Hopkins UP, 1991, 157쪽.

영어를 배우도록 강요하지도 않는다. 그리고 무엇보다도 이 소설의 화자는 남성인 크루소가 아니라, 드포의 『록사나』의 주인공과 이름이 동일한 여성인 수잔Susan이다. 수잔은 자신의 표류기를 책으로 만들려고 어떤 방식으로든 프라이데이를 원주민 정보원으로서 활용해야 한다고 느낀다. 따라서 그녀는 이야기의 "빈 구멍"[27]을 메우고자 프라이데이에게 말 대신 글이라도 가르치려고 노력하지만, 프라이데이의 세계는 도저히 번역 불가능한 것인 동시에 모든 번역 시도는 언어오용에 불과하다.

쿳시의 크루소는 이러한 시도의 무용성을 가장 먼저 보여준다. 그는 수잔에게 프라이데이의 잘려나간 혀를 보여주면서 '라-라-라'라고 해보라고 시키자, 프라이데이는 '하-하-하'라고 반복한다.[28] 그러나 수잔은 이에 포기하지 않고 크루소가 죽은 후 프라이데이와 함께 영국으로 가서, 영국 항해에서 죽음을 맞이한 크루소를 대신하여 그에게 그림을 통해서라도 언어를 가르치려고 노력하고, 프라이데이를 드포의 프라이데이처럼 주체로, 그리고 원주민의 대변자로 만들려고 계속해서 시도한다.

노예상인인 무어인이 그의 혀를 자르는 그림을 보여주기도 하고, 주인이었던 크루소가 혀를 자르는 그림을 보여주기도 하면서, 노예상인이 혀를 잘랐는지, 크루소가 혀를 잘랐는지를 질문하고자 했지만, 수잔은 자신이 쓸데없는 짓을 하고 있다는 것을 깨닫는다. 사실 그 그림은 프라이데이에게 "크루소가 자애로운 아

27) Coetzee, 위의 책, 121쪽.

28) 위의 책, 22-23쪽.

버지로서 아이인 프라이데이에게 생선 한 덩어리를 입에 넣어주는" 그림으로 보일 수도 있다. 프라이데이에게 유럽의 언어를 부과하려는 시도는 늘 이런 식으로 실패한다. 이러한 시도는 서구의 타자로서 재탄생시키려는 제국주의의 시도에 불과한 것으로 전통적 서구의 의미체계로 프라이데이의 침묵과 소통하려는 모든 노력은 무위로 돌아간다.

이 지점은 수잔에게 서구 주체의 한계를 벗어던질 것을 요구한다. 따라서 완전한 타자로 프라이데이가 등장하는 것은 그의 침묵의 세계를 열어보려 했던 수잔의 모든 노력이 실패로 끝난 뒤인 제4부에 이르러서이다. 프라이데이가 석판 위에 반복해서 쓰는 글자 O는 "지배자의 언어가 전유할 수 없는 구멍, 즉 타자성"[29]을 나타내는 거부의 상징이다. 따라서 수잔이 프라이데이의 전적인 타자성을 인정하는 것은 그의 춤과 음악을 통해서이다. "그는 인간의 영역을 넘어서 있었다 … 춤추는 동안에 그의 목에서는 평상시의 그의 목소리보다 더 깊은 콧노래가 나왔다. 때때로 그는 노래하는 것처럼 보였다."[30] 그럼에도 프라이데이는 수잔에게 여전히 이해할 수 없는 것으로 남는다.

그러나 4부에서 새로 등장하는 화자에 의해 "그의 입은 열리고", "그의 내부로부터 흘러나오는 기류는 … 지구의 끝으로 뻗어나간다"[31]라고 묘사함으로써 서구의 이성과 인식을 벗어난 곳에

---

29) Benita Parry. "Speech and Silence in the Fictions of J.M. Coetzee." *Writing South Africa: Literature, Apartheid, and Democracy.* Ed. Derek Attridge, Cambridge Up: 1998, 155쪽.

30) Coetzee, *Foe*, 92쪽.

서 거주하는 원주민의 존재에 대해 암시한다. 이 마지막 장면은 서구가 "타자를 이해할 수 있도록 서구의 인식을 투사하여 타자를 변형시킨 경우만을 타자로 만드는 관습을 깨뜨린다는 점에서 가치 있는 소설"로서 평가될 수 있다.[32] 하지만, 이 작품은 재현불가능한 것을 보여주는 효과는 있지만, 과연 프라이데이의 몸을 기호화함으로써 원주민을 이해할 수 없는 존재로 신비화하는 역설을 낳는 것은 아닌가 하는 의심을 사게 하기도 한다.

그렇다면 카리브 해 출신의 진 리이스가 『제인 에어』를 다시 쓴 『광대한 사가소의 바다』는 어떠할까? 이 소설은 19세기의 버사를 반제국주의/반식민주의의 시각으로 다시 읽게 해주는 장점이 있다. 그러나 버사가 자신의 원래 이름 앙토와네트[Antoinette]를 회복한다는 사실을 제외한다면, 다시 쓰인 소설에서도 집에 불을 지르고 자살함으로써 제인 에어를 독립적 주체로 만들어주는 결말에서 벗어나지 못한다. 또한, 원주민의 목소리를 제대로 대변하려는 인물로 설정된 하녀 크리스토핀[Christophine]은 사실상 자메이카의 원주민이 아니라 마르티니크 출신으로 해설자이자 발화자의 역할을 담당한다. 그러나 그녀의 목소리는 원주민을 대변하지 못한다. 우선 그녀가 소설 속에서 담당하는 역할이 어디까지나 선량한 하인의 그것에서 벗어나지도 못하고, 작품의 후반부로 들어서면 그녀의 목소리는 종적 없이 사라지고 없기 때문이다.

---

31) 위의 책 157쪽.

32) Spivak, "Theory in the Margin: Coetzee' *Foe* Reading Defoe's *Crusoe/Roxana*." *Consequences of Theory*, Eds. Jonathan Arac and Barbara Johnson. Baltimore: Johns Hopkins UP, 1991, 179쪽.

이러한 사례들은 제국주의에 포섭되지 않는 '타자'로서 원주민/비서구의 목소리를 드러내는 작업이 얼마나 어려운 것인가를 보여주며, 원주민의 목소리를 가시화하려면 되받아 쓰기가 아닌 다른 전략이 구사되어야 한다는 것을 보여준다. 이것이 스피박이 되받아 쓰기가 아니라 번역을 주요 실천 전략으로 삼은 여러 계기 중의 하나가 되는 이유일 것이다.

번역의 정치

스피박이 포스트식민주의자로 분류되기는 하지만, 그녀는 선과 악, 주체와 타자, 서구와 비서구라는 이분법에 따라 억압된 항을 강조하는 것만이 능사가 아니라고 주장한다. 자칫 잘못하면 포스트식민주의의 이러한 시도가 자신이 폐기하고자 하는 바로 그 구조와 공모하게 될 수 있고 체계화된 저항이 체계의 긍정으로 전환할 수도 있다는 것을 경계한다.

그렇다면 스피박은 재현되지 않는 타자를 어떻게 드러낼 것인가? 하위자를 드러내려면, 그들을 서구의 인식틀로 환원시키지 않으면서 그 표현가능성을 완전히 포기하지 않아야 한다. 이것을 그녀는 "(불)가능한 것의 경험으로서의 윤리"이라고 칭한다.[33] 이것은 윤리가 불가능하다는 뜻도 되겠지만 타자를 서구의 언어와 지식으로 구성하는 것이 불가능하다는 뜻이다. 하위자를 직접 대

33) Spivak, "Translator's Preface", Mahasweta Devi, *Imaginary Maps*, Trans, G. Spivak, London: Routledge, 1995. xxv쪽.

변하려고 하는 순간 하위자의 목소리는 사라지고 지식인의 입장만을 드러낼 수 있기 때문이다. 그러므로 스피박이 (불)가능성에서 부정어 '불'을 언제나 괄호로 처리하는 것은 타자와의 관계설정이 가능해지기 위한 조건 탐색을 위한 것이다. 앞서도 말했듯이 이 조건 탐색의 첫 단계가 번역이다.

스피박은 자신이 정말 번역가라고 생각한 것은 데리다를 번역했을 때가 아니라 방갈의 작가 마하스웨타 데비를 번역했을 때라고 주장한다.[34] 이것은 바바와 마찬가지로 인도에서 태어나 미국에서 가르치는 자신이 이미 번역 속에 살고 있다는 것을 인식하고 있기 때문이기도 하지만, 유럽 지식의 중심을 다른 중심으로 치환하는 것과 3세계 텍스트를 1세계로 옮기는 것 사이의 통약불가능한 차이 때문일 것이다. 즉 스피박이 모국어에서 영어와 다르게 작동하는 구조를 번역과정에서 인식하기 때문이다.

스피박에 의하면 번역은 의미의 전달과는 아무런 관련이 없다. 특히 방갈어를 영어로 옮길 때는 완전히 다른 언어에서 출발하기 때문에 이러한 번역 속에는 이미 동일화될 수 없는 차이를 태생적으로 가지고 있다. 하위자를 번역할 때 구조주의적 메타언어로서 번역될 수 있는 것은 아무것도 없다.

결국, 다른 문화권의 이야기를 자기식으로 치환하지 않고 귀를 기울여 듣는 것이 바로 번역의 첫걸음이다. 좀 더 정확히 말하면 침묵하는 하위자가 있다고 선언하는 것이 하위자의 침묵을 깨기 위한 첫 번째 단계다. 즉 지식인이 하위자의 침묵, 즉 말을 할

34) Spivak, "Questioned on Translation" 13쪽.

줄 몰라 하지 않는 것이 아니라, 아무리 목소리 높여서 말해도 그 말을 들어줄 수 있는 청중이 없다면 그들의 말은 말이 아니라 공허한 외침일 뿐이다. 따라서 하위자들의 침묵을 인식할 때 번역은 시작된다. 그렇다면 어떻게 지식인은 하위자의 침묵을 번역할 수 있는가?

> 언어가 전부가 아니다. 언어는 자아가 경계를 상실하는 곳이 어디인가를 가리키는 생생한 단서일 뿐이다. 수사성이 논리를 방해하는 방식 자체가 언어를 넘어서 언어를 선회하는 임의적인 우연성을 유발할 수 있다. 이러한 산포가 번역가의 통제를 넘어선다.[35)]

완전한 번역이 불가능한 것은 논리를 방해하는 우연성 때문이다. 그러나 이 불가능성 때문에 번역이 반드시 필요하다. 다시 말해 번역은 언어를 다른 언어로 옮기는 것이지만 이 과정에서 정확한 대응관계가 불가능하기 때문에 생겨나는 언어오용이다. 예를 들면, 유기체의 세포는 자신을 공격하는 병인을 인식한다[recognize]. 그러나 세포 속에 인간과 같은 뇌가 없기 때문에 의식이나 지성, 정신작용이 세포의 기능이라고 할 수는 없다. 그러므로 세포가 인식한다는 말은 그 자체로 잘못된 것이다. 하지만, 과학자들은 이에 합당한 말을 찾을 수 없어서 이 어휘가 정확하지 않다는 것을 알고 있음에도 다른 말을 찾을 수 없기에 그냥 사용할 수밖에 없다. 이것이 바로 스피박이 말하는 언어오용이다.[36)]

스피박이 사용하는 언어오용의 개념의 배경에는 데리다가

---

35) Spivak, "The Politics of Translation" 180쪽.

36) Spivak, "Translation as Culture" 14쪽.

있다. 스피박은 데리다의 은유 개념을 빌어와서 은유의 수행적 형태인 언어오용을 주장한다. 은유는 우회의 운동으로 하나의 단어를 다른 담론 속으로 옮기면서 담론적 경계를 구성하는 동시에 파괴한다. 그러므로 은유에는 어떤 선험성도 주어질 수 없으며 은유의 순환과 가치생산의 정치경제를 밝히고자 스피박은 은유라는 추상적 어휘보다 언어오용이라는 말을 사용한다. 언어오용이 번역에 해당하는 것이라면 "가치생산의 형태로 은유를 읽는 것은 오독을 요구한다."[37] 오독은 문자 그대로의 오독이 아니라 은유의 객관성을 의문시하고 그 속의 빈 공간을 읽어내어야 한다는 것이며, 이 과정에서 거대한 역사적 메타렙시스를 해체해야 한다. 번역가가 읽기에서부터 작업을 시작하여 쓰기로 이동한다면, 번역은 오독에서 언어오용으로 이어지는 셈이다.

스피박은 이러한 언어오용의 예를 '민주주의'의 번역에서 찾는다. '민주주의'란 서구의 담론 틀 속에서는 평등한 권리와 권력의 남용을 막는 정의를 구현하는 국회 체계를 지칭하는 것이지만, 실제로 오늘날의 민주주의는 18세기 초반과 19세기 초반 유럽의 사회, 경제적 변화가 낳은 정치체제다. 아테네 민주주의의 개념은 원래 여성과 노예 등 모든 사람을 포함하는 국민의 주권 의식이나 평등 의식에 기반을 두고 있었던 것은 아니었다. 하지만 "그리스 민주주의를 산업혁명 이후의 유럽적 상황에 맞도록 번역함으로써, 사람들은 새로운 정치질서를 만들고, 사회적 정치적 단일체로서 안정성을 확보하는 데 주력했다."[38] 즉 그리스 시대의 아테

37) Spivak, *In Other Worlds,* 116쪽.

네 민주주의는 18·19세기에 들어서면서 원래의 개념을 벗어나 '개인의 자유와 평등', 혹은 '다수에의 배려'로 번역되었다.

그러나 3세계 인도 하층민들이 받아들이는 민주주의의 개념도 이와 같을까? 그들에게 민주주의란 서구식의 '자유와 평등'의 은유가 아니라, 명백히 식민주의 이후에 '수입된 정부 형태'를 의미하며, 때에 따라서는 '정치적 격변과 모순'을 의미하는 것이었다. 따라서 그녀는 인도 하층민들에게 민주주의는 제국주의와 다른 용어가 아니었으며, 관료주의의 타락과 정부의 권력집중 및 남용과 다르지 않았다. 그러므로 3세계 맥락에서 민주주의는 식민주의의 유산이자 식민지 이후의 통제와 지배의 서구적 형식이 된다.[39)]

따라서 벤야민과 데리다, 바바의 번역과 마찬가지로 스피박에게도 번역은 결코 반복이 아니다. 원본의 있는 그대로의 반복은 문자 그대로 불가능하다. 텍스트의 문자를 그대로 반복해서는 번역은 불가능하고, 그렇다고 단어와 문장, 텍스트 속의 메시지만을 전달해서는 그 속에 기입된 메타렙시스를 해체할 수 없다. 따라서 벤야민과 마찬가지로 스피박에서도 번역가는 의미 전달에 목표를 두어서는 안 된다. 중요한 것은 의미의 전달이 아니라 겉으로 드러나지 않은 언어의 수사성이다.

---

38) Lianeri, Alexanda, "Translation and the Establishment of Liberal Democracy in Nineteenth Century England: Constructing the Political as an Interpretative Act", Eds. Tymoczko and Gentzler, *Translation and Power*, Amherst: U of Massachusetts P, 2002, 1-4쪽.

39) Spivak, "The Politics of Translation", *Outside in the Teaching Machine,* New York: Routledge, 1993, 406쪽

그래서 스피박은 번역가가 원본 텍스트의 "수사성"에 대해 항복해야 하며, 논리적 체계성을 가로막는 언어의 수사적 성격에 주목해야 한다고 역설한다. 여기서 수사성이란 스피박이 인터뷰에서 밝힌 바대로 "체계를 회피하는 잔여물"[40]이자, 일관된 논리를 방해하는 우발성이다. 스피박은 언어 자체를 행위자[agent]로 본다. 추상체인 언어를 행위자로 보는 것은 언어가 가진 수사성 때문이다. 따라서 수사성에 주목하는 읽기는 재현의 결을 거슬러서, 재현/대변/대표를 빠져나가는 잔여를 드러내기 위한 위험한 싸움이다. 그러므로 번역가는 이 싸움의 과정에서 행위력[agnecy]을 보유하려면 '수사성'에 주목하여, 헤게모니 언어의 "논리적 체계성을 파괴해야 한다."[41]

물론 언어의 수사적 성격에 대한 그녀의 주목은 서구 이론에서 별로 새로울 것은 없다. 수사성을 주목하라고 역설하는 스피박은 그녀의 박사학위 지도교수였던 폴 드 만의 주장과 대단히 유사하게 보인다. 하지만, 그녀의 주장이 이론에만 함몰되지 않고 말할 수 없는 하위자를 위한 정치로 전환한다는 점에서 드 만과는 다른 뉘앙스를 띤다.

미국에서 가장 비판적 지식인으로 알려진 제임슨은 3세계 텍스트들을 읽을 때에는 그것들을 정치적 차원을 투사하는 국가적 알레고리 혹은 3세계 텍스트의 가장 사적인 개인의 운명에 관한

40) Phillip Sipiora and Janet Atwill, "Rhetoric and Cultural Explanation: A Discussion with Gayatri Spivak", *JAC* 10.2, 1990, 2쪽.

41) Spivak, "The Politics of Translation," 398쪽.

이야기도 항상 공적인 3세계 문화와 사회적 상황의 알레고리로서 간주한다.[42] 그러나 스피박은 이러한 1세계 지식인들의 관행을 비판하고, 특히 번역에서 비서구 혹은 3세계 작가의 작품이 너무나 자주 그 사회적 메시지로"만" 환원되어버리는 경향을 비판한다.

스피박은 사회적 메시지로 환원되어버린 문학텍스트가 과연 어떻게 독자의 관심을 끌 수 있는가 하고 질문한다. 원본 텍스트에서, 다른 언어의 목록에서 동의어를 찾아서, 그것을 자국의 논리적 체계에 맞게 구성하는 것이 번역이 될 수 없음을 천명하는 것이다. 그러므로 번역가가 해야 할 일은 평범한 영어의 규범을 회피하고, "원본 텍스트의 언어적 수사성에 항복"[43]해야 하며, 번역가는 텍스트성에 충실하여 번역된 텍스트의 메시지에만 집중하지 않고, 언어가 지역적이고 사회적인 현실에 어떻게 묶여 있는지를 이해해야 한다. 그녀에게 있어서 진정한 번역은 "수사학과 논리, 지식의 조건과 효과 사이의 들쭉날쭉한 관계"가 수용 언어 속에 창출될 때 발생한다. 그렇지 않다면 번역가는 단지 앵무새일 뿐, 행동교섭능력을 보유할 수 없게 되는 것이다.

언어의 수사성은 서구 페미니스트 번역가의 번역 활동에서 지금까지 견지되어온 "오랜 식민적 태도, 약간은 전치된 태도"를 넘어서서 원본 텍스트 속의 수사성의 전복성과 우발성을 인정하도록 만든다.[44] 즉 3세계 텍스트를 헤게모니 문화권으로 번역할

---

42) Fredric Jameson, "Third World Literature in the Era of Multinational Capitalism," *Social Text: Theory/Culture/Ideology* 15, 1986, 69쪽.

43) Spivak, "The Politics of Translation", 187쪽.

44) 위의 글, 185쪽.

때, 1세계 번역가들은 대부분 3세계 텍스트의 논리에만 주목한다. 하지만, 논리는 명확한 연관관계를 설정하기 위하여 단어에서 단어로 도약하도록 만든다. 그러나 "수사성"은 "무엇이 작동하고 얼마나 많이 효과를 발휘하는가를 보고자 단어 간의, 단어 주변의 침묵 속에서" 기능한다.[45] 이 수사성에 주목하지 않고서는 결코 권력의 앵무새 수준을 넘어서는 진정한 번역은 불가능하다.

그러므로 스피박은 번역이 경계의 상실, 산종, 두 개의 명명된 역사 언어 사이의 빈 공간과 관련되어 있다는 점을 놓치지 않는다. 이 공간 속에서 번역가는 곡예를 넘는 것이다.

> 단순한 합리성은 [텍스트를] 단지 멋지게 보이기 위하여, 수사성을 전유하고 수사성에 자리를 내준다. 그러나 수사성은 바로 그 자리에서 합리성을 교란시킨다. 남성이 지배하는 사회에서 여자들은 성차별을 정상으로 내면화하여, 공식적으로는 성차별과 유사하지만, (수사적으로는) 페미니즘을 억압하는 시나리오를 폭로한다, 이처럼 논리와 수사성, 문법과 수사성의 관계 역시 [한쪽에는] 사회의 논리와 사회의 합리성이 있고 [그 이면에] 사회적 실천을 통한 형상화의 전복이 놓이는 관계와 같다. […] 그렇다면 수사성은 언어로부터 떨어져 나온 산종, 임의성, 우연성 등의 가능성을 가리킨다.[46]

이처럼 스피박의 수사성에 대한 강조는 해체론과 밀접하게 관계를 맺고 있다. 하지만, 그녀는 바바나 드 만처럼 번역의 관념이나 개념이 지니는 은유적 효과에 주목하는 것이 아니라, 그것을 좀 더 정치적으로 밀고 나아가서 실제 번역에서 어떻게 구현되어야

45) 위의 글, 181쪽.

46) 위의 글, 187쪽

하는가, 즉 번역의 실천에 더 많은 관심을 보인다.

번역가의 자세와 관련하여 스피박은 두 가지를 언급한다. 하나는 윤리적ethical인 것이고, 나머지 하나는 에로틱erotic한 것이다. 전자는 모든 인간이 동일하게 때문에 '자아는 타자와 동일하다'는 윤리로서 이것은 휴머니즘적인 보편주의이다. 번역에서 윤리적인 것은 번역이 접근가능성에만 몰두할 때 발생하고, 우리의 도덕적 임무는 모든 인간 사이의 근본적 유사성 위에서 건설된다는 본다.

그러나 번역에서 타자가 자아에 의해서 축소될 수 없는 순간이 있다. 이 지점은 윤리적이라기보다는 에로틱한 것이다. 번역가의 태도는 "그녀는 나와 똑같다"라는 전통적인 윤리적 관점을 따라서는 안 된다. 스피박은 번역에서 "굴복하는 것은 윤리적이라기보다는 에로틱한 것이다"라고 주장한다.

> 번역가는 텍스트에 굴복해야 한다. 원문텍스트를 이용하여 번역언어의 한계를 보여주도록 노력해야 한다. 왜냐하면, 수사성의 양상은 텍스트가 특별히 막아놓은 방어벽으로 말미암아 언어가 완전히 마모되어 침묵으로 남아있는 지점을 가리키기 때문이다. [⋯] 번역은 가장 친밀한 독서행위다. 친밀한 독자가 될 권리를 번역가가 취득하지 못한다면 번역가는 텍스트에 굴복할 수도 텍스트의 특별한 부름에 반응할 수도 없다. [⋯] 텍스트의 수사성이 독자가 텍스트와 함께 하는 한 독자에게 언어의 한계를 보여준다는 점을 알고 우정의 권리를 위하여 정체성을 포기할 때, 독자는 특정 텍스트와의 관계에서만이 아니라, 언어와도 전혀 다른 관계 속으로 들어가야 한다.[47]

많은 비평가는 이 부분을 스피박이 외국화 번역을 주장하는 베누

47) 위의 글, 183쪽.

티의 주장과 동일하게 읽지만, 여기서 스피박은 단지 원문에 무조건적으로 굴복해야 한다고 주장하는 것이 아니라, 대상 텍스트의 언어의 수사성에 굴복하라고 요청한다. 스피박은 여기서 번역언어를 이국화시키는 데만 몰두하는 것도 아니고 원본의 언어를 숭배하고자 하는 것도 아니다. 물론 위 인용문에서 텍스트가 가리키는 바가 원문이라는 데는 이견이 없다. 그러나 스피박이 방점을 두는 곳은 원본 텍스트의 메시지에 굴복하라는 것이 아니라 원본 텍스트가 말하지 않는 수사성에 굴복하라는 의미다. 다시 말하면 메시지에 굴복하는 것은 도덕·윤리에 따르는 것이요, 수사성에 굴복하는 것은 에로틱한 것이다.

예를 들어 마하스웨타 데비의 「스타나다이니」를 영어로 "Wet-Nurse"로 번역하는 것과 "Breast-Giver"로 번역하는 것은 전혀 다르다.[48] 전자는 원본 텍스트의 메시지만을 전달하는 것이고, 후자는 수사성에 주목한 번역이다. 물론 후자의 번역은 스피박 자신이 제안한 것이다. 그렇다면 전자와 후자가 무엇이 다른가? 스피박은 데비의 단편소설의 제목은 마르크스적 의미에서 젖의 상품화인 동시에 프로이트적 의미에서 환유적 부분대상으로서의 젖가슴을 동시에 담고 있다고 본다. 그래서 「보모」로 번역한다면

48) Mahasweta Devi. "Breast-Giver" Trans. G. Spivak, *In Other Worlds,* 222-240쪽. 태혜숙 교수는 전자를 「보모」로 후자를 「젖어미」로 번역하고 있다.(『교육기계 안의 바깥에서』 338쪽) 하지만 여기서는 논의를 쉽게 전개하기 위해 제목을 번역하지 않았다. 소설의 내용은 자쇼다가 돈을 받고 부유한 브라만 가정에 고용되어 아이들을 젖을 먹인다. 무능한 남편을 대신하여 가족을 부양하기 위해 계속해서 임신한다. 따라서 수유는 그녀에게 임금노동이다. 이런 상황에서 그녀는 유방암에 걸린다. 그러나 누구의 보살핌도 받지 못한 채 그녀는 외롭게 죽었고 화장되었다.

단어의 의미(윤리)는 전달하지만, 그 속에 숨어 있는 수사성(에로틱함)은 놓친다고 주장한다.

한국어로 이 단편의 제목을 옮기기는 정말로 어렵지만, 직역을 하면 "젖을 주는 자"라는 뜻이다. "Giver"는 데리다의 『죽음의 선물』*Gift of Death*, 『소여된 시간』*Given Time*을 연상시킨다. 선물을 의미하는 gift는 give의 명사형이다. 연인에게 선물을 할 때, 그것은 손수건이 될 수도 있고 반지일 수도 있고 보석일 수도 있다. 하지만, 거래와는 달리 선물에서 중요한 것은 선물의 내용물이나 그것이 얼마나 값이 많이 나가는가의 문제가 아니다. 값이 문제가 될 때 그것은 선물이라기보다는 (지연된) 뇌물이다. 선물이 뇌물이나 교환이 되지 않으려면 선물을 주는 자는 어떤 보답도 원하지 않아야 한다. 우리는 거리의 거지에게 돈이든 무엇이든 던져줄 때 보답을 바라지 않는다. 우리는 대부분 이 행위를 선물이라고 말하지 않지만, 자기만족을 위해 기부를 했다면, 그것은 만족을 돈 대신 받은 셈이다. 따라서 이 역시 순수 선물이 아니다. 데리다에 의하면 순수 선물은 교환의 법칙을 넘어서는 것이다. 이런 의미에서 순수 선물은 불가능하며, 불가능한 요구다.

한편, 선물에 담겨있는 의미와 주는 물건과는 다르다. 손수건의 선물은 언제나 손수건 너머의 다른 것을 지칭한다. 이런 의미에서 선물은 유령과 다르지 않다. 스피박이 데비의 소설의 수사성을 드러내겠다는 의미는 계산될 수 없는 것을 계산하는 것으로 전환하는 도덕 윤리를 문제시하면서 그 속의 계산할 수 없는 것을 드러내고자 하는 시도가 담겨 있기 때문이다. 그러나 이러한 논리 바깥의 문법 바깥의 어떤 것, 그것을 수사성이라고 이름할 수 있다면, 그것에 접근하는 방식을 에로틱한 것으로 묘사할 수 있다면, 번역에서 주목해야 하는 것은 바로 이러한 것이다.

그렇다면 데비의 「스타나다이니」에서 선물은 무엇인가? 주인공인 자쇼다가 주는 것은 물론 젖이다. 그녀가 주는 젖은 계산될 수 없지만, 그것은 계산될 수 있는 것으로, 교환가치로 환산된다. 그러나 유방암으로 말미암아 교환가치로 교환될 수 없을 때 그녀는 버려진다. 자쇼다의 젖에서 교환가치를 뺀, 그 나머지는 지양되어야 할 대상일 뿐이다. 그러므로 스피박이 번역을 통해 하고자 하는 것은 교환가치가 다했을 때 더 이상 재현되지도 대변되지도 않는 재현불가능한 자쇼다의 몸을 드러내는 것이고, 그 몸에 응답하기 위한 것이다.

번역가에게 에로틱한 자세를 요구하는 것도 이와 다른 맥락이 아니다. 하지만, 윤리 비판을 수행하며 에로틱한 것을 내세울 때 스피박은 이리가레가 전개하는 '사랑'을 염두에 두고 있는 것처럼 보인다. 윤리적인 것이 번역의 접근가능성에 몰두하는 동일화 논리라면, 에로틱한 것은 차이의 차이화와 관계한다. 스피박은 번역 관계에서 타자의 환원 불가능성(자쇼다의 젖)에 대한 보다 많은 존중이 필요하고, 이 존중은 윤리성에서 보다 에로틱한 것에서 발견된다고 주장한다. 윤리란 왜 스스로의 몸을 이렇게 돌보지 않았느냐고 유방암의 모든 책임을 자쇼다에게 돌리는 의사의 말과 같은 것으로, 이런 식의 자유주의적이고 관료주의적인 태도[49]

49) 위의 책, 239쪽.

는 번역에서 아무런 도움이 되지 않는다.

그렇다면 이리가레는 사랑을 어떻게 설명하는가? 이리가레는 플라톤의 『심포지엄』에 등장하는 소크라테스와 디오티마의 이야기를 통해 사랑을 이야기한다.[50] 플라톤은 두 사람의 이야기를 전유하여 사랑이 정신의 것이요 영혼만의 것이라고 몸을 배제하지만, 디오티마는 사랑이란 풍요의 신인 포로스의 아들이자 궁핍의 여신인 페니아 사이의 자식이며 그래서 에로스는 지혜와 무지의 중간에 있다는 것을 강조한다. 소크라테스는 사랑은 합의가 아니라 과정이며, 양극을 중재하며 몸과 영혼이 서로 관계를 맺어야 한다는 디오티마의 말을 주의 깊게 듣지 않는다. 바로 여기서 이리가레는 디오티마와 소크라테스의 간극을 읽어낸다. 스피박이 말하는 윤리는 위의 두 사람의 대화 속에 드러나는 간극을 봉합하여 사라지게 하는 플라톤의 윤리다. 따라서 스피박이 말하는 사랑이란 내가 너를 사랑하니 너는 나와 같아지라는 요구가 아니다. 스피박은 이리가레가 드러낸 바로 이 행간에 주목하면서 번역이 에로틱해야 한다고 주장으로 넘어간다. 번역은 몸과 몸의 부딪힘이다. 정신이라는 추상적 작용에서 이질적인 두 가지가 솔기 없이 봉합될 수 있는 것처럼 보이지만, 몸과 몸은 전혀 그렇지 않다. 번역 또한 결코 섞일 수 없는 이질적인 언어와 문화와의 부딪힘이자 협상이기 때문이다.

그러므로 여기서 스피박이 비판하는 윤리는 플라톤적 윤리

50) Luce Irigaray, “Sorcerer Love: A Reading of Plato, Symposium, “Diotima's Speech” Trans. Carolyn Burke and Gillain C. Gill. *An Ethics of Sexual Difference*, London: Athlone년도, 20-33쪽.

다. 이 윤리는 스피박이 "윤리적 독특성", 혹은 "도래할 윤리"와 같이 윤리를 긍정적으로 사용할 때의 윤리와는 완전히 다르다. 전통적 윤리에서 통약불가능한 차이를 일반화시켜 차이를 폐제시키고, 이 과정에서 생겨나는 폭력은 폭력적으로 지양된다. 하지만, 도래할 윤리란 데리다의 의미처럼 우리가 기대하지 않는 것, 결코 예측할 수 없는 것에 귀를 열고 경청하는 것이다.[51] 도래하는 것은 상징화된 주체의 그것이 아니라 상징화를 넘어서는, 상징화될 수 없는 잔여다. 이 잔여가 곧 수사성이며, 번역가는 바로 이 수사성을 언제나 겨냥해야 한다. 따라서 스피박은 언어 속의 권력과 힘에 동시에 주목한다. 스피박에게 번역은 동화를 실행하는 폭력으로서의 권력 때문이 아니라, 자쇼다의 예에서 보듯 폭력을 넘어갈 수 있는 힘이 번역 속에 담지되어 있기 때문에 중요한 것이다.

수사성에 주목한 번역

스피박은 많은 텍스트를 번역하고, 번역한 텍스트의 주해를 달았다. 스피박의 번역물은 그 자체로도 가치가 있지만, 여기서는 이

51) 스피박이 윤리를 긍정적 의미로 사용할 때 데리다 뿐만 아니라 후기 푸코의 의미를 띠기도 한다. 도덕철학으로 표백된 윤리 주체는 얼굴이 없다. 하지만, 후기 푸코는 여기서 벗어나 주체가 윤리적으로 되는 과정을 인식할 때, 권력/지식을 pouvoir-savoir/puissace-connaissance로 나누어 달리 이해하는 바처럼 다분히 폭력을 수반하는 윤리와 다른 차원의 윤리를 "자기에의 배려"에서 제안한다. 이에 관해서는 Spivak, "The Politics of Translation" 194쪽 참조.

론과 관련하여 마르크스를, 그리고 데비의 소설 중 한 단편을 대표적으로 살피기로 하겠다. 이론보다는 번역의 사례를 통하여 스피박을 고찰하는 것이 좀 더 의의가 있을 것으로 생각되기 때문이다.

■ 마르크스의 사용가치의 번역

스피박은 자신을 고전적인 마르크스주의자라고 명명하기를 좋아한다. 하지만, 방점은 마르크스주의가 아니라 "고전적"이라는 형용사에 찍힌다. 이것은 그녀가 마르크스를 이론적 지지대로 활용한다는 뜻이지, 마르크스 이후에 그의 후세들에 의해 만들어진, 널리 퍼져 있는 마르크스주의와는 다르다는 의미다. 그녀가 정형화되어 죽어버린 마르크스가 아니라 살아있을 당시의 마르크스 속으로 돌아가고자 한다는 점에서 "고전적"이다. 그러므로 그녀에게 "고전"의 의미는 마르크스로의 복귀를 의미하는 셈이고, 새로운 관점에서 다시 읽는 마르크스를 의미한다.

현재 유통되고 있는 마르크스주의가 비판받는 것은 주로 다음과 같은 관점에서이다. 그 첫째는 산업혁명의 지식인으로서 유럽의 유산인 계몽을 이용하여 마르크스가 착취로부터 해방으로 나아가는 권리만을 모색했기 때문에 현실 공산주의가 실패했다고 보는 견해다. 하지만, 스피박은 마르크스의 글 속에서 혁명 이후에 재분배된 자유가 실행되려면 교육이 필수적이라는 주장을 끌어낸다.[52] 이것은 후기 작에서 스피박이 교육의 필요성을 역설하면서 그 이론적 지지대로서 마르크스를 활용하는 지점이다.

둘째는 여성과 관련해서 좀 더 핵심적인 주장으로 『다른 세계들』의 「가치문제에 대한 단상」이라는 논문에서 제기되는 것이다.[53] 이 글에서 스피박은 1세계와 3세계 사이의 국제적 노동 분업을 고찰하려면 마르크스의 노동가치론이 여전히 유효하다고 주장한다. 물론 마르크스는 자본의 논리 바깥에 거주하는 집단(특히 여성)을 제대로 설명해내지 못했다고 비판받지만, 마르크스의 사용가치, 교환가치, 잉여가치를 다시 읽는다면 여성 노동을 말할 수 있는 여지가 마르크스 속에 있다는 것이다. 마르크스에게 사용가치란 한 행위주체가 사용하는 사물에 속한다. 그리고 교환가치는 교환의 대상(예: 화폐)으로 측정될 수 있는 것이며, 잉여가치는 교환가치에서 사용가치를 뺀 것이다. 스피박은 데리다를 통해 마르크스의 가치 개념을 다시 읽으며 사용가치가 교환가치가 출현한 이후에만 등장한다는 것을 보여준다.

사용가치란 말은 인간에게 유용한 대상인 동시에 하나의 가치다. 예를 들어 우리는 매일 물을 먹는다. 그러나 물은 깨끗한 물이 부족해지기 시작한 최근에 이르러서야 가치를 인정받았다. 이렇게 사용가치로서 상품이 소비되는 계기가 없다면 "가치"는 실현되지 않을 것이다. 그러므로 교환가치가 없는 사용가치는 없다.

이렇게 볼 때 여성들의 임금을 받지 않는 생산, 재생산 노동

52) Karl Marx, "Concerning Feuerbach", *Early Writings*. trans. Rodney Livingstone, New York: Vintage, 1975, 422쪽.

53) Spivak, "Scattered Specultations on the Question of Value", *In Other Worlds*, 154-178쪽.

에 사용가치가 있다고 말할 수 있을 것인가? 최근의 가사노동을 교환가치로 환원하려는 많은 시도가 있지만, 엄밀히 말해서 가사노동에는 가치가 없으며, 재화를 생산하지 않는 가사노동이 "아름답다"고 얘기하는 것은 아무런 의미가 없다. 자본주의 체제 내에서 가사노동은 아무것도 생산하지 않으므로 그것은 노동이 아니다. 마르크스는 노동을 상품으로 만드는 관계에만 초점을 맞추고 있기 때문에, 그는 노동하는 남성을 위한, 그리고 그 남성을 고용하는 자본가를 위한 잉여생산의 원천으로서 여성 노동을 고려하지 않는다. 이것이 마르크스를 비판하는 기존 페미니스트의 입장이다.

그러나 스피박은 교환가치 하나만으로 마르크스를 읽는 전통적인 페미니즘 연구의 방식에 머무르지 않는다. 그녀는 자본론을 다시 읽으면서 마르크스가 사용가치를 이론화하지 않은 채 남겨둔 부분을 찾아낸다. 마르크스는 교환가치에서 사용가치를 빼는 것이 아니라 사용가치에서 교환가치를 들어내게 되면, "노동의 유용성이 사라지고, 이에 따라 구체적인 노동의 형식도 사라진다"[54)]는 것을 알고 있었다는 것이다. 이때 노동은 구체적 형태를 상실하고 유령과 같아진다고 마르크스는 말한다.

좀 더 단순화시켜서 말하자면 교환가치란 일종의 경제적 재현이지만, 마르크스에게 가치란 재현개념에만 의존하는 것이 아니라 미분[differential]으로 설정될 수 있기 때문에, 사용가치에서 교환

54) K. Marx, *Capital I.* Trans. Ben Fowkes, Harmondsworth: Pelican. 1976, 128쪽. 『자본론』, 김수행 옮김, 비봉, 2004.

가치를 빼게 되면, 돈으로 환원될 수 없는 모든 것, 즉 재현/대변이 포섭하지 못하는 잉여를, 전적인 타자를 대면할 수 있는 "(불)가능한 가능성", "불확정성의 가능성"the possibility of indeterminacy을 생각할 수 있게 해준다는 의미이다.[55] 교환가치를 사용가치에서 제외할 때 화폐로 환산할 수 없는 가사노동, 돌봄노동과 같이 노동이 될 수 없는 노동이 그 불가능한 재현의 층을 뚫고 유령처럼 피어오른다. 스피박이 주목하는 것은 바로 이 자리다. 이 불가능한 가능성의 자리가 바로 위에서 설명한 전적인 타자의 자리이며, 가사노동의 자리이며 정동 노동의 자리이다.

따라서 마르크스와 스피박이 만나는 지점은 바로 이 자리이다. 그녀는 마르크스를 단순히 비판하는 데만 머무르지 않고 마르크스를 다시 읽고 기존의 연구자들이 마르크스에서 읽어내지 못한 행간을 읽어냄으로써, 마르크스를 읽어내는 주류 담론이 포섭하지 못하는 것으로 보이는 바깥에 주목한다. 이렇게 스피박은 궁극적으로는 마르크스와 자신의 공통 지반을 끌어내지만, 스피박이 읽는 마르크스는 스피박이 해체를 통해서 재구조화된 마르크스이며, 재번역을 통해 새로운 생명을 부과한 마르크스라고 할 수 있을 것이다.

55) Spivak, "Scattered Specultations on the Question of Value", 160쪽.

마하스웨타 데비의 「익룡, 푸란 사하이, 그리고 퍼싸」[56]는 타자의 정치학을 세우기 위한 일종의 실천 행위로서 스피박이 직접 번역 소개했다. 그것은 데비가 지식인임에도 불구하고 이러한 타자의 부름에 보다 적극적으로 반응하는 소설을 내어 놓았기 때문이다. 스피박이 데비를 번역하여 소개하고자 하는 의도 역시 이러한 반응과 무관하지 않아 보인다. 그녀는 『상상의 지도들』의 영역판 서문에서 "하위자와의 윤리적 특이성을 설정하기 위해 요청되는 '수고스러운 노동'을 기술한다.[57] 타자와의 윤리적 관계는 '불가능한 것의 경험'이다." 이것이 불가능한 이유는 모든 억압받는 민중들과 동일한 방식으로 연계하기란 불가능하기 때문이기도 하고, 타문화를 서구적인 방식으로 구성하기가 불가능하기 때문이기도 하다.

「익룡, 푸란 사하이, 그리고 퍼싸」의 서사를 이끌어 가는 것은 진보적 지식인이자 저널리스트이며 남성인 푸란 사하이(Puran Sahay)이다. 낮은 계급 출신의 소년이 벽에 새긴 "익룡"의 그림은

56) Mahasweta Devi, "Pterodactyl, Puran Sahay and Pirtha" *Imaginary Maps*. Trans. Gayatri Spivak. New York: Routledge, 1995. 이 단편은 아직 한국어로 번역되지 않았으므로 여기서 간단히 소개를 하는 것이 의미가 있을 것 같다. 이 단편 외에도 많이 언급되는 「사냥」, 「드라우파디」 등은 『다른 세상에서』(태혜숙, 여이연, 2003)에 번역되어 있고, 작품해설도 『탈식민주의 페미니즘』(태혜숙, 여이연, 2001)과 『한국의 탈식민 페미니즘과 지식생산』(태혜숙, 문화과학사, 2004) 등을 참조하면 될 것이다.

57) Spivak, "Introduction" *Imaginary Maps*. xxv쪽.

쿳시의 프라이데이와 같은 재현불가능한 타문화, 혹은 타자의 표상이다. 그리고 쿳시의 수잔과 마찬가지로 비록 서구인은 아니지만, 서구식 교육을 받고 자란 푸란은 그 그림과 퍼싸 지역의 문화를 재현해내지 못한다. 수잔의 서사가 사실을 보증할 수 없는 것과 마찬가지로, 푸란 역시 퍼싸 지역의 이야기를 공적인 문서로 만들어내지 못한다. 하지만, 쿳시의 소설에서 수잔이 화자로서의 역할을 상실하는 것과는 달리, 이 단편에서 우리는 신문사로 보내지지 않은 푸란의 사적인 기록을 통해 비록 그것이 재현/대변될 수는 없지만, 서구의 배움을 벗어 던지고 타자에 반응하려고 시도하는 푸란을 통해 책임과 윤리의 가능성을 읽을 수 있다.

이 소설의 초반부에서 푸란은 퍼싸 지역의 부족사회를 취재해달라는 친구이자 정부관리인 하리사란Harisharan의 요청을 받는다. 푸란은 왜 그 지역이 기근에 시달리게 되었는지, 정부는 그들을 위해서 무엇을 했는지를 묻는다. 하지만 그의 질문은 단지 그와 부족민 사이의 틈새만을 벌려놓을 뿐이다. 그는 서구적 의미의 '발전' 담론으로 부족민에게 접근하지만, 발전이란 부족민들에게 문화적 말살에 다름이 아니다. 그림의 공개와 부족의 박물관화는 같이 가는 것이기에, 그들은 '익룡'의 그림이 공개되기를 원하지 않는다. 따라서 푸란은 퍼싸 지역의 문화를 성공적으로 번역한다는 것은 불가능하다고 인식한다. "우리와 익룡 사이에는 소통할 수 없다. 우리는 두 개의 세계에 속하고, 우리 사이에 소통의 지점은 존재하지 않는다. 익룡에는 메시지가 있다…. 하지만 우리는 그것을 포착할 수 없었다."[58)]

하지만, 그는 퍼싸에 머물면서 타자와의 소통이란 시혜적인 동정이 아닌 "사랑"에서 생겨나는 것이라는 것을 깨닫는다. "현세기의 태양이 서구의 하늘에 떠 있을 때, 오직 사랑만이 거대하고 고통스럽고 폭발적인 사랑만이 이 작업에 헌신하게 한다. 그렇지 않다면 이 공격적인 문명은 무시무시한 대가를 치러야 할 것이다. 역사를 보아라. 공격적 문명은 매번 발전이라는 이름으로 그 자체를 파괴한다. 사랑, 이 고통스러운 사랑만이 첫 단계이다. 이제 푸란의 놀라운 심장은 퍼싸에 대한 사랑이 어떤 것인지를 발견한다. 푸란은 익룡의 모습에 대한 합리적 설명을 제공하지 못하지만, 그럼에도 불구하고, 그의 서구화된 지성이 포착할 수 없는 신화적 메시지로서 익룡을 이해하기 위해 노력한다. 푸란은 이성을 폐기하지만, 책임은 포기하지 않는다. 그에게 중요한 것은 "이성을 넘어선 사랑"이다. 푸란이 익룡의 그림을 보는 장면에서 푸란이 이 종족의 지속되는 역사적 기록의 일부가 되는 것은 이 사랑에서 비롯되는 것이다. 따라서 푸란과 마찬가지로 스피박이 전하는 최종 메시지는 '사랑'이다. 여기서 사랑은 선택이나 동맹이 아닌 궁극적으로 양립 불가능한 것과의 대면으로, 반응할 수 있는 능력, 곧 책임의 윤리학과 연결된다. 스피박에게 이 텍스트의 이 사건은 푸란이 인도의 농촌 부락 사회의 특이한 조건을 인식하기 때문에 윤리적 반응을 말해주며, "발전의 알리바이가 부족을 착취하고 그들의 생활체계를 파괴하기 위해서 어떤 식으로 사용되는지 인식하기에" 윤리적 반응이 생겨나는 것이다.

58) Devi, 위의 책, 195쪽.

크리처리가 해체론이란 그 특성상 비정치적이고 관념적일 수밖에 없다고 주장했듯이[59] 스피박의 긍정적 해체론이 지니는 전략 역시 이러한 비판을 피해나갈 수 없을 지도 모른다. 물론 그녀 특유의 난해성과 복잡성은 때때로 그녀가 포스트식민 세계에서 파헤치려 하는 타자성의 동학과 모호함을 도리어 반영하는 것이 아닌가하는 우려를 낳기도 한다. 그러나 스피박이 식민지 타자의 역사를 헤겔적 총체성의 자기 실현과정으로 구성/재현하는 것이 곧 억압을 만들어낸 징후들을 지워버리는 과정"이라는 비판 의식과 이분법적 논리에 상주하지 않는 타자의 타자성을 읽어내고자 하며, 이 과정에서 번역을 제1 실천전략으로 삼고 있다는 점에 주목한다.

스피박의 학문적 여로를 한마디로 규정하기는 힘지만, 70년대에서 90년대까지 발표된 스피박의 저서들이 타자를 규정하는 서구의 인식론적 폭력과 왜 하위자가 말할 수 없는지를 설명하는데 많은 지면을 할애하고, 비판적 지식인들이 서구의 인식틀을 벗어던지고 말걸기를 통해서 타자의 부름에 반응해야 한다고 주장했다. 스피박의 번역관도 이 때 정초된 것이다. 그러나 최근에 발표된 두 저서, 『분과학문의 죽음』[60]과 『다른 아시아들』[61]에 와서

59) S. Critchley, *The Ethics of Deconstruction,* Oxford: Blackwell, 1992. 236-7쪽.

60) Spivak, *Death of a Discipline,* New York: Columbia UP, 2003, 『경계선 넘기-새로운 문학연구의 모색』 문화이론연구회 옮김, 인간사랑, 2008.

는 인문학과 인문학적 교육의 중요성을 강조함으로써, 하위자를 타자의 문제가 아니라 보다 하위자에게 더 적극적으로 행동교섭 능력을 부과하는 데 초점이 맞춰진다.

『분과학문의 죽음』에서는 분과학문의 한계를 넘어설 대안으로 스피박은 비교문학의 중요성을 역설한다. 물론 현재 비교문학과에서 행해지는 연구는 대부분 문화연구와 유사하고, 많은 비교문학이 문화연구로 전환되어 버린 것은 사실이지만, 현지의 언어 및 어법에 관심을 기울이는 비교문학의 본연의 임무를 되살리고 그것에 충실한다면, 지역연구와 문화연구의 한계를 극복하면서 분과학문의 경계를 넘어서 실천적 의미를 획득할 수 있다고 주장한다. 이를 위한 실천 방안으로 첫째 1세계의 틀로 환원되지 않도록 각 지역의 언어를 배우고, 구미가 생산한 획일적인 시각에 동화되지 않는 번역을 생산하는 것이며, 둘째는 타자에 반응하고 타자의 부름에 응답하는 방식의 교육을 역설한다.

이러한 교육의 필요성에 대한 주장이 더욱 강화되어서 등장하는 것이 『다른 아시아들』이다. 이 책이 "다른 아시아들"이라는 표제어로 시작하는 것은 1988년에 출판된 『다른 세계들』이란 이전의 저서 주장을 지역성을 강화하여 다시 쓰기를 하는 것처럼 보일 수도 있을 것이다. 그러나 단순한 반복이 아니라, 아시아라는 구체적인 지역을 중심으로 더욱더 정치적이고, 더욱더 실천적으로 하위자에게 행동교섭능력을 가지게 하려고 노력한다.

이 책에서 스피박이 가장 초점화시키고 있는 것은 보편적 인

---

61) Spivak. *Other Asias.* Malden: Blackwell, 2007.

권의 문제, 보편적 휴머니즘의 문제이다. 하지만, 인권의 문제를 위에서 언급한 책임, 타자, 독특성의 윤리와 연결해서 읽지 않는다면 복잡한 스피박의 논의를 지나치게 단순화할 우려가 있다. 역사적으로 살펴보았을 때, 프랑스 혁명과 같은 유럽의 인권 선언은 문화차이가 전혀 고려되지 않았기 때문에 스피박이 주장하는 전 지구적 인권과는 갈래가 다르다. 스피박이 보편적 "인권"을 주장하는 것은 현 사회 속에서 정당한 자기 위치가 없는 하위자, 불가촉천민 등 모든 사람에게 공평하게 다 적용되어야 한다는 의미이다. 즉, "누구는 인간의 대접을 받을 가치가 있고, 최근의 테러리스트 무슬림과 같은 사람들은 인권을 보장받을 가치가 없는 예외에 속한다"라는 9-11 이후 정치권이나 언론이 제기하는 고유한 인간과 그 예외라는 공식에 대한 스피박 식의 문제제기이다.

그러나 근대의 개념으로 보이는 인권이 오늘날에도 여전히 유효한 개념으로 설정되려면 휴머니티, 즉 인간 그 자체에서 그 어떤 예외도 상정해서는 안 된다. 그렇지 않다면 우리는 다시 19세기 사회적 다위니즘으로 돌아가는 것밖에 다른 어떤 대안도 제시하지 못할 것이기 때문이다. 앞서 언급했듯 하위자는 말할 수 없기 때문에 하위자이며, 하위자가 말할 수 있다면 그는 더 하위자가 아니다. 그러나 바로 그 이유 때문에 하위자는 인권에서 예외여서는 안 된다.

따라서 이 책의 핵심적 주장은 하위자의 인권을 말하려면 그들이 말할 수 없는, 언제나 누군가에 의해서 대변되어야 하는 존재로 머물러서는 곤란하며, 하위자는 반드시 행위자로, 행동할 수 있는 주체로 거듭나야 한다는 것이다. 그리고 바로 이 주장이 스피박의 전작과 구분해서 주목받아야 하는 이유다. 그렇다면 하위자를 행위자agent로 변모시키기 위해서 지식인은 무엇을 해야 하는가? 바로 이 자리가 교육이, 즉 휴머니즘 교육이 개입해야 할 장소이다. 교사는 인간과 인간성의 예외로 간주되는 사람들 설정하고, 교육을 통해 그들에게 강요된 동의를 얻어내기 위해서가 아니라, 전혀 예기치 않은 반응에, 그리고 그들의 차이에 귀를 열어야 하며, 근대적 의미에서 인간으로 간주될 수 있는 자 위에서만 작동하는 배타적 개념이 아니라, 한 치의 예외도 허용하지 않는 보편적 휴머니즘에 입각한 교육을 해야 한다. 타자가 서구적 자아를 모방하고 서구의 가치를 받아들일 때만, 비로소 인간으로 대접할 수 있다는 등의 계몽주의적 기획을 폐기하지 않는다면, 휴머니즘은 인종차별을 주장하는 보편을 가장한 어휘에 불과하다.

여기서 예외를 허용하지 않는 보편이란 스피박의 (불)가능한 가능성의 다른 말이다. 예외 없는 보편은 인식론 차원에서는 불가능한 것이다. 감히 우리가 상상할 수 없는 한계 영역에 거주하면서, 주체의 생명을 위태롭게 하고, 주체가 언제나 걸려서 넘어지는 단단한 암초는 "보편" 그 자체를 위태롭게 만드는 것이다. 이 모든 위험하고 위태롭고 때로는 우리를 오물투성이로 만드는 모든 것을 "보편"으로 말한다는 것은 "보편"의 외부를 "보편"의 바깥을 설정하지 않는 것이다. 바깥이 없는 보편은 우리의 인식 지도에서 보편의 좌표를 다시, 또, 새로 그려내어야 하는 힘겹고도 끊임없는, 그리고 동시에 불가능한 작업이다. 바로 이 불가능성을 가능성의 지평으로 끌어올리는 것이 (불)가능한 가능성이다. 따라서 스피박의 작업은 단지 휴머니즘을 무너뜨리기 위한 것이 아니라, 기존의 휴머니즘이 가지는 한계를 허물고, 타자의 부름에 응답하는 책임감으로 보편적 휴머니즘을 재구조해야 하려는 것이며, 보편의 이름으로 행해지는 고정된 인식을 깨뜨리고, 보편을 재구조하고 그것에 새로운 생명을 부여하려는 것이다. 스피박에게 번역은 바로 이러한 작업의 첫째 실천 전략이자 이러한 실천의 첫걸음이다.

제 2 부

번역과 문화이동

6. 외상의 번역: 한국의 위안부와 9-11의 생존자들

외상은 그 정의상 번역 불가능한 것이다. 그러나 1부에서 살펴본 것처럼 번역은 번역 불가능한 것과의 대면을 통해 기능한다. 재현이 재현할 수 없는 것을 억압하고 삭제하면서 그 자체로 투명성을 가장해왔다면 원문에 비해 부차적이고 불완전하다는 것을 숨기지 못하는 번역은 바로 번역의 그 속성으로 인해 언제나 불가능성과 대면해야 한다. 따라서 이 장에서 번역은 재현불가능한 것과 번역이 어떻게 대면하는지, 그리고 불가능한 것들을 드러내는 번역이 어떠한 것인지를 살피고자 한다.

위안부의 번역: 이창래의 『제스처 인생』

이창래의 『제스처 인생』은 조선/한국의 위안부를 직접적인 소재로 삼은 소설이다.[1] 한국어판 서문과 몇몇 인터뷰에서 밝혔듯이 이창래는 위안부를 소재로 소설을 쓰고자 1, 2차 자료들을 수집하고 2차 대전 혹은 그 이전의 전시상황에서 위안부로 동원되었던 생존 여성들을 직접 만나 인터뷰를 하기도 했다. 하지만, 그는 어

1) Chang-rae Lee, *A Gesture Life,* New York: Riverhead, 1999. 정영목 옮김. 『제스처 인생』, 랜덤하우스, 2005. 인용은 영문판을 따랐으며, 정영목의 번역을 참고하였다.

떤 이유에서인지 위안부의 목소리로 소설을 써나가는 것을 중단한다. 피해자 여성들의 인터뷰 자료 속에는 침묵도 진실을 드러내었지만, 그는 그것을 옮길 수 없었으며, 위안부를 도와준 일본 위생 장교 부분을 쓰다가 모두 폐기하고 위생 장교의 시각에서 처음부터 소설을 다시 써내려가기로 했다고 고백하고 있다.[2] 이러한 저자의 고백만으로 소설을 다시 쓰기 시작한 이유를 설명할 수는 없겠지만, 그 중 하나가 이 소재가 단순히 2차 대전과 그 직전의 전시 상황에서 일본군에 의해 위안부로 동원된 여성들 개인의 피해와 희생의 문제를 넘어서 이 사건이 쉽게 재현될 수 없는 불가피한 잉여를 남기고 있기 때문일 것이다.

그렇다면, 위안부 사건은 아직도 우리 역사의 일부가 되지 못한 채 번역을 기다리고 있는 하나의 외상적 사건으로 간주될 수 있을 것이다. 그러나 번역에 저항하는 외상적 사건이라는 것은 한국의 정부가 이 사건에 아직 제대로 주목하지 못했다거나 국가적 차원에서 이들 희생자에 대한 보상 논의를 매끄럽게 마무리 짓지 못했다는 표면적인 문제점만을 말하는 것은 아니다. 사실 보상이나 배상의 차원에서만 대처하고자 한다면 이 문제는 여성의 몸을 자본의 시장에 내어놓는 경제적인 용어로 옮겨진다는 것을 뜻하며, 개인의 가치가 교환가치로 분해되면서 성적 착취를 자행한 구체적 행위자를 익명으로 만들고 자본이라는 추상적인 유령에 그 자리를 내주게 될 것이다.

2) Dwight Garner, "Interview: Adopted Voice", *New York Times Book Review* 5, 1999, 6쪽.

혹은 이 사건을 남성/여성의 이분법에서 언제나 약자의 위치에 있는 여성에 대한 성폭력 문제로 바라볼 때 위안부로 동원된 여성이 일본 여성도 있었으며, 다른 아시아 여성들도, 그리고 소수이긴 하지만 유럽여성들도 포함되어 있었다는 점에서 전시체제하에 여성들에게 행해지는 모든 종류의 성폭력으로 확대되어 사건의 특수성을 제대로 담아낼 수 없을지도 모른다. 또한, 이 사건을 민족의 문제로만 바라볼 때 위안부로서 희생된 수많은 여성이 민족이라는 거대하면서 상상적인 공동체 속으로 흡수되면서 그 여성들의 자리가 지워질 우려가 있을 것이다. 그러나 이 관점의 더 큰 문제는 일본만을 가시적 가해자로 상정하면서 위안부 여성들을 이중의 피해자로 만든 것은 우리들 자신이라는 점을 간과하게 한다는 것이다.

사실 위안부의 사건은 식민지 시대 전시체제 아래에서 발생한 것이지만 그것은 한 피해자의 고발 사건 이전에는 거의 50년 가까이 어둠 속에 가려져 있었다. 그동안 한국 내의 진보적 지식인이라고 자칭하는 사람들이나 근현대사 연구가들조차도 이 사건을 사건화하지 못했다. 한국 사회에서 2차 대전이 끝나고 돌아온 위안부 여성들의 이야기를 들어줄 대중이 없었다는 것, 이것은 그들이 최소한 희생자나 피해자로서의 지위도 인정받지 못했다는 것을 의미한다. 그러나 희생자로서 그들을 인정하지 않는다면 가해자도 피해자도 존재할 수 없다.[3] 그러므로 위안부 사건은 그

3) Kay Schaffer, and Sidonie Smith. *Human Rights and Narrated Lives: The Ethics of Recognition*. New York: Palgrave Macmillan, 2004, 192쪽 참조.

오랜 세월동안 사건이기를 거부당해온 사건이었던 셈이다. 이렇게 본다면 우리 역시 이 사건의 폐제에 공모하고 있었다는 혐의에서 벗어날 수 없다. 아니 어쩌면 그들을 피해자로 인정하지 않았던 우리가 물리적 폭력을 자행한 일본보다 덜 잔인했다고 말할 수 없을지도 모른다. 이들을 희생자로 인정해주지 않았던 문화적 인정의 부재가 그들의 상처를 더 크고 치유될 수 없는 외상적 성격을 띠게 한 것은 아닐까? 이러한 문제의식에서 필자는 위안부 사건의 복잡성과 다양한 층위를 넘어서 그것을 단순히 수난의 역사, 피식민지 착취의 역사로 공식화될 수 없는 어떤 외상적 잉여를 포함한다고 본다.

물론 위안부 사건의 피해자들이 왜 더 일찍 문제를 제기하지 못했느냐는 의견도 있을 수 있다. 그러나 희생자는 말할 수 없다. 그들이 말할 수 있는 사회적 조건이 형성되지 않는 한, 그리고 그들의 이야기를 들어줄 귀가 없다면 그들의 말은 말이 아니라 공허한 외침일 뿐이다. 그들에게는 처음부터 정치적 정체성이 없었고 그것이 그들을 고통의 나락에 빠뜨리는 선행조건이었다. 희생자들은 주체의 범주가 아니라 대상의 범주에 속한다. 그래서 그들은 주체의 재현이나, 정치적 대표/대변에 의해서 결코 포섭될 수 없는 잉여를 남긴다. 지젝에 의하면 "이 죽지 않는 잉여에 대한 프로이트의 명칭이 바로 외상"이다. 즉 "죽지 않는 외설적/괴물적 잉여로서 지속하는, 담론의 세계를 살아있도록 유지해주는 일부 외상의 핵심에 대한 함축적 언급"인 것이다.[4] 여기서 외상이 잉여

4) Slavoj Žižek, *The Fragile Absolute: Or, Why is the Christian Legacy Worth Fighting*

라는 것은 그것이 주체와의 관계를 통해서 발생하는 것이지 대상 그 자체가 바로 외상이 아니라는 뜻에서 이다. 외설적 잉여는 살아있는 것이 아니라 지속하는 것이며 그것은 주체와의 관계 속에서만 그 존재를 드러낼 수 있기 때문이다.

이창래의 1999년 소설 『제스처 인생』이 다른 종군위안부 소설과 다른 점은 위안부가 스스로 말할 수 있는 설정이 아니라 위안부가 주체에게 기입되는 방식, 혹은 '위안부'를 둘러싸고 있는 여러 기표와 주체가 조우하는 방식을 보여준다는 점에 있다. 우선 그는 위안부의 문제를 희생자의 시각에서 접근하고 있지 않다. 주체로서 화자는 위안부와 위안부가 불가피하게 포함하는 어떤 세계를 자신의 인식틀 속으로 전유하고 포섭하고자 함으로써 한 인간의 관용이 어떻게 살해와 만나는지, 소수성이 어떻게 직접적 지배와 착취보다 더 잔혹한 폭력으로 탈바꿈하는지 예의바른 제스처가 잔인한 폭력을 어떻게 숨기는지를 고백적이고 반성적인 서사로 엮어가는 동시에 위안부라는 기표 위로 가부장제 아래의 조선 여성과 식민지 조선, 식민 이후의 한국, 그리고 일본과 2차 대전 이후 한국사에 개입하기 시작한 미국의 외설적 이미지 등이 어떻게 겹쳐지고 포개지는지 보여준다. 따라서 이 장은 희생자를 손쉽게 말할 수 있는 주체로 상정하지 않음으로써 화자인 하타가 감히 재현하지 못한 지점인 위안부를 어떻게 번역하고자 하는지를 살피고자 한다.

For? London: Verso, 2000, 98쪽. 김재영 옮김, 『무너지기 쉬운 절대성』, 인간사랑, 2004.

■

필자는 위안부 사건이 공식적 기억 속으로 통합될 수 없는 잉여를 지젝의 프로이트 재해석을 따라 외상이라 이름했다. 하지만, 여기서 공식적 기억 속에 통합될 수 없었다는 것은 이 사건이 망각되었다는 뜻이 아니다. 지젝이 지적한 것처럼 기억의 반대는 망각이 아니며, 존재의 반대는 존재하지 않는 것이 아니다. 망각은 언제나 기억을 전제로 한다. 기억할 수 없는 것은 망각될 수도 없다. 따라서 존재의 반대는 기억에서 누락된 것이 완전히 사라지지 않고 반복적으로 우리의 생활을 혼란시키며 그것을 뒤흔들어놓는 강요/주장이다.[5] 그래서 외상적인 사건은 유령적이며, 라캉의 주장처럼 "쓰지 않기를 그치지 않는"[6] 재현될 수 없는 것에 속한다. 다시 말해 이것은 라캉의 하이데거를 연상시키는 표현을 빌자면 '외-존재'ex-sist한다.[7] 이것은 상징계 내부에 있는 것이 아니기에 내밀한intimate 것이 아니라 외밀하다extimate.[8] 외-존재는 두 가지 차원을 전제한다. 하나는 언어화/상징화되기 이전의 물질의 영역

---

5) 세리단의 영역본에서 불어 'Instance'(강요/주장)는 'Agency'로 번역되어 있다. 하지만, 이것이 주체에게 힘을 행사하기는 하지만, 그 자체로 행위자로서 기능 하지 않기 때문에 부루스 핑크는 'Instance'를 그대로 사용하고, 지젝은 어감을 좀 더 강화시켜 'Insistence'로 옮긴다. 이 번역어에 대한 보다 자세한 설명은 핑크의 영역본 『앙코르』(*Encore*) 3쪽의 역자 주를 참조.

6) 원문은 "doesn't stop(*ne cesse pas*) being written(*de s'écrire*)". Lacan, Jacques. *Encore: The Seminar of Jacques Lacan Book XX*. Ed. Jacques-Alain Miller. Trans. Bruce Fink. New York: Norton, 1999. 59쪽.

7) Lacan, 위의 책, 22쪽.

8) Lacan, 위의 책, 22쪽.

에 속하는 실재^{R_1}이며 나머지 하나는 상징화된 이후에 잉여로서 등장하는 실재^{R_2}가 그것이다. R_2는 상징적 재현, 혹은 역사화의 과정에서 생겨나는 잉여효과로서의 물질성을 지닌다. 하지만, 우리는 재현 이전의, 상징화 이전의 실재에 대해 직접적으로 접근하기는 어렵다. 상징화 이전의 실재에 접근하기 어렵다는 것은 그것이 비존재^{nonexistence}, 다시 말해 존재하지 않거나 이론적으로만 존재한다는 뜻이 아니다. "위안부" 사건에서 보듯 사건에 연루된 개인은 분명히 있고, 생존자들도 있으며 목격자들도 있다. 그러나 문제는 그 사건들이 일관된 서사를 형성하지 못하고 파편적인 사실로서 여기저기 흩어져 있다는 데 있다. 파편적으로 흩어져 있는 사실들에 의미를 부여하는 것은 우리다. 라캉이 주장한 바처럼 "주체의 의미가 부여되지 않은 사실은 엄연히 말해 사실이 아니다."[9] 따라서 우리가 주목해야 할 것은 두 번째의 실재일 수밖에 없다. 우리는 주체로서 사건에 이름을 붙이고 의미를 부여하며 일관된 서사를 만들려고 노력하고, 이 과정에서 잉여가 발생하기 때문이다.

1940년대부터 이 여성들은 정신대, 종군위안부, (일본군) 위안부, 성노예 등으로 불려 왔다. 이름이 붙여졌을 때에야 비로소 이 여성들은 흩어져 있는 개체가 아니라 의미 있는 집단이 된다. 붙여진 이름이 "외상적 사건의 출몰을 막기 위한 판타지"[10]를 포

9) Lacan, *The Seminar of Jacques Lacan: Book I: Freud's Papers on Technique*. Ed. Jacques-Alain Miller, New York: Norton, 1988. 51쪽.

10) Dylan Evans, *An Introductory Dictionary of Lacanian Psychoanalysis*. London: Routledge, 1996. 59쪽.

함하는 것은 사실이지만 이 사건은 그것만이 전부인 것은 아니다. 상술한 이름들, 즉 정신대는 일본제국의 정신으로 무장된 집단이라는 판타지를, 위안부는 군인들을 위로해주기 위해 소집된 집단이라는 판타지를 만들어내며, 성노예는 전시상황뿐만 아니라 모든 경우에 반복적으로 성적 착취를 당해온 여성일반에 대한 명칭이다.[11] 위안부나 정신대 등의 이름은 일본에 의해서 붙여진 것이고, 성노예라는 용어도 이 문제가 국제화되면서 외국을 거쳐 우리에게 들어온 용어이다. 우리 스스로 이들에게 이름을 붙이지 못했다는 것은 우리가 타자에 기대어서 피해자 여성들을 의미화 해왔다는 것을 의미한다. 이것은 식민지 시대에 우리는 일본이라는 왜곡된 창을 통해 세계를 바라보았고 독립 이후에는 미국의 창을 통해 바깥 세계를 바라보았던 추세와도 무관하지는 않을 것이다. 그러나 중요한 것은 일본과 미국이 우리의 역사에서 일종의 자아이상으로서 근대의 이상적인 이미지를 전달해왔다는 식민지근대화론의 타당성 유무가 아니라 우리가 한 번도 이 문제를 우리 안의 문제로서 사유하지 못했다는 것, 다시 말해 언제나 우리 바깥의 타자 문제로서만 바라보고 있었다는 것을 반증하는 사례일 수 있다는 것이다.

이창래의 『제스처 인생』 역시 바로 이 타자의 자리에서 다른 새로운 세상을 꿈꾸고 원래 자신이 소속되어 있던 곳의 흔적을 지우기를 욕망하면서 이야기를 시작한다. 화자이자 주인공인 프

11) 이러한 용어의 문제에 대한 연구로는 강정숙의 「역사용어 바로 쓰기: 위안부, 정신대, 공창, 성노예」 (『역사비평』 봄호 (2006): 315-320)를 참조하였다.

랭클린 하타Franklin Hata/Doc Hata는 소설의 현재인 미국에서 그리고 미국으로 이주해오기 전의 그는 지로 구로하타Jiro Kurohata란 일본인으로서 타자의 욕망에 충실하는 착한 주체로 등장한다. 이 소설은 "이곳 사람들은 나를 안다"라는 화자인 하타의 자신감에 찬 선언으로 시작된다. 이러한 타자의 인정은 그에게 "사소하지만 특별한 즐거움"을 준다. 이어지는 페이지에서 그가 스스로 일본인이라고 밝히지 않더라도 하타라는 일본이름에서 우리는 미국 사회에서 정착한 외국인이 그렇게 인정받는다는 것이 얼마나 특별한 것인지 알 수 있다. 그는 미국에 이민 온 후 줄곧 "써니 의료 가게"를 운영하며 비록 의사는 아니지만 고상하고 예의 바른 존경받는 삶을 영위해온 인물이다. 그래서 그는 의사가 아님에도 사람들에게 의사Doc로 불린다. 그의 집은 "마을에서 가장 웅장한 집은 아니지만"[12] 튜더 식 이층집으로 화려한 정원, 판석을 깐 수영장, 납을 넣은 유리, 단철로 지은 온실 등을 갖춘 근처의 부동산업자들이 탐낼만한 특별한 집이다. 최소한 써니 의료 가게와 집은 미국에서의 존경할 만한 삶을 입증하는 공간으로 보인다. 그러나 그의 예외적인 성공을 보여주는 것은 집이나 가게와 같은 외면적인 표지만은 아니다. 그는 미국의 "암묵적인 행동 계약"을 준수한다고 말하지만, 그의 생활 태도는 보통 미국인들보다 훨씬 더 미국적 가치를 잘 구현한다. 이웃들로부터 환영카드나 과자 바구니를 받았을 때조차 어느 정도가 정확한 대응 정도인지 판단하고 미국적 예의를 준수하며, 그 미세하고 연약한 균형을 깨뜨리지 않

12) Lee, *A Gesture Life,* 16쪽.

고자 노력한다. 이 덕분에 그는 “일본인임에도 불구하고 이웃들은 그를 빨리 받아들이게 되었다.”[13)]

소설 속에 등장하는 어떤 미국인도 하타의 역할모델이 되기에는 무엇인가 부족하다. 그것은 하타의 역할 모델이 살아있는 미국인이나 인종차별에 시달리고 있다고 불평하는 레니[Renny Banerjee]와 같은 인물을 포함하는 현실 속의 미국이 아니기 때문이다. 따라서 가장 완벽한 미국인 상을 구현하는 마운트 홀리요크 대학의 최우등 졸업생이었던 메리 번즈[Mary Burns]도 그의 역할 모델이 되지 못한다. 하지만, 그녀는 생물학적으로 완벽한 백인이었고 의사의 역할을 하지만 의사는 아닌 하타와 달리 그녀의 전남편은 진짜 의사였고 게다가 하타가 젊은 시절에 꿈꾸었던 심장전문의이기도 했다. 따라서 겉으로 보기에 그녀의 남편이 된다는 것은 미국에서의 그의 성공을 더 강화해줄 것 같이 보인다. 사실 처음 이 소설을 대했을 때 왜 메리 번즈와 헤어질 수밖에 없었는지가 미스터리로 남았던 것은 바로 이 때문이다.

그러나 그녀는 그가 힘써 준수하고자 하는 보이지 않는 섬세한 균형을 깨뜨리고 암묵적인 규약을 무시한다. “작정한 듯이 메리 번즈는 그런 식의 평화를 깨뜨렸다.”[14)] 첫 만남부터 그녀는 그의 사생활을 엿보고 있었다는 것을 거침없이 드러낸다. 하타는 그러한 메리 번즈가 부담스럽고 그녀의 행동을 어떻게 합리화해야 할지 전전긍긍한다. 그러나 관점을 약간 달리해서 보자면 메리 번

13) 위의 책, 44쪽.

14) 위의 책, 44쪽.

즈의 행동은 사랑을 시작하려는 연인들의 관계에서 그렇게 과도한 것도 정상적인 궤도를 벗어난 것도 아니다. 그러나 그는 그녀와의 관계가 무르익었다고 생각될 무렵 "섬세한 균형"이 깨어지고 마침내 그들의 관계는 끝난다. 하타는 메리 번즈가 간암으로 병원에 입원해 있었을 때에도 심지어 그녀의 장례식에도 모습을 드러내지 않는다. 단지 신문에서 부고만을 확인할 뿐이다. 물론 두 사람이 헤어진 이유는 표면적으로는 그가 한국에서 데려온 입양아인 써니Sunny Hata와 관련이 있어 보인다. "써니"라는 그 이름이 의미하는 바처럼 하타에게 써니는 자신의 생을 성공적으로 빛나게 해줄 존재여야 했다.[15] 그러나 좋은 환경과 가정을 제공했음에도 그녀는 반항적이었고, 반항적인 써니와 가까워지려는 메리 번즈의 애타는 노력이 두 사람을 묶어주는 어떤 연대가 되는 것이 아니라 오히려 두 사람을 멀어지게 만드는 계기가 된다. 나중에 밝혀지지만, 그것은 써니가 하타가 숨기고 싶어하는 어떤 외상적 경험의 일부를 이루면서 써니와 가까워지려는 메리의 과도한 노력이 두 사람의 조화로운 관계를 방해하기 때문일 것이다.

하타가 성공적이라고 느끼는 순간이 실패의 순간으로 전환되는 메리 번즈와의 일화처럼 하타가 자신의 성공적인 삶을 강조

15) 텍스트 속에서 원래 성은 삭제되고 써니 하타로 불린다는 점, 써니가 한국식 이름은 아니라는 점으로 미루어 필자는 써니가 입양 후에 하타가 붙인 이름이 아닐까 조심스레 추측한다. 하지만, 써니는 한국전에 파병되었거나 한국전을 전후해서 파견된 미국 국적의 흑인이 아버지로 추측되므로 한국에서 불리던 이름이 써니일 가능성이 없는 것은 아니다. 그러나 하타의 욕망과 써니라는 이름의 의미가 유사한 의미 군에 속하고 있다는 것만은 텍스트 속에서도 확인할 수 있는 사안이다.

하는 도입부의 서술은 곧 실패의 위기감으로 전환하면서 성공이 입증하는 바로 그 자리가 실패의 자리로 대체된다. 우선 그가 은퇴하면서 뉴욕시 출신의 히키Hickey 부부에게 넘긴 의료기기상은 서서히 망해가는 징조를 보이기 시작하고(실제로 이 가게는 소설이 끝나기 전에 문을 닫는다.) 벽난로 앞에서 옛 사진을 태우던 것이 잘못되어 평생 가꾸어온 집에 불을 내고 집을 엉망으로 만든다. 그리고 13년 만에 재회한 써니는 하타의 성공을 표시해줄 수 있는 자랑스러운 딸이 아니라 보금자리를 버리고 가출하여 "특권이나 여가를 누릴 수 있는 여자라면 절대 가지 않았을 길을 가며 세월을 낭비하여 닳아버린 여자"[16]가 되어 있다. 그리고 결정적으로 하타 자신은 다른 사람들에게 "선량한 닥 하타"에서 "고리타분한 동양인 노인네"[17]로 바뀐다. 써니가 단순히 그가 부양해야 할 입양한 딸이 아니었던 것과 마찬가지로 그에게 가게나 집 역시 단순히 생계수단이나 그냥 하나의 건물이라기보다는 오히려 그의 존재 그 자체이다. 을씨년스러워진 가게를 보는 순간 자신의 실체가 없어져 버린 것 같다는 고백과 퇴원하여 부동산업자 리브Liv Crawford가 사람을 시켜서 수선해놓은 그의 집으로 돌아갔을 때의 "이미 죽어, 기억이 된 흔적을 찾아다니는 듯하다"라는 그의 소감이 그러하다. 망해가는 가게, 화재로 말미암아 남의 손을 빌려 수선한 집, 그만큼 쇠약해진 육체와 사회적 위상, 딸 써니, 어느 것도 누구도 그의 성공적인 삶을 증거 해주지 못한다.[18]

---

16) 위의 책, 212쪽.

17) 위의 책, 200쪽.

바로 이 현재의 취약성이 자신이 평생을 견고하고 단단하게 지켜왔던 상징계의 벽을 허물고 그의 얼룩과 오점을 가려주었던 스크린에 균열을 낸다. 그래서 그는 젊은 시절 같았으면 절대 떠올리지 않을 조선인 위안부 여성, 혹은 K의 흔적을 더듬어 거의 50년의 세월을 거슬러 올라간다. "50년" 우연인지, 작가의 의도인지 확인할 수는 없지만, 우리가 위안부에 대해 침묵했던 바로 그 50년과 유사한 세월의 길이만큼을 거슬러 올라간다.

그리고 그의 생애에서 그에게 결코 봉합될 수 없이 떡 벌어진 치유할 수 없는 상처로서 끝애[Kkutaeh]가 등장한다. 하타는 그 여자의 이름이 "마지막"[last]이거나 바닥[bottom]을 뜻한다고 덧붙인다. 물론 조선에서 이 이름은 막내딸 혹은 나중에 태어날 동생이 아들이기를 바라는 마음이 담긴 이름이지만 "last"란 표현에서 마지막이란 의미와 동시에 죽음을, 그리고 "bottom"이란 표현에서 자신의 건드려서는 안 되는 기억의 가장 깊은 심연, 혹은 출신과 어쩔 수 없이 뒤섞여 있다는 것을 보여준다. 그러나 그는 그녀를 머리글자만 따서 그냥 K라고만 부름으로써 그의 끝애에 대한 기억이 조선인 위안부, 혹은 그가 사랑했던 여자, 그가 입양되면서 물려받은 구로하타라는 집안, 그의 부모가 물려준 조선의 비천한 혈통, 끝애가 소속되어 있었던 고귀한 조선의 집안, 그리고 한국전

---

18) 하타가 사는 마을을 베들리런(Bedly Run)이라고 이름을 붙인 것도 소설의 이러한 설정과 크게 다르지 않아 보인다. "Badly Run으로도 읽힐 수 있는 이 이름은 잘못 운영된 삶이라는 의미"를 함께 담고 있기 때문이다. 유제분, 「재현의윤리: 『제스처 라이프』의 종군위안부에 대한 기억과 애도」, 『현대영미소설』 13.3, 2006, 84쪽.

쟁을 전후하여 미국과 피를 섞어 태어난 써니, 그리고 써니와 끝애의 태어나지 못한 뱃속 아기, 그리고 좀 더 나아가서는 하타 자신과 연결된 수많은 죽음 혹은 직·간접적인 살해Kill 연결되어 있음을 시사한다. 그러나 이 중 어느 하나만으로 환원될 수 없다는 의미에서 K는 아무것도 아니며 이것 중 그 어떤 것도 정확히 지시하지 못한다.

이것이 그가 소설의 도입부에서부터 끝애의 이야기로 바로 시작할 수 없는 이유이다. 우선 그는 사춘기에 들어서면서 그의 의지와 어긋나게 끊임없이 반항하는 써니의 모습을 회상하면서 그가 사실은 조선인임을 고백한다. 이 장면은 써니와 마찬가지로 까다로운 아이였던 하타가 자식이 없었던 일본 집안에 입양되면서 일본인으로 산다는 것이 어떤 것인가를 깨달았듯이 써니 역시 미국인이 된다는 것의 의미를 깨달아가기를 기대하면서 자신을 회고하는 부분이다. 그에게 일본인이 된다는 것은 단순히 출신이 바뀐다는 것만을 의미하는 것이 아니었다. 그것은 진정한 의미에서 "삶"의 시작이었고[19] 인간의 의미가 무엇인지를 깨닫게 해주는 계기, 다시 말해 그가 주체로서 바깥세상을 대면하게 된 순간이자 세계를 총체적으로 인식하게 된 계기였다. 앤 정이 주장한 바처럼 일본인으로 산다는 것은 "단지 물질적 부만을 가져다주는 것이 아니라 주체의 특권을 약속해주는 것"이기 때문이다.[20] 이런 점에

19) Lee, *A Gesture Life*, 72쪽.

20) Anne Anlin Cheng, "Passing, Natural Selection, and Love's Failure: Ethics of Survival from Chang-rae Lee to Jacques Lacan" *American Literary History* 17.3, 2005, 559쪽.

서 하타에게 조선은 그가 주체화되기 이전의 무정형 혼란 덩어리였으며, 주체화 과정을 거친 후 사후 구성된 조선은 그가 숨기고 억압해야 할 수치스러운 부분이었다. 그에게 조선은 가죽을 무두질하는 평민보다 훨씬 더 낮은 신분의 빈민가에서 하루하루를 연명하는 사람들의 집단 그 이상, 그 이하도 아니었다. 물론 그는 조선을 가본 적이 없었고, 따라서 그에게 조선은 그가 성장하면서 사후에 구성한 어린 시절의 자신의 모습이나 가족의 모습, 혹은 그 환경과 구분되지 않는다. 따라서 그의 조선이름은 "오"씨라는 그의 성을 제외하고는 소설 속에 단 한 번도 등장하지 않는다. 그의 조선 부모조차 그를 조선 이름으로 부르지 않았기 때문이다.

하지만, 끝애와의 만남은 이러한 조선의 이미지를 다시 쓰게 만든다. 물론 끝애는 하타가 만난 최초의 조선인 위안부도 아니고 유일한 위안부도 아니다. 그가 위안부 여성을 처음 대면하는 것은 그가 전선으로 배치되기 직전 싱가포르에서 이다. 첫 번째 위안부는 자신이 처음으로 보고 처음으로 수습한 시신이며[21], 두 번째 여자는 그가 아주 어렸을 적을 제외하고는 한 번도 사용했던 적이 없는 조선어를 무의식적으로 사용하게 한다. *조선어*, 그 조선어를 듣고서 그 여자는 그에게 매달리듯 청한다. "제발, 오-빠*O-ppah*, 보내줘요." 그러나 그는 다른 사람 앞에서 공개적으로 자신이 조선

21) 이 여자의 죽음을 필두로 죽음의 그림자는 하타의 평생을 따라다니게 된다. 엔도 상병을 포함하여 끝애와 끝애와 연루된 죽음들, 그리고 메리 번즈, 히키 부인의 죽음, 심장질환으로 사경을 헤매고 있는 히키 부인의 아들, 토머스와 바닷가에서의 사고, 그리고 써니의 낙태, 그리고 하타 자신의 자살을 암시하는 구절에 이르기까지 죽음은 전쟁 당시는 물론이고 전쟁이 끝난 뒤 텍스트 상의 현재에 이르기까지 전 텍스트를 아우르고 있다.

인임을 혹은 조선어를 구사할 수 있다는 것을 절대 내보이지 않는다. 일종의 금기처럼.

> "금방 저 여자네 말로 뭐라고 하지 않았나?"
> "아뇨. 아무 말도 하지 않았습니다. 대위님" . . .
> 방으로 들어가면서 그 여자는 나를 돌아보았다. 나는 그녀가 뭔가를 말할 거라 생각했다. 나이 많은 형제를 부를 때 쓰는 호칭, "오-빠"와 같은. 그러나 그녀는 얼굴이 잿빛이 되어 그냥 나를 바라보았다. 아까 말을 걸었던 사람이 정말 맞는지 의아한 눈길로... (112)

이 여자 앞에서 그가 한 행동에 대해 죄의식을 느꼈는지는 확실하지 않다. 단지 영어 Brother로 옮겨지지 않은 "오빠"의 여운만이 그에게 오래오래 남는다. 이것은 아직 그의 지각 범위 속으로 위안부가 들어오지 않았기 때문일 것이다. 끝애를 만나지 않았더라면 어쩌면 이 장면은 그에게 그렇게 중요한 기억이 되지 않았을지도 모른다. 이 장면이 화자의 인생에서 뭔가 걸려 넘어지는 것과 같은 느낌으로 다가온 것은 끝애와의 만남 이후라고 보는 것이 적절할 것이다. 그가 인식의 전환을 이루는 것이 끝애와의 대화를 통해서이기 때문이다.

지로 구로하타가 위안부인 끝애와 사적으로 만날 수 있었던 것은 1944년경 정식 군의관인 그의 상관 오노의 명령에 의해서이다. 그는 끝애를 잘 보호하고 있다가 '검은 깃발'이 진료소 앞에 걸릴 때 그녀를 그에게 보내라고 명령한다. 검은 깃발은 '구로하타'를 뜻한다. 그의 설명에 의하면 구로하타는 "옛날 마을에 전염병이 돌 때 경고의 표시로 세워놓은 검은 깃발"이다. 구로하타 집안은 약제사의 후손으로서 전염병에 시달리는 마을로 들어가 "어떤 알 수 없는 이유로 불길한 이름을 가지기로 했다"고 한다.[22] 그 '알 수 없는 이유'가 정확히 무엇인지는 모르지만, 정황으로 미루어 볼 때 구로하타 집안이 대대로 전염병을 퇴치하기 위해 전력을 기울여 온 집안이라는 뜻임은 확실한 듯하다. 결정적인 이유는 아이가 없었기 때문이기는 하겠지만, 교육이나 계몽도 넓은 의미에서는 치료의 일종이므로 일본 아이가 아닌 조선 아이인 지로를 양자로 들인 것도 그러한 치료와 맥락을 같이하는 듯하다. 그리고 의대에 진학하고자 하는 지로의 꿈도 이러한 집안 분위기와 이어져 있다. 그러나 지로의 의식적인 노력에도 그는 계몽의 의술을 펼치는 구로하타의 직접적 후계자가 아니라 구로하타 집안이 구원의 손길을 뻗치지 않았다면 여전히 고베의 좁은 거리를 방황하고 있을 '병증'이며, 구로하타의 은혜를 입은 지금에도 오노 대위의 말처럼 그에게는 여전히 "병원균"이 있다. 오노는 묻는다 "왜 자네는 의사가 되려고 하는가? 의사는 자신이 갈 방향과 행동을 결정하지. 일단 결정을 내리면 온 힘을 기울여 그 결정을 집행해. 그런데 자네에게는 그런 것이 없어."[23]

22) Lee, *A Gesture Life*, 224쪽.

23) 위의 책, 266쪽. 이 구로하타라는 이름은 "조선"이라는 병원균이 득실거리는 사회를 치료하고 계몽하여 근대의 빛을 비추어 주겠다는 제국 일본의 태도, 혹은 더 나아가 일본의 대동아 공영의 임무를 상기시키는 이름이다. 즉 이 이름은 착취를 계몽으로 식민지에 대한 수탈과 정복을 근대화의 담론으로 전환하는 대일본제국의 판타지와 맞닿아 있다. 화자가 구로하타 집안에서 인정받으려는 욕망, 그리고 나아가 진정한 일본인으로 동화되고자 하는 욕망 역시 그가 이러한 판타지를 가로지르지 못하고 있기 때문이다.

그래서 그는 끝애와의 만남에 앞서 엔도 상병Corporal Endo처럼 "실패의 오점을 남기는 것이 두렵다"고 고백한다. 그리고 바로 이어서 "자아의 실패가 두려운 것이 아니라 사회 전체에 짐을 지우는 의무이행의 실패"가 두렵다고 말한다. 여기서 그의 의무는 일본의 전시 문화와 연결된 더 큰 운명, 일본 운명의 일부가 되고 싶은 욕망과 연결되어 있다는 것은 쉽게 확인할 수 있는 사실이다. 그러나 끝애는 첫 만남에서부터 너무나 완고했고, 그는 자기 임무를 성공리에 수행하려는 욕망에서 조선어로 말을 건다. 조선어는 끝애의 마음을 열리게 하는 가장 강력한 끈이었기 때문이다. 이렇게 해서 시작된 두 사람의 관계는 4일 정도 지속한다.

두 사람이 대화를 나누기 시작하면서 우선 그는 군화공장에 일하러 가는 줄 알고 남동생의 징병을 대신하여 징집관을 따라나섰다는 끝애의 이야기에 충격을 받으며 이 충격이 아무것도 아닌 것보다 더 못한 위안부에 대한 인식의 전환을 가져오는 계기가 된다.

> 나는 그녀의 이야기를 듣고 사실 기습을 당한 느낌이었다. 그 이야기가 모두 진실이라고 받아들일 수가 없었다. 그러나 그녀의 이야기가 의심쩍었다기보다는 내 생각이 한계에 이르렀다고 보는 것이 옳을 것이다. 사실 어떤 여자가 위안부의 운명에 기꺼이 자신을 내맡겼다고 생각하는 것은 지극히 멍청하고 순진한 일이었다. 그럼에도, 나는 이름 그대로 그들이 "자원자"라고 생각했다. 위안소 앞에 줄을 서 있는 남자들에게 그 여자들은 아무것도 아닌 것, 아니 아무것도 아닌 것 이하였다…. 한 병사는 위안부 여성들을 "조센삐"*chosen-pi*라고 불렀다. 이것은 조선을 의미하는 말에 천한 해부학적인 욕설을 더한 것이었다.... 마치 우리 안에 있는 짐승 얘기를 하는 것 같았다. 그러나 K를 만나면서 나는 다르게 생각하기 시작했다.[24)]

하지만, 그가 다르게 생각한 것은 단지 끝애를 인간으로 보기 시작했기 때문이거나 그의 고백대로 젊은 남자가 젊은 여자에게 느끼는 감정 때문만은 아니다. 끝애는 처음 대면했을 때부터 다른 위안부들과 분명 차별점이 있었다. 그녀의 목소리는 다른 여자들과 달리 똑똑하고 기복이 없었고, 군인들의 눈길에 움츠러들지도 않았다. 그리고 무엇보다도 끝애가 소속되어 있었던 조선은 하타의 조선과 달랐다. 그는 끝애가 소속된 그러한 조선과 한 번도 접해본 경험이 없었다.

> [이제야] 끝애의 말투, 교육, 마침내 내가 *계급*이라고 이해하게 되었던 것이 설명되었다. 나는 그런 조선인들과 접해본 적이 없었다……. 내 말은 그녀에게 거칠고 상스럽게 들렸을 것이다. 거리의 냄새, 고베의 비좁고 꼬불꼬불한 게토의 골목길 냄새가 났을 것이다. 그러나 갖바치와 넝마주이 사이의 외아들인 나는 일본제국 해천대대의 소위 군복을 입게 되었고, 귀족적이고 학자 집안에서 태어난 그녀는 머나먼 전초 기지의 보급물자 창고에서 잠을 자게 되어 있었다. 그녀의 언니는 이미 죽어 땅에 묻혔고 그녀 자신도 똑같이 무시무시한 결말을 바라고 있었다.[25]

이것이 그가 끝애에게 느끼는 감정이 "피나 문화나 종족의 관련"이 아니라고 말할 수 있는 이유일 것이다. 끝애의 피, 문화, 종족은 엄밀한 의미에서 하타와는 다른 것이었다. 그녀에게는 그와는 달리 군의관이 그녀에 대해서 말한 것처럼 어떤 "진귀한 것", "육체적 아름다움 이상의 그 어떤 매력과 어떤 기준에 비추어보더라

---

24) 위의 책, 250-51쪽.

25) 위의 책, 257쪽. 이탤릭은 원저자 강조.

도 초월적이고 신성한 것"[26]이 있었다. 최소한 당시의 젊은 하타, 즉 지로 구로하타는 그렇게 믿었다. 그 진귀하고 신성한 속성은 지로보다는 오노의 표현처럼 오히려 순수 일본인에 더 가깝다고 할 수 있었다. 그래서 지로는 끝애에게서 조선 여성의 순결이기도 하고, 한편으로는 국적을 초월한 고귀성 같은 것을 훔친다. 잠을 자는 끝애는 단칸방에서 삼베자루 무더기같이 한구석에서 포개져 자고 있던 자신의 어머니와 무척 대조적이다.

> 단칸방에서 함께 잠을 자던 시절이었다. 어머니와 아버지는 삼베자루 무더기처럼 한구석에서 포개져 잤다. 그들의 지친 잠에서 나오는 소리 때문에 나는 잠을 이루지 못했다. 어머니는 꿈속에서 킥킥거렸다. 때로는 아침에 어머니의 바지가 엉덩이 밑으로 반쯤 벗겨져 있기도 했다. 길고 곧은 머리카락은 벌린 입의 가장자리로 파고들었다. 아버지의 손이 어머니의 젖가슴을 움켜쥐고 있었다. 나는 어머니의 입가에서 헝클어진 머리카락을 걷어내 주고 벌거벗은 곳을 담요로 덮어주고 싶던 기억이 났다.[27]

헝클어진 머리칼이 불결하게 느껴져서 걷어내 주고 싶었던 어머니와는 달리 그는 끝애의 머리칼에서 풍기는 기름기 섞인 사향 냄새가 향기롭고, 바지가 벗겨져서 엉덩이가 반쯤 드러난 어머니가 수치스러워 담요로 덮어주고 싶었던 느낌과는 달리, 끝애의 엉덩이 끝에 손을 대는 순간 유연함과 새로움을 느끼는 동시에 어떤 위대한 생명력이 용솟음치고, 갑자기 순수해진 느낌을 받는다. 지로에게 그녀는 더할 수 없이 순결했다. 그래서 그는 성관계가

26) 위의 책, 228쪽.

27) 위의 책, 259쪽.

끝난 후의 그녀의 눈물이 "처녀성을 잃었기 때문"이라고 생각한다.[28)]

그러나 성관계 중에 그녀는 진짜 여자 같지 않았다. 첫 번째 관계에서 그녀는 잠자는 소녀였고, 두 번째 관계에서 그녀는 가장 아름다운 조각상 같았다. 그리고 그는 그녀의 모든 밝고 어두운 구석을 더듬으며 그녀의 몸을 방에 비유한다. 혹은 "폭풍에 공격당한 지붕처럼 무너졌다"[29)]는 표현에서처럼 그녀는 무너진 집이 된다. 이 장면을 캐롤[30)]은 그가 그녀와 사랑에 빠진 것이 아니라 그녀의 처녀성과 사랑에 빠진 것이며 두 번의 성관계는 사랑이 아니라 강간이며, 여자를 조각상으로 집으로 방으로 묘사하면서 그녀를 주체가 아닌 대상으로 만든다고 주장한다. 그래서 하타가 그녀를 끝애가 아닌 K로 축약시켜 부르는 것도 실제 인간이라는 느낌을 지우기 위해서라고 설명하면서 끝애를 버리는 것을 조선을 버리는 것의 표상으로 읽는다. 이 주장이 설득력이 없는 것은 아니지만 캐롤의 생각처럼 끝애를 버리는 것과 조선을 버리는 것이 반드시 같은 것만은 아니며, 하타의 행동이 사랑이 아니라 문자 그대로의 의미에서 강간이었던 것만은 아니다.

우선 끝애의 조선과 지로 구로하타의 조선이 같다고는 보기는 어렵다. 끝애가 그토록 순수하고 정결한 섬같이 느껴졌던 것은 고베에 살고 있었던 지저분하고 수치스런 조선인들과는 달리 끝

---

28) 위의 책, 260-261쪽.

29) 위의 책, 295쪽.

30) Hamilton Carroll, "Traumatic Patriarchy: Reading Gendered Nationalisms in Chang-rae Lee's *A Gesture Life*" *Modern Fiction Studies* 51.3, 2005, 601-604쪽.

애의 고귀한 출신이 한몫했을 것이다. 그래서 그는 끝애와의 관계 이후 자신이 "순수해진 느낌"을 받는다. 이것은 지금까지 그가 조선에 대해서 갖고 있었던 조선의 이미지를 다시 쓴다. 더럽고, 수치스러운 "떠도는 개"[31]과 같은 그 자신의 조선에 눈부시고 순수하며 신비스러운 어떤 것으로서의 조선의 이미지를 입힌다. 이것은 그의 상상에 의해 석화되고 증류된 순수 조선 혹은 한국이다. 그것은 더없이 "아름다운 조각상"이고, "밑동이 갈대와 같이 엮어져 있는 서늘한 느낌의 건축물"이다.[32] 하지만, 이것은 문제가 많은 번역으로 끝애가 말하는 조선을 전유하는 것이다. 하지만, 이것은 끝애의 이야기를 들으면서 지로가 상상하고 전유하는 조선의 이미지이며 본질적 민족주의자들이 욕망하는 조선/한국의 이미지인 동시에 우리가 욕망하는 우리의 모습이기도 하다.

전쟁 후에 의대에 가서 고베에서 존경받는 의사가 되고, 좋은 집안 출신의 여자를 만나 자식을 낳고, 아름다운 뜰을 가진 좋은 집에 살기를 원했던 지로 구로하타에게 끝애는 위안부라는 현재 상황에도 오노 대위Captain Ono의 말처럼 분명한 기품과 특별하고 고귀한 품격이 있는 여자이다. 지로가 끝애를 사랑하게 된 계기는 다른 무엇보다도 이 품격과 기품, 그리고 그녀의 처녀성이 만들어 내는 조선의 순결한 이미지가 가장 큰 요소로 보인다. 그래서 한 순간에 불과하기는 하지만 끝애의 보호를 위해 현실을 위반하려고 결심하고 실제로 오노와 사소한 다툼을 벌이는 것도, 끝애와의

31) Lee, *A Gesture Life*, 263쪽.

32) 위의 책, 295쪽.

유토피아적 미래를 꿈꾸는 것도 이러한 순수 증류된 조선의 이미지 앞에서이다.

그 이후 그는 자신이 그녀의 사실상의 남편이라고 믿었다. 시간상으로 오랜 시간이 지난 후인 3장에서 "아내가 있었다는 것, 아주 오래전 옛날에 있었다는 것"[33]을 메리 번즈에게 고백한 것으로 보아 끝애가 죽고 난 이후에도 줄곧 화자는 끝애를 실제 아내로서 생각하고 있었던 것 같이 보인다. 이런 점으로 미루어 볼 때 캐롤의 주장처럼 그의 사랑을 단순한 강간으로 축소하기는 어려울 듯하다. 물론 그의 사랑이 쾌락 원칙에 지배되고 있었고, 자신과 관련되지 않는 부분을 받아들이지 않는 나르시시즘이라는 점에서 그의 사랑이 직접적 폭력 혹은 강간보다 더 잔인한 행위로 드러난다는 것을 인정한다 할지라도 말이다.

검은 깃발이 진료소 앞에 내걸리고 끝애를 보존하고 보호하기에는 지나치게 무능한 자신을 발견하게 됨에도 그는 자신을 죽여 달라는 끝애의 청을 거절한다. 이에 대해 앤 청은 "끝애를 죽이는 것은 두 사람 사이의 유대를 잘라내는 것이고 군법을 위반하는 것이며 자신의 일본인으로서의, 남성적 정체성을 깨뜨리는 것이기 때문"이라고 설명한다.[34] 그러나 언뜻 보기에 이것은 정확히 지로 구로하타의 경우라기보다는 엔도의 경우에 더 가까워 보인다. 사실 끝애의 죽음은 엔도가 끝애의 언니를 죽였을 때와 같

33) 위의 책, 48쪽.

34) Anne Anlin Cheng, "Passing, Natural Selection, and Love's Failure: Ethics of Survival from Chang-rae Lee to Jacques Lacan" *American Literary History* 17.3, 2005, 562쪽.

지는 않기 때문이다. 끝애는 엔도와 같은 일을 지로 구로하타가 해주기를 바랐지만, 최소한 마지막 순간의 끝애의 요청은 자신을 죽인 후 지로 역시 그 뒤를 따라주기를 원했던 것은 아니었다.

> "사랑합니다." 나는 제대로 나오지 않는 목소리로 말했다.
>
> "그럼 [당신의 사랑을] 보여주세요. 지로. 나는 너무 겁이 많아 직접 못하겠어요. 하고 싶지만 할 수가 없어요. 여기 오노의 권총이 있어요. 곧 보초들이 돌아왔다고 신고를 할 겁니다. 오노가 대답하지 않으면 보초들이 안으로 들어올 거예요. 그럼 당신은 내가 오노를 죽였다고 말하고 그래서 그의 권총으로 나를 쏘았다고 말하면 되잖아요. 도망갈 곳은 없어요."[35)]

하지만, 그는 "사랑 때문이든, 동정심 때문이든, 겁 때문이든 쏠 수가 없었다"라고 고백한다. 그다음 그는 끝애의 손에 이미 살해된 오노 대위의 상처에 총구를 꽂고 방아쇠를 당긴다. 그리고 시부로 중위에게 자살이라고 거짓말을 한다. 이렇게 오노 대위의 사건은 바로 수습되지만, 그로 말미암아 끝애가 맞이하는 종말은 그보다 더 잔인할 수는 없다. 그러나 지로가 끝애를 죽인다고 해서 엔도처럼 처형되는 것은 아니다.

화자가 그 시절을 회고하면서 "그것은 진심이었다. 나에게서 우러나온 것이었다. 온전히 내 것이었다. 정말 무시무시한 것은 바로 그 점이었다. 나는 그녀가 죽어주었으면 하고 바랐음이 틀림없다"[36)]라고 서술한다. 지로는 순수한 끝애, 혹은 좀 더 나아가서 순수 증류된 조선의 이미지가 오염되는 것을 참을 수 없지만, 끝

---

35) Lee, *A Gesture Life*, 301쪽.

36) 위의 책, 296쪽

애를 죽이는 것은 그는 정직하게 군법을 지키고, 일본인으로서의 임무를 다하고자 하는 그의 욕망에 어긋나는 것이기에 직접 자신의 손에 피를 묻힐 수는 없다.

추는 이 장면을 "아시아계 미국 소설에서 아시아 여성을 버리는 것은 아시아 남성의 주체를 복원하기 위해서"라고 설명한다.[37] 즉 아시아 여성은 모국이나 과거를 상징하며, 여성을 표상하는 모국은 남성의 성공적인 정체성 형성을 위해 추방되어야 한다는 것이다. 이러한 관점에서 보면 이 소설 역시 화자가 끝애와 입양한 딸인 써니를 버리고 자신의 주체를 세우고자 한다는 점에서 이창래의 소설도 이창래 소설 속의 하타도 추의 비판에서 벗어나지 못한다.

추의 비판처럼 이 장면에서 끝애가 죽음 쪽으로 가기를 바라는 것은 단지 남성의 주체성을 세우기 위해서일 수도 있지만, 이와 동시에 자민족의 과거를 증류된 순수의 공간으로 상상하고자 하는 민족주의의 욕망, 혹은 더럽혀진 몸으로 돌아온 딸이 차라리 자살해줄 것을 바라지만 자신의 손에 직접 피를 묻힐 수는 없었던 1940년대 후반의 한국의 문화적 상황과도 많이 닮아있다. 그러나 이것은 외설[Obscene]의 어원이 의미하는 그대로 결코 드러나서는 안 되는 장면이며 그런 생각을 했다는 사실 자체도 부인해야 하는 장면이다.[38]

---

37) Patricia Chu, *Assimilating Asians: Gendered Strategies of Authorship in Asian America*. Durham: Duke UP, 2000. 11쪽.

38) 지금까지의 이창래 소설을 포함한 한국계 미국문학의 연구는 많은 경우 미국이라는 공간 속에서 이주민 주체가 어떻게 자신의 주체를 형성해나가는가에 초점

하지만, 순결한 끝애와 고귀한 조선은 오염과 얼룩에서 자유로울 수 없는 수많은 소문자 조선/소문자 한국들을 덮어 가리고자 하는 지로의 판타지에 불과하다. 현실 속의 끝애가 양반가에 소속되어 있었다 하더라도 그녀는 언니와 함께 가부장제 가정에서 호명되지 못하는 존재이자, 존재를 부인 당한 존재이다. 그래서 가족들은 남동생의 징집을 대신해서 그들을 일본으로 보냈을 것이다. 게다가 현실 속의 끝애는 지로 구로하타의 상상만큼 순결하지도 순수하지도 않다. 오노 대위의 말에 의하면 그녀는 임신 중이었다.[39] 그리고 끝애의 죽여 달라는 청을 거절하고 지로는 빈터에서 처참하게 유린된 후 살해된 끝애의 유해를 수습하면서 그녀의 태중 아기를 확인한다.

> 나는 군의관이 해야 할 일을 했지만, 냄새를 맡을 수도 들을 수도 볼 수도 없었다. 나는 유해를 모으는 나의 손을 느낄 수가 없었고, 그 유해들의 무게도 느낄 수 없었다. 마침내 나는 그녀와는 다른 형태, 아주 작은 꼬마요정 같은 형체, 기적이라고 느껴질 정도로 온전한 형태를 찾아냈으나 아무것도 느낄 수 없었다. 다리와 발로 짐작되는 것도 완벽하게 갈라지며 손가락 형태를 갖추어나가는 축복받은 두 손도 볼 수 없었다. 또 그 얼굴도, 완성된 뺨과 이마도 볼 수 없었다. 아직 깨지지 않은, 방해받지 않은 그 시원의 잠, 나는 내가 무엇을 하는지 알

이 맞추고 미국(중심)/한국(주변)이라는 도식적이고 경직된 이분법에 초점이 맞추어져 있는 경향이 있다. 그러나 이 소설을 미국이라는 공간의 바깥으로 끌어내서 그 초국적 맥락 속에 놓을 때 중심과 주변의 범주는 상당히 유동적이고 가변적인 범주가 된다는 것을 보여준다.

39) 끝애가 임신 중이었다는 것, 그리고 위안부로 동원되어 끌려오는 길에 임신을 한 것은 아니라는 사실은 조선에서 위안부로 동원된 모든 여성은 "순결한 꽃다운 처녀였다"라는 이미지를 배반하는 것이다. "순결한 꽃다운 처녀"는 역사적 기록에 따른 것이라기보다는 오히려 위안부를 애국자로서 초역사의 전당에 모셔지기 위해 만들어진 한국의 민족 이데올로기에 가깝다.

수 없었고, 어떤 부분도 기억할 수 없었다.[40]

이것은 자신의 목격을 부인하는 장면이다. 냄새를 맡을 수도, 들을 수도, 볼 수도 없는 주체가 자신이 처한 상황을 받아들이지 못하고 기억으로 통합하지 못하는 장면이다. 다시 말해 기억할 수도 망각할 수도 없는 외상적 경험이 되어 그의 평생을 따라다니게 되었다는 의미다. 그렇다면, 정확히 그가 기억할 수 없는 것은 혹은 그에게 외상으로 작용하는 것은 정확히 무엇일까? 그것은 완전히 순수하게 증류된 조선의 이미지를 배반하는 끝애인가? 아니면 아내를 지키지 못한 자신의 무능에 대한 수치심인가? 아니면 끝애를 통해서 오염된 출신을 정화하지 못한 화자 자신의 실패인가?

외상적 경험이 재현을 벗어나는 이상, 화자의 이해범위를 넘어서는 이상, 그것을 한두 가지의 의미로 고정하는 것은 불가능하다. 혹은 이 하나의 사건에 여러 가지 수많은 의미를 부여할 수도 있고, 이 사건이 수많은 의미로 넘쳐난다고도 말할 수 있지만, 그 중, 단 한 가지만이 외상적 사건의 의미를 구성한다고 보기는 어렵다. 끝애의 존재가 외상적 장면의 구성에 참여하는 것은 사실이지만 끝애가 외상 그 자체는 아니며, 마찬가지로 끝애의 죽음이 외상적 장면의 구성에 참여한다고 해서 그것만이 평생을 괴롭히는 상처가 되는 것도 아니다. 외상은 언제나 재현을 비켜가기에 하타의 서술 속에서 외상의 핵심을 찾기는 어렵다. 분명한 것은

40) 위의 책, 305쪽.

그것이 언제나 쾌락원칙을 위배하고 주체에게 언제나 고통으로 다가온다는 것이다. 그러므로 하타가 그냥 K라고 줄여서 불렀던 끝애가 죽었다고 해서 K의 흔적이 사라지거나 없어지는 것도 아니다. 끝애를 만나기 이전에는 K가 일종의 치유해야 할 내부의 병증이나 병원균 같은 것이었다면 이제 그것은 쉽게 치유할 수 없는 외상 혹은 주체의 통제권을 벗어나는 흔적과 얼룩이 되어 그의 모든 삶의 구석구석을 지배하게 된다.

이 사건이 있고 나서 얼마가 지나서 인지는 모르지만, 그는 일본을 떠난다. 일본이 이상적인 역할 모델로서 기능을 못하기 때문이 아니라 구로하타라는 이름이 지닌 병증으로서의 K가 끝애의 K와 겹쳐지면서 일본의 공간에서 성공적 주체를 구성하기가 불가능했기 때문일 것이다. 그는 K의 흔적을 보유하는 것 자체를 거부한다(물론 이것은 불가능하다). 그는 자기 인생에서 K가 아예 존재한 적이 없었던 것처럼 행동했고 전쟁과 같은 예외적 상황에서이긴 하지만 그가 끝애에게 행사했던 외설적 이미지를 결코 드러낸 적이 없었던 것처럼 행동하기를 원한다. 그것은 어쩌면 그가 어쩌면 순수 이전을 원했기 때문인지도 모른다. 그는 그가 거주하는 장소를 일본에서 미국으로 이동시키고 이름에서 K를 삭제하고, 지로라는 일본 이름 대신에 프랭클린이라는 이름을 사용하지만 써니의 아들인 토머스를 제외하고는 그를 프랭클린으로 불러주는 사람은 없다. 가장 미국적인 것을 자신의 자아 이상으로 삼지만, 미국의 인종차별이 일본제국이 조선을 멸시했던 것보다 덜한 것은 아니고, 자신을 일종의 병원균으로 여기는 풍토가 사라지는 것도 아니다. 우선 그의 얼굴색부터가 완벽하게 미국시민으로 전환하는데 장애가 되기 때문이다.

그가 입양아로 한국에서 데려온 써니는 그에게 끊임없이 K 혹은 끝애를 상기시킨다. 하지만, 어떤 의미에서 써니는 끝애를 더 나쁘게, 더 불쾌하게 반복한다. 하지만, 써니는 끝애처럼 그를 상징계의 한계 지역에서 자유를 선택할 것인지, 상징계의 노예로 되돌아갈 것인지 하는 불가피한 선택*vel*[41]으로까지 몰아가지는 않지만 하타의 예전의 상처를 더 크게 벌어지게 하는 역할을 한다. 사실 그가 사회적 성공을 이룩한 것은 써니가 집을 떠나고 없는 동안이었다.

그는 7살의 써니를 데려오면서 그녀에게 훌륭한 환경을 제공하여 끝애에게서는 한낱 환상으로 끝나버린 어떤 순수, 어쩌면 순수한 처녀성을 원했는지도 모르고, 그가 끝애와의 만남에서 그토록 갈구했던 증류된 조선을 써니에게서 증류된 한국성으로 전이하여 보고 싶은 욕망의 반영이었는지도 모른다. 하지만, 출생부터 써니는 자신의 임무를 다하지 못한다. 써니가 표상하는 한국은 어떤 면에서도 고귀한 한국성과는 거리가 멀었다. 그녀는 순수한 한

---

41) 라캉에 의하면 모든 선택은 불가피하다. 살아남으려면 상징계에 복종하며 소외된 주체의 삶을 살아야 하지만, 상징계로부터의 자유를 선택하고자 한다면 주체는 자신의 생명을 내놓아야 한다. 진료소 앞에 검은 깃발이 걸리고, 지로 구로하타가 오노 대위를 찾아가는 장면이 바로 이러한 장면이다. 그는 아주 잠시 자신의 생명을 내놓아야 하는 한계 상황에 부딪히지만, 그가 한계 영역으로 나아가는 분리의 주체가 아니라 대타자의 명령에 충실히 복종하는 소외된 주체의 위치를 고수할 수밖에 없다는 점에서 그의 선택은 자유로운 선택이라기보다는 오히려 이미 답이 정해져 있는 불가피한 선택이다. 라캉의 '불가피한 선택'에 대한 설명은 *The Four Fundamental Concepts of Psychoanalysis*. 209-213쪽 참조.

국인의 피를 물려받은 것이 아니었고 혼혈아였다. 그리고 이 혼혈성은 하타에게 미국의 흑인 GI와 한국 매춘부 사이에서 태어난 아이 같다는 느낌이 든다. 그리고 그녀가 사춘기에 접어들면서 시작된 방탕한 생활은 그를 또 다시 좌절시킨다. 그는 끝애가 오염되기보다는 오히려 죽음 쪽으로 가기를 바랐듯이 사춘기가 지난 써니의 몸을 통제하는 데 실패하자 산달이 다 된 써니를 개인적으로 알고 지내던 의사에게 데려가 낙태를 시킨다.

> 나는 [써니의 낙태 수술에 대해] 최대한 확고한 태도로 말했다. 그러자 의사는 내 말을 받아들였다. 한시간도 안되어 써니는 가운을 입었고 의사가 긴장을 풀기위해 준 약을 먹었다. 내가 그에게 청한 것은 척추마취를 하기 전에도 진정제를 많이 주라는 것이었다. 그래야 써니가 내가 거기있다는 것을 모를 터이고, 어떤 일이 있었는지 제대로 기억하지 못할 테니까. 의사는 내 뜻대로 해주었다. […] 내가 수술실 안에 직접 들어가 참여한 일에 대한 의사의 말을 옳았다. 내가 그날 저녁 병원에서 본 것은 변하지 않고 온전히 그대로 오래 오래 남았기 때문이다. 내가 살아오면서 그것이 가장 끔찍한 일이었고, 품위있는 사람이라면 보지 말아야 하고 기억해서도 안될 일이었다. 그렇다면 나는 역사의 차가운 심판에 맡겨져야 했을 것이다. […] 그러나 그렇게 되지 않았다. […] 나는 여전히 이 곳 내가 속하게 될 마지막 자리에서 늘 좋은 지위를 확보하고 있었다.[42]

이 장면은 소설의 끝에서 두 번째 장 마지막 부분이다. 역사로 기록될 수 없는 외상적 사건인 위안부를 번역하고자 했던 이 소설이 딸인 써니의 생명의 위험을 감수하면서까지 강제 낙태시키는 장면과 어떤 관련이 있는지 언뜻 이해하기 어려울 수도 있다. 하

42) Lee, *A Gesture Life*, 345-46쪽.

지만, 끝애의 죽음에 대해 화자가 회고하는 장면—"나는 그녀가 죽어주었으면 하고 바랐음이 틀림없다"—과 연결해 다시 생각해보자면 여성의 몸은 순결과 순수를 표상해야 하고, 그것을 더럽히기보다는 오히려 그 존재 자체를 삭제해버리는 것이 더 낫다는 태도와 연관되어 있다는 것을 알 수 있다. 그래서 이 장면에 대한 회고 역시 끝애의 시신을 수습할 당시를 그대로 연상시킨다. 그것은 "보지 말아야 하고 기억해서도 안 될 일"[43]이었던 것이다.

그러므로 끝애와 끝애의 아기의 죽음과 써니의 낙태, 이 두 가지 사건의 목격자이자 유발자인 하타의 행동은 유교를 숭상했던 조선에서 자유민주주의를 숭상하는 대한민국으로 국호와 이념이 바뀌었음에도 전쟁이 끝나고 돌아온 위안부 여성들을 침묵하게 한 문화적 상황을 돌아보게 한다. 과연 전후 수십 년간 위안부들을 말할 수 없게 만든 그것은 하타가 써니나 끝애에게 무자비하게 행사했던 외설적 권력와 연관된 문화, 혹은 이 문화가 욕망하는 어떤 순수 조선, 순수 증류된 한국의 이미지와 밀접하게 연관된 것은 아닌가.

이러한 문화는 자문화의 순수성이 여성의 순결한 몸과 연결되어 있다고 간주한다. 끝애의 몸이 민족의 상징적 네트워크가 기입되는 장이었듯이 써니의 몸 자체도 써니의 것이기에 앞서서 "세상의 어떤 표지"[44]가 기입되는 장소이다. 하타는 이 장소를 통제하고 이 장소에 권력을 행사함으로써 자신의 온전한 주체성을

43) Lee, *A Gesture Life*, 345-46쪽.

44) 위의 책, 247쪽.

선포한다. 일본 변방의 고베에서 식민지 조선의 아들이라는 그의 주체는 병원균에 오염되어 있지만, 그는 그가 끝애를 사랑했을 때와 같은 방식의 사랑, 즉 나르시시즘적 사랑을 써니에게 반복함으로써 이 병원균을 몰아내고 오염되지 않은 순수, 얼룩으로 더럽혀지지 않는 주권 주체를 세우기를 원한다. 그러나 하타만이 이러한 주체를 원하는 것은 아니다. 그것은 조선/한국이 꿈꾸는 주체이기도 하고 일본과 미국이 꿈꾸고 이상화하는 주체이기도 하다.

그래서 우리는 이러한 주체성, 혹은 순수 자아상을 확보하기 위해 오염과 얼룩 혹은 적대적인 타자를 추방하고 삭제하고자 하지만 반대로 그것이 오히려 존재를 끊임없이 강요/주장하면서 우리의 주체성을 뒤흔드는 역할을 한다. 하타가 바로 이러한 사례의 예증이다. 무의식은 외부에 있다는 라캉의 주장처럼 하타의 불온한 얼룩들은 그의 내부가 아니라 그가 머무르고 출입하는 모든 곳에 펴져 있다.

우선 겉으로 보기에 그의 성공을 입증하는 듯이 보이는 그의 집은 "어두운 박물관"이자 "말해질 수 없고 노래할 수 없는 역사"[45]를 담고 있는 곳이자, "끝에서 두 번째의 덫"[46]으로 외상의 저장고이다. 그는 집을 고치고 메우고 수리하는 데 정성을 다하지만 아무리 노력해도 "장의 문이 맞지 않는다거나 배수가 너무 느리다든가"[47]하는 식으로 언제나 자신의 의도와 어긋난다. 그의 집

45) 위의 책, 289쪽.

46) 위의 책, 287쪽.

47) 위의 책, 44쪽.

을 화려하게 장식해주는 수영장 역시 기분 전환의 장소라기보다는 일종의 무덤과 같은 느낌을 준다. 그가 수영장에서 수영할 때마다 그는 종종 가슴이 뒤틀리며 물을 먹는다.

> "밀어내고 또다시 밀어냈는데도 수로 표지등이 다시 한 번 깜빡하며 떠올라 눈앞의 물에 점점이 박혀 불의 고리를 이룬다."[48]

> "가끔 물에서, 물질적이고 진실한 어떤 것 속에서 헤엄을 치는 것이 아니라, 신비한 저항체 안에서 맹목적으로 밀고 나간다는 생각이 든다. 그 저항체의 속성은 몸 밑에서 불길처럼 휘저어대는 덩굴손들 속에서 천천히 드러난다."[49]

이것은 기억하기를 거부함으로써 외상이 신체적 증상이 되어 드러나는 장면으로 보인다. 현재의 서술 속에서 그의 외상은 물과 연관될 때 더욱 증폭되고 이야기가 끝으로 다가갈수록 물은 더 자주 그의 존재의 심연에 다가간다. 소설의 마지막 부분에서 물의 이미지는 자궁 속의 양수의 이미지와 겹쳐진다. "그것은 내 삶의 오랜 조건처럼 보인다. 그것은 매일매일 연고를 바르는 행위와 같이 일시적인 미봉책이 되기는 하지만 진정한 치유책이 되지 못하고 문제는 계속 증식하여 마침내 속속들이 나 자신이 되어버린다."

또한, 불을 내고 입원한 병원, 그 병원도 그의 외상적 경험을 구성하는 이미지들과 끊임없이 연관된다. 히키 부인의 아들이 심장질환으로 입원해 있는 병실은 606호로서 그가 의료 병으로 근무했을 당시 성병 치료 약물로 사용했던 살바르산 용액을 상기시

48) 위의 책, 284쪽.

49) 위의 책, 151쪽.

키고, “내가 가는 모든 길은 병원의 쓸쓸하고 광택 없는 병동으로 이른다”는 하타의 표현처럼 병원은 그의 평생을 따라다니는 죽음의 이미지이다.

이렇게 외상은 여러 가지 형태와 모습으로 변형되어 쉼 없이 등장하면서 하타의 삶이 걸려 넘어지는 암초이자 실패, 혹은 얼룩을 반복한다. 물론 1인칭 시점으로 구성된 이 소설에서 우리는 하타의 시선 바깥에서 객관적으로 외상을 포착할 수는 없다. 단지 우리가 할 수 있는 일은 하타가 봉착하는 일련의 실패들을 통해 그 외상의 자리를 위치 지을 수 있을 뿐이다. 하타의 주관적 서사 속에서 외상은 온전한 그대로의 모습이 아니라 언제나 왜상으로 등장하기 때문이다. K는 하타가 자신의 표상되지 않는 외상에 붙인 기호이자 글자이다. 텍스트 속에서 K 그 자체는 대상의 위치를 점하지만 K는 수많은 기표들의 대체를 허용한다. K의 내용이 비어있다는 것은 의미가 없다는 뜻이 아니라 하타가 의미를 쓰기를 멈추지 않을 수 없는 재현불가능한 문자라는 것이다.

앞서 말했듯이 화자가 끝애를 K로 명명한다고 해서 끝애가 곧 K가 되는 것은 아니다. K와 끝애는 다르다. 하타의 서사 속에서 K는 끝애라는 여자 단 한 명으로 환원되는 것이 아니라 오히려 그가 사랑하는 여성, 위안부, 일본과 미국을 포함하여 식민지 조선과 한국전쟁을 전후한 한국, 구로하타, 그 와중에서 생겨난 수많은 죽음 등의 이야기를 구조화하는 상호텍스트성으로 간주되어야 하기 때문이다. 이 상호텍스트성은 각각의 다른 장소 즉 조선, 한국, 일본, 미국, 혹은 고베, 베들리헌, 혹은 좀 더 좁게는 전쟁 당시의 위안소와 진료소, 현재의 집, 가게, 수영장 등등의 모든 장소에 흩어져 있다. 이 장소들은 각각 이질적이지만 K의 상호텍스트성은 이것들을 이어주는 연결고리가 된다. 하지만, 이러한 이질적인 장소들이 K를 선회하면서 서로를 보충하며 조화를 이루는 것이 아니라 그 반대로 아무리 메워도 메울 수 없는 틈을 드러낸다. K가 상호텍스트적이라는 것은 각각의 이질적인 장소들이나 다른 주체들이 혼합되었다는 뜻은 아니다. 상호텍스트성이란 서로 다른 것들이 하나의 텍스트 속에서 조화롭게 관계를 맺는다는 의미가 아니라 그것들이 다른 대상들이 어떻게 교체되고 자리바꿈을 하면서 반복되느냐의 문제이자 K가 어떻게 무의식적 반복충동을 일으키느냐의 문제이기 때문이다.

이런 의미에서 K가 갖는 물질성은 독특하다. 물질성은 우선 분할을 허용하지 않는다. K를 아무리 작은 조각으로 잘라내어도 하나의 의미로 축소되지 않고 하나의 장소만으로 하나의 행위만으로 환원되지 않는다. 그러나 독자로서 우리는 K에 어떤 해석적 욕망을 투사하고자 한다. 예를 들어 억울하게 죽어간 조선 위안부 여성의 원혼으로, 혹은 정치적 정체성을 주장할 수 없었던 식민지 조선의 원통함, 혹은 순수하게 증류된 조선과 같은 우리가 보고 싶어 하는 메시지로 해석을 고정하기를 원한다. 하지만 해석은 K와 K를 포함하는 수많은 기표 중의 하나일 뿐, 그것은 단 하나의 확정적이고 고정된 의미로 환원되지는 않는다. 이렇게 재현으로 포섭되지 못하고 재현의 그릇에서 넘쳐나는 잉여가 K라는 문자 주위를 선회하는 물질성이자 외상이다. 만약 하타의 발화가 그의 주관성을 넘어서 진리를 드러낸다면 진리는 자신을 숨길 때 가장 진실하게 자신을 드러낸다는 라캉의 의미에서 이다.

■

이상에서 살펴보았듯이 위안부의 사건은 재현을 넘어서는 외상적 사건이지만 그것이 외상으로 드러날 때는 대치나 전치를 허용하는 기표로 등장한다. 그것은 사건이 발생하는 순간의 기록인 것도 과거의 무엇인가에 대한 기억인 것도 아니다. 그것은 기억할 수 없고, 기억의 등록소에 제대로 기입될 수 없기에 끊임없이 출몰하는 것이다. 외상은 증상이 아니다. 증상은 분석적 해석을 통해 해소 가능한 병리 상의 구성물이지만, 외상은 치유할 수 있는 것이 아니다. 따라서 이 소설의 결말은 가해자인 하타가 참회하면서 사라져간 모든 희생자를 애도하고 용서를 구하는 것으로 끝나지 않는다. 이러한 결말은 외상을 봉합하고 외상을 치유할 수 있다는 환상을 심어주지만, 그것은 외상의 진정한 해결책이 아니다. 죽거나 사라져버린 희생자들을 애도하고 그들에게 자기애적 사랑을 표하는 것은 의외로 쉬운 일이다. 그것은 이 책의 제목처럼 제스처만으로도 가능하다.

비유적으로 말하자면 외상은 주체에게 적대적인 타자이다. 그것은 주체를 한계상황으로 몰고 가며 초대하지 않음에도 찾아와서 주인행세를 하며 생명을 내어놓으라고 요구하는 손님이다. 이것은 그 손님을 폭력적으로 쫓아내거나 사라지게 함으로써 없애버릴 수 있는 것도 아니고 나에게 호의를 베풀고 나의 도덕적 잣대와 상징적 그물망을 벗어나지 말라고 강제할 수 있는 것도 아니다. 그러므로 외상을 손쉽게 봉합하고자 하는 것은 한계 상황을 회피하고 주체를 위한 또 다른 환상을 만들어내는 행위에 불과하다. 그러나 이 환상은 진정한 치유책이 되지 못한다. 무의식적 외상은 현실의 어떤 작은 우연한 조각에 의해서 다시 자신을 반복할 것이기 때문이다.

따라서 우리가 진정으로 해야 할 일은 외상을 우리의 지식으로 환원할 수 없는 오염을 우리 일부로 받아들이고 상징계에 자신을 의탁하지 않고 상징계의 한계 영역으로 나아가는 것이다. 이 점을 참작할 때 이 소설의 마지막은 우리에게 의미심장하다. 하타는 소설의 마지막 페이지에서 "자신의 운명을 더는 개척하고자 하지 않을 것이며, 죽은 자들에게서 용서를 구하고 창조주에게서 위로를 구하고자 하지 않을 것"이라고 말한다. 운명을 찾아다니지 않는다는 것은 더는 자신의 주체를 세우려고 상징계를 고수하지 않을 것이라는 선언일 것이고 더는 소외의 주체가 아닌 분리의 주체로 나아가고자 하는 몸짓일 것이다. 그리고 그가 그토록 부정하고 싶어 했던 "살, 피, 그리고 뼈"를 숨기지 않고 가지고 갈 것이며 "깃발"을 흔들 것이라고 말한다. 이 깃발은 다른 무엇보다도 미국으로 오면서 그가 버렸던 검은 깃발이라면 하타의 결말은 끝이라기보다는 오히려 새로운 시작일 것이다.

9-11의 번역: 드릴로의 『떨어지는 남자』

2001년 9월 11일, 전 세계를 경악시킨 테러가 미국의 심장부 뉴욕에서 일어났고, 7년이 지난 지금에도 아직 그 테러의 여파에서 벗어나지 못하고 있다. 그래서 이 글은 9-11을 외상적 사건으로 규정하고, 9-11을 직접적으로 다루는 돈 드릴로의 2007년 소설, 『떨어지는 남자』[50]를 중심으로 9-11의 상징화 과정과 상징화되는 과정에서 불가피하게 발생하는 과잉, 혹은 상징계의 한계 지점을 살피는 데 그 목적을 두고 있다. 이를 위하여 1장에서는 9-11이 왜 대사건이며, 왜 다른 수많은 역사적 사건들과 구분되어 외상적 성격을 띠게 되는가를 고찰할 것이며, 2장과 3장에서는 9월 11일 뉴욕 세계무역센터의 한가운데에 있었던 한 인물과 그 주변 인물들을 중심으로 백인 중산층 미국인들의 이 사건에 대한 반응을 외상 개념을 통해 살펴봄으로써, 9-11의 번역가능성과 불가능성을 성찰하고자 한다.

■ 9-11 테러와 외상적 사건

9-11은 왜 외상적 사건인가. 어쩌면 대단히 단순해 보이는 이 질문이 이 글의 출발점이다. 과연 2001년 9월 11일 자본주의와 세계화의 상징적 건물인 세계무역센터가 무너졌고, 미국의 중심부에

50) Don DeLillo, *Falling Man,* New York: Scribner, 2007.

서 대량 인명 살상이 일어났기 때문에 9-11이 대사건으로 규정하는 것일까? 먼저 대량 인명 살상이 일어났다는 그 사실 하나로 9-11이 유례가 없는 대사건이 되지는 않는다. 20세기가 양차 대전을 포함하여 수많은 학살과 테러가 자행된 시기였다는 것을 참작할 때, 3천 명에 가까운 민간인이 죽었다는 것만으로 미국 세계무역센터 테러가 다른 역사적 사건들과 비교하면 보다 특별하게 간주하여야 할 이유는 없다. 인명피해라는 관점에서 보자면 9-11 테러는 얼마 전 인도네시아에서 일어난 대지진과 같은 자연재해뿐만 아니라 사라예보 내전, 르완다 대학살, 그리고 지금 현재 에이즈와 같은 질병으로 죽었거나 죽어가는 사람들의 숫자와도 비교되지 않을 것이다. 그러나 이 중 그 어떤 것도 9-11과 같은 정도의 충격적인 대사건으로 받아들여지지 않는다.

그래서 9-11이 1812년 이래 미국 국토에 가해진 최초의 공격이라는 주장이 설득력을 얻었다. 네그리와 하트, 촘스키 등이 주장한 바처럼, 9-11은 미국은 세계의 다른 지역과 마찬가지로 위험에 노출되어 있고 미국도 더는 안전지대가 될 수 없다는 것이다.[51)] 그러나 9-11 이전에도 미국은 안전지대가 아니었고, 9-11이 미국에서 발생한 첫 번째 테러도 아니고, 테러와의 전쟁이 선포된 것이 2001년이 처음도 아니다.[52)] 휴이트의 통계에 따르면 2001년

51) 촘스키가 적절하게 지적했듯이 미국에 대한 전례가 없었던 공격으로 2차 대전 당시 일본의 하와이 진주만 폭격이 언급되기는 하지만, 당시 하와이는 미국령이었고 2차 대전이 끝난 뒤 미국에 편입되었기 때문에 사실상 미국본토에 대한 공격으로 간주되지 않는다. Chomsky, Noam. *9-11*. New York: Seven Stories, 2001. 12-13쪽. 촘스키, 『9-11』, 박행웅 외 옮김, 김영사, 2001.

52) 테러와의 전쟁이 처음 선포된 것은 레이건 정부 시절이다. 그는 1984년 국제

9월 11일 이전까지 3000여건의 주목할 만한 테러가 미국 국내에서 발생했다고 한다.[53] 그리고 '최소한 미국에서 테러는 있을 수 없다'는 관념을 깨뜨린 사건은 9-11이 아니라 그 이전인 1995년 오클라호마에서 발생했다. 당시 연방정부 건물 바깥에 주차되어 있었던 한 트럭에서 폭탄이 터져서 건물의 절반이 날아갔으며, 169명의 사상자와 500명 이상의 부상자를 내었다. 1996년 7월엔 뉴욕발 파리 행 비행기[TWA 800]가 뉴욕 JFK공항 이륙 후 공중 폭발했고, 불과 열흘이 지나지 않아 올림픽이 열리고 있었던 조지아주 센테니얼 올림픽 경기장의 폭발사건도 있었다.[54]

그렇다면, 헐리우드와 같은 영화 속의 상상이 실제로 현실 속에서 발생했기 때문에 대사건일까? 사실 우리는 수많은 할리우드 영화와 재난을 다루는 TV 시리즈물, 그리고 수많은 비디오게임에서 우리는 이런 종류의 사건을 보고 즐기고 있다. 그러나 정말 허구가 허구로서 끝나는 것이 아니고 실제로 발생했기 때문에 우리가 정말 놀라고 흥분하는 것일까? 희생자들을 포함하여 현장에

테러 규제법(Act to Combat International Terrorism)을 시행했고, 1986년을 테러리즘의 역병에 사로잡힌 해로 선언했다. (http://findarticles.com/p/articles/mi_m1079/ is_v86/ai_4517358)

53) Christopher Hewitt, *Political Violence and Terrorism in Modern America: A Chronology*. Westport: Praeger Security International, 2005. 참조.

54) 미국정부는 96년의 두 사건은 연계 가능성이 없다고 했지만, 두 사건은 불과 10일의 시차를 두고 연속해서 발생했기 때문에 많은 사람은 정부의 공식 발표에 많은 의문이 제기하기도 했다. 하지만, 어쨌든 두 사건이 있은 직후인 1996년 9월 당시 미국대통령이었던 클린턴은 테러의 예방, 조사, 기소를 더욱 더 효과적으로 수행할 수 있는 새로운 국제협약을 체결하자는 취지를 밝히고 세계열강의 협조를 구했다. 이때 테러 행위의 배후조종 혐의가 있는 국가로 이란과 리비아 등이 지목되었다.

있었던 사람들을 제외한다면 전 세계의 대부분은 9-11 장면 역시 다른 사건들과 마찬가지로 TV를 통해서 시청했다는 점에서 9-11 역시도 보드리야르의 용어로 '토탈 스크린'Total Screen이라고 할 수 있을 것이다. 수많은 예가 있겠지만 1984년에 일어났던 걸프전은 스크린의 이미지가 현실 속으로 들어와서 실제 사건을 일으켰다는 것을 *이미* 보여주었다. 그리고 굳이 걸프전만이 아니더라도 영화같은 사건이 실제로 현실 속에서 일어나는 경우는 많다.

따라서 이미지가 현실 속으로 들어왔다는 것만으로도 대사건이라고 말하기엔 불충분한 감이 있다. 이렇게 볼 때, 9-11 이후 새로운 것이 있다면 테러 그 자체가 아니라 오히려 "테러를 선례가 없었던 것으로 간주하는 현상"[55]이 새롭다고 할 수 있을 것이다.

데리다에 의하면 사건이란 "일어나는 것, 나를 놀라게 하는 것, 나를 놀라게 하고 이해를 정지시키는 것이며, 도래하는 것에 대한 어떤 전유불가능성"이라고 한다.[56] 여기서 "도래하는 것"(arrivant, 혹은 to come)은 우리가 연속한다고 상상하는 시간의 질서, 즉 연대기적 시간 질서에 어긋나는ana-chronique 것이라는 뜻이며, 우리가 연속적으로 이어진다고 생각하는 시간의 질서에서 탈구되어 등장한다는 의미이다. 따라서 도래하는 것은 우리가 기대하는 어떤 것, 미래에 일어날 것이라고 우리가 상상하는 것과는 아무런 상관이 없다. 따라서 도래하는 것은 메시아적인 것이나 신적인 것을

55) Walter Laqueur, *A History of Terrorism*. New Brunswick: Transaction, 2002. vii쪽.

56) Derrida, *Philosophy in a Time of Terror*. Ed. Giovanna Borradori. Chicago: U of Chicago P, 2003. 보라도리, 『테러시대의 철학』, 손철성 외 옮김, 문학과 지성사, 2004.

미래시제로 상상하는 것이 아니라, 예기치않는 타자, 지울래야 지울 수 없는 외상과 연결되어있다.[57)]

따라서 사실에 입각했다기보다는 다분히 심리적으로 보이는 테러에 대한 반응을 설명하기 위해서 정신분석학의 외상의 개념으로 접근하는 것이 유용할 것이다. 라캉에게 사건은 우연히 발생하는 사고[accident]와 달리 주체의 삶이 걸려 넘어지는 암초로 등장하기 때문에 외상적이다. 그러나 앞서 말했듯 테러와 같은 큰 사고가 발생했다고 해서 그것이 언제나 외상적 사건이 되는 것은 아니다. 외상은 문제의 사태 자체와 관련된다기보다는 그 이후에 그것의 상징화 과정과 더 밀접한 관련이 있기 때문이다. 그러나 프로이트가 『쾌락원칙을 넘어서』에서 외상을 "강력한 외부의 자극이 심리적 보호막을 깨뜨렸기 때문에 발생하는"[58)] 것으로 정의했기 때문에 어떤 강력한 사고가 바로 외상을 야기하는 것으로 생각하지 쉽다.

하지만, 프로이트는 히스테리와 관련된 연구에서 원초적 장면이 외상이 되는 것은 사후작용에 의해서라고 말한다. 즉 부모의 성행위 목격과 같은 원초적 장면이 있다고 해도 그것이 아이에게 특별한 의미가 있는 것은 아니다. 기억으로만 남아있는 첫 번째 사건이 아이가 성장하고 나서 어떤 계기를 통해 기억의 형식으로

---

57) Derrida, *Echographies of Television*. Trans. Jennifer Bajorek. Cambridge: Polity, 2002. 13쪽. 데리다, 『에코그라피』, 김재희 외 옮김, 민음사, 2002.

58) S. Freud, 1920. *Beyond the Pleasure Principle*. Trans. John Reddick, New York: Penguin, 2003. 68쪽. 프로이트, 『쾌락원칙을 넘어서』, 박찬부 옮김, 열린책, 1997.

내적 흥분을 일으킬 때, 그것이 사후에 병인이 되는 것이다.

물론 이 개념을 좀 더 세밀하게 이론화시킨 것은 라캉에 의해서이다. 라캉은 『정신분석학의 네 가지 개념』에서 외상이 외상으로 인식되는 것은 "주체화 과정을 통해 항상성을 획득했을 때" 라고 주장한다.[59] 그러나 이 맥락에서 항상성을 획득했다는 것이 반드시 하나의 사태가 성공적으로 상징화되었다는 뜻은 아니다. 외상이 의식 속으로 들어오지 못했을 때 그것은 정확히 외상이라기보다는 일종의 원기표(S)다. 주체가 이 원기표를 상징화하기 위해 이해할 수 있는 표상으로 재구성하면서 원기표는 사라진다. 라캉에 의하면 "주체구성은 원기표의 결여을 수반한다."[60]

주체를 표시하는 라캉의 기호 $에서 S를 가로지르는 빗금은 바로 이 상실을 표시한다. 이것은 영원히 사라지지 않고 언제나 되돌아온다. 이 귀환의 자리가 외상이 표시되는 위치다. 외상은 주체가 항상성을 획득한 이후에 발생한다는 점에서 언제나 사후적이다. 달리 말하면 외상적 실재의 출현은 주체가 사태를 완전하게 총체적으로 인식할 수 없고 상징계 자체가 결여를 가지고 있다는 것을 알려주는, 상징화의 실패를 알리는 사후 표지다. 사후성을 강조하는 이유는 많은 사람이 생각하듯 라캉에게 외상의 실재가 "상징공간에 균열을 도입하는 것"이 아니라, "상징계의 균열의 효과"이기 때문이다.[61] 상징계에는 이미 균열이 있고, 이 균열

59) Lacan, *The Four Fundamental Concepts of Psychoanalysis*, 55쪽.

60) 위의 책, 251쪽.

61) Slavoj Žižek, *The Puppet and the Dwarf: The Perverse Core of Christianity*. Cambridge: MIT, 2003. 74쪽. 지젝, 『죽은 신을 위하여』, 김정아 옮김, 길, 2007.

이 우리가 현실을 총체적으로 인식하는 것을 방해한다. 그래서 주체는 이 균열을 가리고 모든 사태를 총체적으로 파악하기 위해 환상[($ ◇a)]을 만들어낸다. 이 때 환상은 상징계의 결여, 주체의 결여를 메워주는 스크린이다.[62] 이를 라캉은 1956-57년의 세미나에서 "판타즘fantasm은 외상적 에피소드가 나타나는 것을 방해하는 수단으로 정지된 이미지"로 출현한다는 설명이나 『정신분석학의 네가지 개념』에서 실재의 자리가 "외상에서 환상에까지 뻗어 있다"[63]는 주장도 이러한 맥락이다.

물론 이러한 라캉의 공식이 바로 정치비판과 같은 것으로 연결되는 것은 아니지만 그렇다고 해서 라캉이 아이의 언어습득과정이나 개인의 심리와 정신 분석에만 몰두하는 것은 아니다. 상징화는 아이가 오이디푸스 콤플렉스만 극복하면 완성되는 것이 아니다. 상징계 자체가 불완전하기 때문에 상징화는 끊임없이 연기된다. 사건이 외상적이라는 것은 그것이 바로 상징계의 결여를 알리고 세계가 완전하다는 주체의 환상을 가로지르기 때문이다.

2001년의 세계무역센터의 붕괴와 관련해서 이를 설명하자면, 건물이 파괴되고 있다는 사실은 물론 주체가 감당할 수 없는 충격적 사태다. 사건의 현장에 있었던 사람들처럼 건물이 무너진다는 사실을 지각하기는 하지만 그것이 왜 무너졌는지, 지진이 난 것인지, 폭발물이 설치된 것인지, 혹은 조종사의 실수인지, 전쟁

---

62) 환상 공식 [$ ◇a]에 관한 설명은 Lacan, *Ecrits: The First Complete Edition in English.* Trans. Bruce Fink. New York: Norton, 2006. 692쪽, 환상과 관련해서는 700쪽 참조.

63) Lacan, *The Four Fundamental Concepts of Psychoanalysis,* 60쪽.

이 난 것인지, 그 배후는 누구인지 아무것도 이해하지 못한다. 뉴욕 세계무역센터의 붕괴는 처음에는 아무 의미가 없는 순수사태일 뿐이다. 우리가 그 사태를 주관적으로 파악하지 않는다면 그것 자체로는 어떤 의미도 부여받지 못한다. 이 충격적 사태는 일종의 총체화할 수 없고 상징화할 수 없는 비동일성의 원-기표로 기입될 뿐이다. 라캉의 공식을 이용하면 그것은 [S(A̸)]이다. 그것은 대타자(A)에 우리가 이해할 수 없는 구멍이 있다(/)는 사실, 즉 일관적인 의미를 보증하는 대타자는 존재하지 않는다는 것을 표시하는 기표(S)이다.

우리는 이 이해할 수 없는 사태 앞에서 그것을 앞뒤에 맞게 논리적으로 연결하고 일관성을 부여하여 그것을 재현하고자 한다. 그러나 외상은 "쓰지 않기를 그치지 않는" 비재현계에 속하며, 우리의 경험으로 환원될 수 없다.[64] 따라서 재현의 과정에서 그것은 왜상[65]으로 출현하거나 다른 표상으로 대체되어 출현한다. 단적으로 말해서 그 다른 표상이 바로 이슬람이다. 이 때 구성되는 이슬람은 세계의 곳곳에서 살아가는 불특정한 개인들이 아니라, 자유세계, 혹은 민주주의 세계를 장악하고 무너뜨리고자 하는 근본악의 이미지로서 재구성된다.

---

64) Lacan, *On Feminine Sexuality: the Limits of Love and Knowledge,* Trans. Bruce Fink. New York: Norton, 1999. 59쪽.

65) 왜상(anamorphosis)은 라캉의 정의에 의하면 "거세의 마이너스 파이[(−ϕ)]를 이미지로 구현한 것"(the imaged embodiment of the *minus-phi*)(*Book XI*, 89)으로 상징계를 통과하면서 소멸된 주체(즉 대상 a)가 왜곡된 형상으로 구현된 것을 의미한다. 대상 a는 원래의 모습대로 등장하지 않기 때문에 그것은 다른 표상을 필요로 한다.

9-11이 사건이 되는 것은 테러가 발발했다는 바로 그 사실보다는 그 이후에 그것을 재현하고 표상하는 방식에 있다. 우리는 타자가 무엇을 원하는지*Che Vuoi?* 알지 못하기 때문에 환상 시나리오를 만든다. 그러나 사람들은 이 결여를 참아내지 못하며, 특히 9-11이후 결여에 대한 일종의 구멍 마개로서 이슬람이라는 대상을 구성함으로써 환상시나리오를 만든다. 이 때, 구성되는 이슬람은 세계의 곳곳에서 살아가는 불특정한 개인들이 아니라, 자유세계, 혹은 민주주의 세계를 장악하고 무너뜨리고자 하는 근본악의 이미지로서 재구성된다. 9-11이 사건이 되는 것은 테러가 발발했다는 바로 그 사실보다는 그 이후에 원기표의 결여를 재현하고 표상하는 방식에 있다. 즉 9-11 이후 민주주의가 흔들리고 자유세계가 위협받는 것이 미국 체계의 결여나 내속적 적대, 혹은 상징화되면서 사라진 원기표가 표시하는 결여 때문이 아니라 이슬람 테러리스트 때문이라는 환상을 작동시킴으로써 미국은 내부의 결속을 강화하고 애국주의의 물결을 가속화시켰다. 하지만, 문제는 유대인의 홀로코스트에서 보듯, 적대적 타자로 상상되는 실체(홀로코스트에서 유대인/9-11이후의 이슬람)를 완전히 없애버린다고 해서 결여가 사라지지 않는다는 데 있다. 결여는 상실한 대상이 아니라, Ⱥ가 표시하는 것처럼 그것은 원래 없었기 때문이다. 환상은 대타자에 결여가 있다는 사실을 가려주는 가면이며 주체가 이데올로기적 환상에 의존하는 것은 이 결여를 덮어서 은폐하기 위한 것이다. 이 때 결여는 사람들이 보다 나은 사회를 욕망하도록 만드는 동인이라는 사실이 종종 간과된다.

드릴로의 소설이 보여주는 것도 바로 이러한 방식으로 환상 시나리오를 정교하게 구성하는 과정이요, 세계무역센터의 붕괴라는 기표가 무슬림이라는 기표로 전치되어 구성되는 과정이 어떻게 직조되어가고 있는가를 보여주는 소설이라고 할 수 있다. 소설 속의 인물들은 원래 존재하지 않았던 결여를 잃어버린 대상으로 상상하고 9-11 이전의 미국 혹은 뉴욕을 그리워하지만, 정확히 그들이 상실한 것이 무엇인지는 알지 못한다. 그들은 기억을 다시 쓰고 상실된 것을 복원하고자 필사적으로 노력을 기울인다. 하지만 이 과정에서 생겨나는 것이 바로 이데올로기적 환상이며 사라지는 것은 '나'로 환원될 수 없는 타자이자 근본적 차이이다.

그러나 앞서 살펴보았듯 번역은 환상이 덮어 가리는 것을 드러낸다. 각 등장인물들은 각자의 방식으로 9-11을 번역한다. 번역이란 타자의 언어를 우리의 언어로 옮겨 적는 작업이기에 타자에 대한 전유가 불가피하지만, 번역과정에서 타자의 흔적을 완전히 덮어 가리는 것은 불가능하기 때문에 이물질과 대면은 필연적이다.

■ 세계 무역 센터의 붕괴와 9-11의 기억

돈 드릴로는 테러리즘 소설의 대부라고 불릴 정도로 그의 작품은 "독재자와 살인자, 테러리스트가 주 무대를 차지하고 있다."[66) 『선수들』은 월스트리트를 겨냥한 테러를 다루고 있고, 『이름들』은

66) Bo Green Jensen, "Interview of Don DeLillo", *Weekendavisen* Nov. 13, 1998. <www.perival.com/delillo/ddinterview_jensen.html>

비밀종교집단의 주술적 테러가 소재가 되며, 『마오 Ⅱ』는 이슬람 테러리스트가 베이루트에 젊은 시인을 인질로 구금하고, 그 시인을 위하여 시를 공개적으로 낭송해주기를 요청받으면서 테러리즘의 현장으로 뛰어들게 되는 인물의 이야기를 담고 있다. 『언더월드』는 9-11을 예견이라도 하는 듯, 한 마리 새가 비행기처럼 잿빛 쌍둥이 빌딩으로 접근하는 그림을 표지 사진으로 하고 있다.

그러나 드릴로는 초기작부터 테러리즘에 많은 관심이 있었음에도 9-11이 발생한 지 수년이 지나도록 2001년의 세계무역센터의 붕괴를 직접적인 소재로 채택하지 않았다. IMF총재를 암살 시도하는 북한 테러리스트가 언급된다는 점에서 한국인의 관심을 끌었던 『코스모폴리스』는 9-11 이후 부시가 지목한 불량국가를 다분히 의식하면서 쓴 소설이기는 하지만, 소설 속의 시간은 9-11 발생하기 전 다운 존스 지수가 최고조에 달하고 미국의 경기가 최고점을 이루었던 시점인 2000년 4월을 시간적 배경으로 삼고 있다. 따라서 2007년, 『떨어지는 남자』가 출판되었을 때 대부분의 사람은 기다렸던 작품이 드디어 나왔다는 반응을 보인 것은 어쩌면 당연한 일이었다.[67)]

물론 드릴로의 『떨어지는 남자』가 9-11의 붕괴 장면을 담은 최초의 소설은 아니다. 단순히 다큐멘터리 형식의 영화나 논픽션

67) 물론 이 소설에 대한 10여 편의 리뷰는 대부분 신문이나 저널에 실린 짧은 소개글로 한 두 페이지가 넘지 않는다. 아무래도 출판한 지 얼마되지 않아서 본격적 비평이 나오려면 좀 더 기다려야겠지만, 『뉴스위크』지에서 존즈(Malcom Jones)는 지금까지 나온 9-11을 소재로 한 수많은 책이나 영화 중 드릴로의 이 소설이 최고의 작품이라고 평가했다(*Newsweek* 2007년 5월 14일 기사).

실화를 제외하더라도 영화, <월드 트레이드 센터>나 <유나이티드 93>과 같이 9-11을 직접적 소재로 삼는 영화나 소설은 많다. 하지만, 대부분은 가족을 잃어버렸거나 현장에서 살아남은 사람들의 감정적 측면에 호소함으로써 깊이가 없고 얄팍하다는 평가를 받았다. 그러나 눈길을 끄는 소설들도 있다. 존 바스의 『열흘 그리고 하룻밤의 기록: 11개의 단편』[68], 윌리엄 깁슨의 『패턴의 인식』[69], 포어의 『엄청나게 시끄럽고 믿을 수 없게 가까운』[70], 슈피겔만의 『사라져버린 타워의 그림자』[71], 업다이크의 『테러리스트』[72] 등이 있다.

그러나 이 중 가장 늦게 출판된 드릴로의 『떨어지는 남자』를 대상으로 삼은 것은 앞서 말했듯이 드릴로가 테러리즘 소설의 대부이기도 하고, 전작에서 마치 세계무역센터의 붕괴를 예상하고 있었던 것 같은 많은 장면이 등장하기 때문이기도 하지만 살아있는 미국작가 중 동시대 미국을 가장 잘 대표할 수 있는 작가로 평가되기 때문이다.[73]

『떨어지는 남자』의 플롯은 드릴로의 파노라마적인 전작과는 대조적으로 비교적 단순하다. 총 14장으로 구성된 이 소설의

---

68) John Barth, *The Book of Ten Nights and a Night: Eleven Stories*. Boston: Houghton Mifflin, 2004.

69) Gibson, William. *Pattern Recognition*. New York: Putnam's Sons, 2003.

70) Jonathan S. Foer, *Extremely Loud and Incredibly Close*, Boston: Houghton, 2005.

71) Art Spiegelman, *In the Shadow of No Towers*. New York: Pantheon, 2004.

72) John Updike, *Terrorist*, London: Penguin Books, 2007.

73) 물론 존 바스나 토머스 핀천도 이 중 한 명이겠지만 핀천은 9-11을 소재로 한 소설을 아직 발표하지 않았고, 존 바스의 작품은 드릴로만큼 9-11을 직접적 소재로 이용하고 있는 것은 아니다.

주 플롯은 9-11의 사고 현장에 있었던 39살의 변호사인 키쓰Keith Neudecker가 부상을 입은 채 무의식적으로 헤어진 아내 리앤Lianne(38세 출판사 프리랜서 편집인)의 집을 찾아가는 것으로 시작한다. 그러나 소설은 두 사람이 9-11과 같은 큰 사건을 겪고서 재결합을 하는데 초점이 맞춰진 것이 아니라 두 인물의 개인적 일기처럼 2001년 9월 11일부터 3년 동안의 삶을 단편적으로 서술하고 있다.

세계무역센터의 붕괴를 직접 목격한 키쓰는 9-11 이후의 현재를 무의미하게 방황하며 자신을 망가뜨리는 것처럼 보이고, 사건을 직접 목격한 것이 아닌 리앤은 신문, 잡지, 인터넷 등의 정보를 통해 9-11의 충격과 죽음의 공포에서 벗어나려고 시도하는 인물이다. 14장은 3부로 나뉘어서 배치되어 있고, 1부가 끝날 때마다 이슬람 테러리스트의 이야기가 부록처럼 삽입되어 있다. 각각의 장은 제목 없이 숫자로 장의 구분 해놓았지만, 각 부의 끝에 삽입된 이슬람 테러리스트 에피소드는 「마리엔스트라스에서」, 「노코미스에서」, 「허드슨 강 위에서」 라고 제목이 붙어 있다.

이 소설은 끝까지 읽기 전에는(특히 마지막 8쪽) 헤게모니를 누리는 계층에서 일상의 잡음처럼 변모해가는 세계에 대한 중산층 백인의 신경증을 묘사하는 『백색소음』[74]의 9-11 판본처럼 보인다. 1세계 미국에서, 그것도 뉴욕의 한가운데 살고 있는 교육받은 미국 백인이 왜 3세계에서나 일어날 법한 테러의 희생자가 되

74) DeLillo, *White Noise*. New York: Penguin, 1986. 드릴로, 『화이트노이즈』, 강미숙 옮김, 창작과 비평사, 2005.

어야 하는가라는 외침으로 가득 차 있는 것처럼 보이기 때문이다. 그러나 소설의 마지막 부분에서 이야기는 다시 첫 부분의 붕괴장면으로 이어지고, 지금까지는 기억할 수 없었던 부분을, 무너지고 있었던 쌍둥이 건물 안에서 있었던 기억을 되살려내고 있다. 이때 독자는 아무런 의미가 없어 보였던 회상들, 파편적인 에피소드들, 그리고 무의미한 방황으로 보였던 모든 행동이 사건이 있었던 날을 기억할 수 없는 키쓰의 정신적 외상과 불가피하게 연결되어 있고, 독자는 각 인물들이 재현불가능한 어떤 사태를 상징화하고자 한다는 것을 알게 된다.

소설의 1장은 상징화되기 이전의 9-11을 시적으로 구현하고 있다. 세상은 온통 잿더미로 가득 차 있고, 분명 낮임에도 해는 보이지 않는다. 건물 바깥으로 도망쳐나온 사람들은 손수건으로 입을 막고, 손에는 신발을 쥐고 사람들은 뛰고 달리고 넘어진다. 어디선가 뭔가 무너지는 소리가 들려오고 사방은 연기로 가득하다. 다시 뭔가가 붕괴되는 소리를 들었고, 쌍둥이 빌딩의 북쪽 건물이 무너지는 것을 키쓰는 감각적으로 느낀다. 이 순간 키쓰는 무엇인가에 맞아서 부상을 당한다. 그후 누군가가 그를 차에 태웠고, 그리고 정신이 들어보니 1년 6개월 전에 헤어진 아내의 집 앞이다.

집 앞에 유리파편이 박힌 채 피투성이로 서 있는 그를 병원으로 인도한 것은 그의 아내다. 키쓰는 무슨 일이 있었는지 일관성 있게 기억할 수도 말할 수도 없다. 병원에서 그는 강력한 진정제 주사를 두 대나 맞았음에도 별 도움이 되지 않는다. 사건 이후 키쓰에게는 붕괴의 장면의 파편적 이미지와 더불어 뿌연 연기 속에 휩싸여서 창가의 의자에 앉아있는 그의 친구 럼지Rumsey의 이미지가 끊임없이 따라다닌다. 소설의 마지막 장면을 통해 이야기를 다시 구성할 때, 키쓰가 럼지에 끊임없이 집착하는 이유는 치명적인 상처를 입고 쓰러져 있는 럼지를 사고의 현장에 두고 혼자서 쌍둥이 빌딩을 빠져나왔기 때문이다. 따라서 그가 하는 첫 번째 일은 붕괴의 현장에서 무슨 일이 일어났는지 확인하는 것이고, 그 후엔 럼지를 회상하며 그가 생전에 다녔을만한 곳을 찾아다닌다.

우선 그는 간단하게 치료를 받은 직후 바로 쌍둥이 빌딩 근처에 있는 자신의 아파트로 간다. 정확한 시간을 명기하고 있지는 않지만, 그가 출발하는 시간은 쌍둥이 빌딩 바로 옆에 있는 50층 건물이 무너지려고 하던 때다. 키쓰는 아내와 헤어진 뒤 쌍둥이 빌딩 안에 있는 그의 사무실과 가까운 곳에 집을 구했기 때문에 그의 아파트는 현재 경찰과 보안요원들이 출입을 통제하고 있고, 민간인의 신분으로 들어갈 수가 없다. 그러나 그는 수많은 검문소를 거치면서, 고양이가 집안에 갇혀있다는 핑계를 대면서 통제된 길을 우회하여 굳이 자신의 아파트를 찾는다. 이러한 키쓰의 행동은 무의식적이지만 현장을 다시 확인하고 기억을 되살리고 싶은 의지의 소산으로 보인다. 여전히 연기에 휩싸여 있는 먼지투성이의 아파트에 도착했을 때, 그의 눈길을 사로잡은 것은 집안에서 럼지와 함께 포커게임을 하던 테이블이다. 사건의 충격에서 벗어나지 못한 그는 엘리베이터가 작동되고 있다는 알면서도 계단을 이용한다. 로비로 내려왔을 때, 건물 내에 머무는 사람이 아무도 없다는 것을 알면서도, 그리고 근처의 다른 건물이 붕괴될 수 있다는 위험경보가 울리고 있음에도, "누구 없어요?"라고 소리친다. 하지만, 이러한 무의지적인 행동이 더 초점화되는 순간은 건물의 바깥으로 나와서 뉴욕에 있는 모든 택시기사가 "무하마드"Muhammad 같다고 느낄 때일 것이다.[75] 이것은 그가 병원에서 진료를 받을 때 의사들이 의사들은 지금 일어난 일이 자살폭탄테러였다고 다음과 같은 말을 들었을 때와 사뭇 다른 반응이다.

> "자살폭탄 테러를 자행한 사람들의 몸이 산산이 부서져서, 인간파편이 되어 엄청난 속도로 부상자의 얼굴과 피부에 박혀요 [···] 그들은 이것을 생물 유산탄organic shrapnel이라고 부르죠."[76]

단순히 의사의 의학적 소견으로 들리지 않는, 환자를 안심시키는 것이 아니라 더 큰 공포를 조장하는 듯한 이 발언을 들었을 때, 키쓰는 아무런 반응을 보이지 않는다. 하지만 다시 사건의 현장을 다시 방문한 후, 그에게 붕괴의 현장은 "무하마드"라는 9-11을 자행한 테러리스트 무하마드 아타Muhammad Atta인 동시에 이슬람교의 예언자 무하마드, 나아가 무슬림 일반을 표상하는 기표로서 기입된다. "무하마드"가 키쓰의 의식 속에 기입되는 방식은 신문, 인터넷, TV 등에서 쏟아져 나오는 모든 정보를 종합하여 파편적 정보를 일관성 있게 구성하고자 노력하는 아내 리앤의 시도와 밀접한 관계를 지닌다. 키쓰는 언론 보도에 무관심하고 리앤은 정반대

75) DeLillo, *Falling Man*, 28쪽.

76) 위의 책, 16쪽.

의 태도를 보여주지만 궁극적으로 두 사람의 반응이 평균적 미국인이 사건에 반응하는 대표적인 두 가지 반응으로 볼 수 있다.

우선 소설 속에 등장하는 인물들은 9-11이란 표현을 사용하지 않는다. "비행기 이후 열흘", "비행기 이후 15일", "비행기 이후 36일", "9월의 그날 이후 3년" 등 모든 것은 "이후로 계산된다."[77] 이는 키쓰와 리앤 뿐만 아니라 소설 속의 모든 인물에게 비행기 이전의 세계와 비행기 이후의 세계가 전혀 다른 세계로 구분되고 있음을 뜻한다. 키쓰는 9-11 이후 변호사라는 직업을 그만두게 되며, 리앤의 어머니 니나[Nina]는 "그 날 이후 천년을 퇴보했다"고 말하고, 리앤은 "교토에 있으면서도 교토를 그리워한다"라는 일본시인 바쇼[Bashō]의 시를 회상하며 9-11 이전의 뉴욕을 그리워하면서, 동시에 무슬림에 대한 신경증적 공포에 시달린다.

키쓰와 더불어 이야기의 다른 한 축을 담당하는 리앤에게 주목했을 때, 그녀의 신경증은 "비행기 이후 3일째"부터 가시화되기 시작한다. 리앤이 19세기 영국 시인 셸리의 『이슬람 폭동』의 표지로 인쇄된 엽서를 받고서 보인 반응이 그러하고, 9-11을 일으킨 19명의 테러리스트 중의 한 명으로 알려진 무하마드 아타의 여권 사진을 신문에서 볼 때, 언론에서 얻은 모든 정보, 인터넷이나 TV, 신문에서 죽은 사람의 프로필에 강박적으로 집착할 때, 그리고 특히 이웃에 사는 아랍계 여성, 엘레나[Elena]가 틀어놓은 음악에 대해 신경증적 반응을 보일 때 극적으로 드러난다. 엘레나는 음악은 단지 음악일 뿐이라고 말하지만, 키쓰나 리앤의 귀에는 그

77) 위의 책, 34쪽, 69쪽, 170쪽, 182쪽, 129쪽.

것이 평범한 음악이 아니라, 예배를 드릴 때의 종교적 패턴을 지닌 이슬람 음악으로 들린다. 물론 아랍 여성에 대한 리앤의 분노가 플롯의 큰 줄기를 구성하는 것은 아니지만, 음악 때문에 리앤이 이웃집 여자와 실제로 말다툼에까지 이르게 되는 에피소드가 나온 직후 바로 이어서 독일 함부르크에서 활동하는 이슬람 테러리스트 에피소드가 등장한다.

2부의 끝에서 이슬람 에피소드가 다시 등장할 때 테러리스트들은 플로리다에서 비행훈련을 받고 있다. 그리고 소설의 마지막 장에서 세 번째로 삽입된 "허드슨 강 위에서"라는 에피소드에서 무하마드 아타의 지도를 받은 하마드Hamamad가 비행기 탈취에 성공하고, 비행기가 흔들리며, 물병이 비행기 통로 쪽으로 미끌어지고, 쌍둥이 빌딩에 부딪히며 폭발하는 바로 그 순간 키쓰는 의자에서 떨어져 벽에 부딪힌다. 이 순간, 이슬람 테러리스트들의 몸이 부서지면서 키쓰의 몸속으로 생물 유산탄이 되어 박히면서 폭력적으로 키쓰의 삶에 구멍을 내고 그의 삶을 무너지게 만든다. 우리는 실제 언론을 통해서 보도된 테러리스트 무하마드 아타의 행적과 소설 속에서 아타의 지시를 받고 독일에서 플로리다로, 그리고 뉴욕의 상공으로 이동하는 하마드의 행적이 동일한 형태를 보이고 있다는 것을 알게 된다.

키쓰의 편에서 이때는 이슬람이 더 구체적으로 "무하마드"라는 기표가 의식 속에서 맥락화되고 역사화되는 순간이다. 소설의 화자는 이 순간을 비행기 폭발과 동시에 일어난 이어지는 장면처럼, 충돌과 동시에 비행기를 탈취한 테러리스트 하마드에서 쓰러지는 키쓰를 하나의 문장 안에서 이어놓고 있다. 제1장에서 비행기의 충돌이 키쓰의 기억에 구멍을 내었다면, 마지막 장인 제14장에 이르면 그 사건의 기억이 키쓰의 뚫려버린 의식의 구멍을 메운다. 그는 이제 자신의 부상 순간, 럼지의 쓰러진 모습과 죽어가는 모습, 그리고 붕괴되고 있는 건물 속에서 같이 한 걸음 한 걸음 계단을 내려왔던 사람들 등, 모든 것을 하나의 일관된 이야기로 만들어낼 수 있다.

그러나 키쓰가 기억을 회복한다는 것은 그토록 갈구하던 9-11 이전의 질서정연한 사회, 조화로운 삶으로 돌아간다는 것과는 아무런 상관이 없다. 그것은 이슬람 테러리스트를 재구성함으로써 봉합된 기억이다. 9-11이 키쓰가 지니고 있었던 온전한 주체에 커다란 구멍을 내어버렸다고 상상하고, 그 결핍을 이슬람이라는 기표로서 메우고자 하는 시도의 산물이기 때문이다. 지젝이 적절하게 지적했듯이 봉합은 어떤 주어진 장내에서 그것의 구성적 외부를 붙잡는 역설적 요소로, 하나의 상황을 닫히게 하는 것이 아니라, 그 닫힘을 방해하는 틈새를, 즉 "상황의 일부이면서 상황 속에 아무런 자리도 없는 '과잉적'supernumerary 요소 속에 구현되는 뒤틀린 증상을 도입하는 것이다.[78] 그래서 그것은 완전하게 실현된 삶을 말해주는 것이 아니라 불완전한 완전성만을 지칭할 뿐이다.

---

78) Slavoj. Žižek, *The Puppet and the Dwarf*, 102쪽.

소설 속에서 무하마드라는 기표는 9-11 이전과 이후를 나누는 일종의 이정표로 기능 한다. 그것이 표상하는 것은 테러를 자행한 특정한 테러리스트도 아니고, 예언자 무하마드가 표상하는 이슬람이란 종교도 아니다. 그것은 구체성과 맥락을 상실하고 미국 혹은 더 나아가 세계화에 적대적이라고 생각되는 모든 것을 망라하는 무슬림 일반이 된다. 9-11 이후 무슬림은 테러리스트를 수식하는 술어처럼 변해버렸다. 바디우가 주장한 바처럼 "이슬람테러리즘에서 이슬람은 테러리즘에 외관을 부여하는 것 외에 어떤 의미도 부여되지 않으며, 형식에 외관상의 내용을 주는 것 외에는 어떤 일관성도 가지지 못한다."[79] 즉 이슬람의 정체성이 바로 테러리즘이 되며 테러리즘은 곧 이슬람으로 표상된다.

최근에 설득력을 얻은 이론의 지형을 거칠게 요약하자면 "세계화와 그 예외"가 될 것이다. 비록 보수적 우파의 대표자로 인식되기는 하지만, 헌팅턴은 에드워드 사이드의 오리엔탈리즘의 한계는 세계를 동양과 서양으로 나누어 이분법적으로 인식하는 데 있다고 말하면서, 과연 동양이 일관된 실체를 가진 지역으로 간주될 수 있는가라고 질문한다. 서양은 주로 미국과 유럽 지역을 일컫는 말이고, 동양은 아시아 지역을 가리킨다. 그러나 우리가 유럽이라고 지칭할 때, 종종 동유럽도 유럽이라는 사실을 잊어버리고, 아시아는 이슬람이 아시아에 포함된다는 사실을 종종 잊는

79) Alain Badiou, *Infinite Thought*. London: Continuum, 2003. 153쪽.

다.[80] 이렇게 본다면, 세계를 서양과 동양이 아니라 "서구와 그 잔여"로 나누어야 한다는 헌팅턴의 주장은 9-11 발발 이전에 나온 보수적 우파의 주장임에도 경청할만하다. 이 주장은 전지구화의 배에 기꺼이 탑승하는 세력이 서구라면, 세계화의 물결에 편승하지 않고 세계화에 저항하는 세력은 예외이자 잔여라는 최근의 시각을 선취하고 있기 때문이다.

이 잔여의 자리에 있는 대표적인 기표가 바로 무슬림이다. 최근 미국에서 베스트셀러로 오른 많은 소설 혹은 논픽션에서 "나는 무슬림이었다가 이제 살아남아 *정상적인 사회*의 일원이 되었다"라는 종류의 주장을 쉽게 발견할 수 있다. 이 말은 결국 무슬림이라는 말 속에 정상적인 윤리적 규칙들이 정지된다는 뜻이다. 물론 무슬림에 대한 미국의 반응은 이중적이다. 하나는 '무슬림은 테러리스트이므로 합법적 법체계에서 허용하지 않는 고문과 같은 것들도 무슬림에게는 예외적으로 적용될 수 있다'와 같은 것이며, 다른 하나는 관타나모 수용소를 환기시키면서 유태인과 같은 홀로코스트와 같은 위상을 무슬림에게 부여하는 것이다.

---

80) 우리가 동양이라고 말할 때 당연히 동북아시아 지역을 가장 먼저 떠올린다. 남아시아를 대표하는 것은 아프가니스탄과 같은 이슬람 국가가 아니라 홍콩이며, 베트남이 아시아에 포함된 것은 그들의 시장을 자본에 개방한 이후인 비교적 최근의 일이다. 동양에 있는 국가로 세계인의 인식의 지평 속에 들어오는 것은 그 국가의 세계화의 정도와 무관하지 않다. 최근의 정치 무대에서는 아시아가 아시아-태평양 경제협력체로 변모하면서, 호주와 뉴질랜드는 갑자기 아시아가 되었고, 이라크, 아프가니스탄, 팔레스타인 등이 아시아에 포함된다는 것은 종종 잊어버린다. 즉 논의의 초점은 중동은 아시아에 속하지 않는다는 것이 아니라 무슬림에서 구체적 지역성을 삭제하고자 하는 시도가 광범위하게 나타나고 있다는 것이다(이 관점은 스피박의 최근의 저서 『다른 아시아들』(*Other Asias*, 2008)에서 도움을 받았다. 특히 7장).

그러나 전자든 후자든 현재 미국인의 정서 속에서 이슬람이 표상하는 바는 세계화에 동참하지 않는 세력이자, 민주주의 규칙에 순응하지 않는 자들이라는 점에서 언 듯 달라 보이는 두 견해는 공통적 지반을 가진다. 물론 9-11 이후 미국 사회의 지배적인 정서 속에서 세계화나 민주주의가 구체적으로 무엇을 의미하는지 말하기란 쉽지 않다. 확실한 것은 개인적 차원에서는 결코 동일하지 않은 수많은 무슬림들이 미국에 적대적인 혹은 적대적으로 간주하는 모든 것을 망라하는 어떤 허구적 표상이 되었다는 것이다. 사실 무슬림을 근본악으로 간주하는 것은 이데올로기적 허구다. 그러나 허구는 실체가 없고 상상된 것이기 때문에 더 강력하고 쉽게 저항하지 못한다.

예를 들어, 베네딕트 앤더슨이 민족이 상상의 공동체라고 했을 때, 내가 한국 땅에서 이렇게 무사히 잘살고 있는데 민족을 없다고 말할 수 있는가라는 문제가 아니라, 개인으로서의 나는 부지런하지 않아도, 부지런한 민족은 만들어질 수 있다. 이것이 이데올로기적 환상이 실제보다 훨씬 더 강력한 힘을 발휘하는 이유다.

9-11 이후 미국은 무슬림을 테러리즘의 동의어로 사용했고, 미국의 이익에 반하는 모든 세력을 무슬림과 동일시하고, 무슬림이 세계화를 방해하는 적대적 세력을 망라하는 표상으로 간주함으로써 정부의 정책에 반기를 드는 모든 사람의 입을 막았다. 펄스타인은 "테러리즘은 감정적인 이슈가 아니라 원칙의 문제"[81]라

81) Richard M Pearlstein, *Fatal Future?: Transnational Terrorism and the New Global Disorder.* Austin: U of Texas P, 2004, 1쪽.

고 주장했지만 9-11 이후 미국정부와 언론의 반응은 원칙의 문제가 아니라 대단히 감정적이었다. 그래서 9-11 이후 뉴욕타임즈를 포함한 미국의 대표적 언론사들은 이슬람 테러리스트란 표현으로 모든 비판적 지식인들의 목소리를 효과적으로 차단하는데 기여했다. 예를 들어, 반전주의자는 9-11의 무고한 희생자들에게 애도를 표하지 않는 매국노로 간주되었고, 성적, 인종적 소수자, 사회적 약자 등에게 정치적으로 공정하게 대해야 한다는 다문화주의자들의 주장은 사회적 질서와 표준을 파괴하여 세상을 혼란하게 하는 사람들로 매도되었다. 언론은 자살테러를 감행하는 임산부, 아이를 안고서 미군을 공격하는 여성의 동영상을 보여주면서 여성이나 아이들에게 함부로 총을 들이대서는 안 된다는 페미니스트들의 입을 막았다.

물론 이러한 태도는 미국 내 좌파에 대해서도 예외가 될 수 없었다. 미국의 좌파를 잠재적인 테러분자로 간주했던 9-11 이후 미국 언론과 마찬가지로 많은 미국의 테러리즘과 관련해서 쏟아져 나온 문학작품들 또한 테러리스트들이 좌파 이데올로기에 물들어 있다고 상상했다. 하지만, 이론적으로 접근했을 때 좌파가 테러리스트인 것도 아니고, 무슬림이 좌파인 것도 아니다. 비근한 예로 미정부의 공식발표에 의하면 오클라호마 폭탄 테러 역시 우익의 소행이었다. 그러나 겉으로 보기에 진리, 역사에 대한 모든 메타내러티브를 부정하는 포스트모더니즘 소설도 이러한 미국의 대중적 정서와 무관하지 않으며, 때로는 더 정교한 형태로 미국 문화의 반좌파적 성향을 강화하는 데 일조한다.

소설 속에서 좌파나 테러리스트는 종종 자신의 몸을 무기로 삼는 도착자이며, 살인자라는 점에서 이 둘은 동일하다는 관점을 취한다. 그러나 이런 관점을 극단으로 밀고 나갈 때, 자신의 몸을 상품화시키기 위해 다이어트를 하는 스타와 기아선상에서 헤매는 사람들은 모두 '굶주리고 있다'는 점에서는 '동일하다'라고 말하는 것과 같은 것은 아닐까? 그러나 그럼에도 9-11이후의 고도의 애국주의적 물결 속에서 비판적 목소리는 억압되었고, 미국에 반대하는 것이 곧 세계화에 반대하는 것이며, 민주주의의 원칙에 위배되는 것으로 간주되었다.

드릴로의 소설 역시 이러한 광범위하게 퍼져 있는 미국의 편향된 정서를 정교하게 포착해내고 있다. 냉전 시대의 소설인 『리브라』[82]에서 오스왈드Oswald는 비이성적이고 혼란스러운 정치적 타자로 묘사되지만, 그의 행적은 좌파의 문화적 패턴과 닮아있다. 미국의 테러리즘에 대한 강박관념을 드러내는 『마오 II』에서 라시드Abu Rashid는 이슬람 테러리스트이자 동시에 좌파이며 세계화에 저항하는 인물이다.[83] 이러한 경향은 우파와 좌파의 구분이 이제는 유효하지 않은 시대인 포스트 9-11 소설 『떨어지는 남자』에서도 반복되고 있을 뿐만 아니라 반전 평화 운동가들도 이슬람

82) DeLillo, *Libra*. New York: Penguin, 1988. 드릴로, 『리브라: JFK 암살범에 대한 기록』, 정회성 옮김, 창비, 2009.

83) 물론 드릴로의 수많은 소설 속에서 모든 경우에 좌파가 반드시 테러리스트라는 공식이 성립하는 것은 아니며, 더 자세한 분석을 필요하겠지만, 미국의 반좌파적 정서를 소설에 담아내는 것이 드릴로 자신이 지향하는 정치적 입장과 반드시 일치하지 않을 수도 있다. 하지만 드릴로의 많은 소설에서 테러리스트의 이미지와 구좌파의 이미지가 겹쳐서 등장하는 것은 사실이다(Velcic 405-18 참조).

테러리스트와 감정적 차원에서 구분되지 않는다는 것을 보여준다. 먼저 소설의 3부의 반전시위를 벌이는 군중 속에서 리앤은 코란을 나눠주고 전단을 뿌리는 많은 이슬람교도를 목격하며, 라마단이 끝날 무렵 자신이 수많은 이슬람교도에게 자신이 둘러싸여 있었던 여행지에서 받았던 것과 거의 유사한 상황에 처해있다고 느낀다. 리앤에게 반전시위는 순수한 반전시위라기보다는 미국 내의 무슬림들의 적대적인 틈입으로 인식된다.[84)]

또한, 2부에서 리앤은 그녀의 어머니 니나의 애인인 마틴[Martin]이 60년대에 독일에서 저항운동을 했었다는 바로 그 사실 하나만으로 마틴을 테러리스트와 동일시한다. 그러나 니나가 마틴에 대해서 아는 것은 별로 없다. "그는 파시즘에 대항해서 시위를 벌였지. 처음에는 계란을 던지다가 나중에는 폭탄을 던졌지. 그 후의 행적에 대해선 나도 잘 몰라. 아마 마틴은 극좌파인 붉은 여단[Red Brigades]이 활동하던 시기에 이탈리아에 머물고 있었을 거라고 생각해"[85)]라고 니나가 말하자 리앤은 어떻게 20년을 같이 지내왔으면서도 지난 행적에 대해서도 잘 모르냐고 반박한다. 니나가 "몇 년 전에 베를린에서 만났을 때 마틴이 나에게 포스터를 보여줬어. 그것은 70년대 초반의 지명수배 포스터였어. 그 속에 독일 테러리스트를 수배하는 19명의 사진과 이름이 있었다"고 말하자, "19명이라구요?"라고 놀란다. 뉴욕 세계무역센터를 폭파한 이슬람 테러리스트들도 모두 19명이었기 때문이다. 니나는 마틴은 그

84) DeLillo, *Falling Man*, 183쪽.

85) 위의 책, 146쪽.

중의 한 명은 아니었다고 말했지만, 리앤은 그를 “지하드”와 공통점이 있다고 생각하며 마틴 역시 폭탄을 던진 살인자일지도 모른다고 추측한다. 마틴이 실명이 아니라 가명을 쓰고 있다는 사실을 들추어내면서, 미술품 경매상이 벽에 그림 대신에 지명수배전단을 붙여놓았다는 것, 사진 찍는 것을 싫어했다는 사실 등 모든 정황은 그녀에게 마틴이 테러리스트라는 사실을 증명하는 것으로 보인다. 심지어 우연의 일치에 불과한 숫자 19까지도.

이 때 중요한 것은 마틴이 파시즘이라는 전체주의에 저항했다는 것이 아니라, 그가 테러리스트란 것이다. 테러리스트란 어휘는 그 속에 들어 있는 모든 맥락을 삭제한다. 물론 마틴이 사람을 죽였다는 증거도 없고, 실제로 테러리스트로 활동했는지도 불분명하지만 리앤은 마틴을 “우리 미국의 일원”이라는 사실, 어머니의 애인이라는 사실을 받아들일 수가 없고, 심지어 마틴이 미국이나 9-11에 대해 하는 말도 그 타당성을 떠나서 참아줄 수가 없다.

이러한 리앤의 태도가 키쓰가 말한 “무하마드”와 어떤 관계가 있는가? 소설 속에서 키쓰가 이슬람에 대해 언급한 부분은 극히 적다. 2장의 끝에서 뉴욕의 택시기사가 “무하마드”같다고 한 부분이 전부라면 전부다. 리앤의 이슬람과 테러리스트에 대한 반응에서 신경증이 드러나지만 키쓰는 다르다. 그는 사건 당일 쌍둥이 빌딩이 무너지는 장면을 담은 영상을 녹화를 떠서 시간이 날 때마다 돌려보고, 희생자의 사진을 일일이 확인하고 접근할 수 있는 모든 통로를 동원하여 사건에 대한 정보를 수집하는 리앤과 같은 인물이 아니다.

키쓰는 죽은 사람의 사진을 확인하는 것이 아니라 자신이 정말 사건의 현장에서 살아 나왔는지를 확인하기 위해 자료를 뒤진다. 그러나 이것도 딱 한 번뿐이다. 그는 뉴스를 통해서 정보를 접하는 것이 아니라, 자신과 같이 사건의 현장에서 살아나온 플로랜스 기븐스Florence Givens를 만나는 것을 선호하고, 사건의 현장을 눈으로 확인하는 것을 더 선호한다. 그리고 무엇보다도 그가 가장 몰두하는 일은 언 듯 보기에 사건과 아무런 관련이 없는 포커게임이다. 물론 소설 속에서 그가 카지노를 전전하며 포커게임에만 몰두하는 것은 그의 포커 친구인 럼지의 흔적을 계속 쫓아다니는 것과 무관하지는 않다. 이미 언급했듯이 그가 기억해내지 못하는 부분이 럼지와 관련된 것이었으니 말이다. 그러나 그가 몰두하는 포커 게임은 리앤과 다른 방식으로 뉴요커의 삶이 어떠한 것인가를, 그리고 미국의 삶이 어떠한 것인가를, 그리고 자본주의적 삶이 어떤 것인가를 잘 구현하고 있다.

키쓰가 말하듯, 포커 게임 속에는 속임수도 있고, 운수도 있다. 한 번에 망할 수도 있고 한 번에 성공할 수도 있다. 건전한 도전도 있고 그렇지 않은 때도 있다. 그리고 전문적이 되려면 많은 노력을 기울여야 하는 것도 사실이고, 또한 다가올 위험을 냉철하게 분석해야 한다.[86] 이것은 자본주의 체계의 속성이기도 하다. 그러나 자본주의적 삶과 포커의 공통점은 여기서 그치는 것이 아니다. 포커와 자본주의화로 표상되는 세계화의 가장 큰 공통점은 자신의 규칙에 순응하는 자만을 받아들인다는 것이다. 자본주의와

86) 위의 책, 96쪽.

마찬가지로 포커 게임도 지극히 다양한 규칙을 가지고 있다. 블랙잭, 5카드 스터드, 7카드 스터드 등 규칙의 수는 대단히 많다. 그러나 "대단히 멍청한 짓이긴 하지만 규칙이 정해지면 규칙은 규칙이다." 규칙을 누가 정하는가는 중요하지 않다. 일단 정해지면 반드시 규칙을 따라야 하고 규칙을 따르지 않는 사람들은 게임에서 배제된다. 즉 포커는 게임의 규칙에 순응하는 자들만이 참여할 수 있는 특징을 지니고 있다. 마찬가지로 자본주의 역시 그것이 다양성을 찬양하고 이데올로기의 복수성을 인정한다. 그러나 자본주의적인 게임규칙을 거부하는 자들은 배제한다.

체계 내부의 적대는 내속적으로 간주되는 것이 아니라 대부분 두 실정적 항의 대립으로 번역된다. 즉 세계화에 찬성하는 자 대 세계화에 저항하는 자, 현대주의자 대 전통주의자 등이 그것이다. 물론 자본주의나 세계화는 동일한 개념이 아니다. 그리고 현대화가 무엇인지 전통고수가 의미하는 바가 무엇인지, 그 안에 담긴 내용이나 맥락을 따지는 것이 문제가 아니다. 9-11 이후 센세이셔널리즘에 호소하는 언론에서도 미국의 지배적 정서 속에서도 이 개념들은 구분되지 않는다. 이러한 방식으로 순환하는 담론 속에서 구좌파와 이슬람을 구분하기는 어렵고, 테러리스트의 범주에서 이슬람을 떼어내기도 어렵다. 중요한 것은 규칙이 정해졌다는 것이다. 그래서 테러리스트뿐만 아니라 자문화의 전통을 고수하고자 하는 사람들까지도 포함해서 그들 모두는 미국의 공유된 코드에 저항하는 자들이며, 그래서 모두 게임에서 배제되어야 한다. 규칙에 순응하지 않는 자는 게임에 참여할 자격이 없다. 포커와 마찬가지로 정해진 규칙만이 아니라 내부의 코드에 순응하지 않는 자들도 배제된다. 예를 들어 소설 속에서 7카드 스터드를 할 때 스포츠 이야기도 영화 이야기도 모두 금지된다. 약한 술도 입에 대지 않고 간식도 먹지 않는다. 정해진 술만을 먹는다(99) 이것은 7개의 카드를 가지고서 게임을 해야 한다는 형식적 규칙에 속하는 것이 아니라, 게임에 참여하는 자들이 지키는 일종의 불문율이자 공유하는 코드다. 그리고 게임에 참여하는 사람들은 이러한 코드에 기꺼이 참여한다. 이러한 명문화되지 않는 코드가 곧 규칙이다.

지젝에 의하면 9-11 이후 이슬람이 반문화세력으로 몰리는 것도 이와 마찬가지의 논리를 지닌다. 아무도 진지하게 믿지 않고 습관적으로 교회를 가는 서구인들과는 달리 무슬림은 진지하게 믿는다. 서구인들은 "자신의 문화 속에 매개 없이 속해있는 사람들, 그리고 자신의 문화에 거리를 두지 않는 사람들을 위협으로 간주한다."[87] 이런 지젝의 관점을 드릴로 역시 공유하고 있다. 「미래의 폐허 속에서」라는 9-11 1주년 회상 기고문에서 드릴로는 무슬림이 기꺼이 죽고자 한다는 바로 그 사실이 보통 미국인과 무슬림의 차이점이라고 말한다.[88] 바로 이것이 "세계화에 저항하는 자들"이라는 공식적 언표가 드러내지 않는, 그것이 숨기는 의미다. 다시 말해 세계화에 저항하는 자들을 규정하는 것은 그들이

87) Žižek, *The Puppet and the Dwarf*, 7쪽.

88) DeLillo, "In the Ruins of the Future." *Guardian Unlimited*. Dec. 22, 2001. <http://www.guardian.co.uk/Archive/Article/0%2C4273%2C4324579%2C00.html>

미국인들이 공유하는 코드를 공유하지 않는다는 것을 의미한다. 소설 속에서 이것은 "신은 이제 사막에 나타났다"고 표현된다.

물론 그렇다고 해서 드릴로가 이슬람 테러리스트를 죽음을 두려워하지 않는 비인간적인 모습으로 묘사한 것은 아니다. 테러리스트인 하마드가 뉴욕의 상공에 나타났을 때 그는 두려워하고 있고 떨고 있다. 또한, 그들은 "신이 명령한 민족만을 파괴할 뿐"이며 결코 아무나 죽이지 않는다고 생각하지만 동시에 자신으로 말미암아 무고한 사람들이 죽을 것이라는 것도 알고 있다. 그럼에도, 미국인은 삶에 집착하지만 무슬림은 기꺼이 죽음을 감수한다. 그것이 무슬림이 위협적인 이유다. 하마드는 두려움이 없어서 자살 테러를 감행하는 것이 아니라 테러가 자신을 완벽한 자아로 만들어줄 것이기 때문에 행동으로 옮긴다. 그는 자살테러가 "살면서 지은 모든 죄를 사하는 행위"이며, 충돌의 순간 "자신과 영생 사이에 어떠한 매개도 없어질 것"이라고 믿는다. 그리고 이러한 믿음이 구좌파와 이슬람, 나아가 미국 주도의 세계화에 저항하는 사람들 모두를 테러리스트를 하나의 범주로 묶게 하고, 무슬림이라는 기표는 세계화의 예외를 나타내는 기표로 만든다. 그러나 이러한 성급한 역사화의 시도는 사회적 현실을 이데올로기적으로 은폐하게 한다. 이 경우 이슬람이라는 것은 이론적 개념이 아니라 일종의 구멍 마개이기 때문이다. 역사적 사실들을 새롭게 서술할 수 있는 통찰을 열어주는 개념이기는커녕 우리를 사유의 의무에서 면제시키거나 적극적으로 아예 생각이라는 것을 못하도록 틀어막아 버린다. 물론 이것은 이슬람 테러리스트가 자신을 희생시킴으로써 상징계의 결여를 메우려는 도착적 주체가 아니라는 것은 아니다. 테러리스트가 자신의 생명을 희생시켜 완전한 사회를 꿈꾼다면 테러리스트의 주체는 대상 a의 위치에 있기 때문에 도착적이다.

그러나 미국의 편에서, 혹은 기꺼이 세계화에 동참하는 세력이 무슬림을 세계화의 얼룩으로 간주하고 그것을 제거하고자 하는 것은 또 다른 문제이다. 앞서 말했듯 상징계의 욕망을 가속하는 것은 상징계 자체에 내속해있는 결여이다. 이를 보다 정치적으로 읽는다면 세계화에는 언제나 장애가 있고, 이 장애가 세계화의 욕망을 더욱 가속화시킨다. 하지만, 9-11 이후의 상황은 자본주의 자체의 내속적 적대를 외부의 적으로 번역하여 가시화하는 양상을 예시적으로 보여주고 있다. 히틀러가 유대인에게 자민족에 내속한 적대를 투사했듯이, 9-11 이후 사회에서 무슬림은 미국 자본주의 자체의 장애를 외화한, 즉 외밀한 방식으로 인간이 된다. 라캉의 주장처럼 무의식이 외부에 있다면, "무의식은 꿈이 아니라 속임수 속에서 작동한다." 이것이 확실성을 원하는 주체의 자리와 진리의 자리가 동일하지 않은 이유이다[89]. 진리는 최소한 하나 이상 존재하는 과잉적 기표를 걷어내고서 순수 기표의 기능에 주목하는 순간에 발생하며, 이 판단내리고 결정을 해야 하는 순간이 "윤리가 목격되는" 지점이다.[90]

하지만, 판단하고 결정 내리는 이 선택의 순간은 강요된 선택

89) Lacan, *The Four Fundamental Concepts of Psychoanalysis*, 39쪽.

90) Lacan, 위의 책, 37-40쪽.

으로 언제든 변화할 수 있다. 노상강도를 만나서 돈이냐 죽음이냐를 요구받을 때, 죽음을 선택하기는 어렵다. 강도는 그를 죽인 후에 돈을 가져갈 것이기 때문이다. 마찬가지로 9-11 이후 민주주의를 선택할 것인가 민주주의에 저항하는 테러리즘을 선택할 것인가라고 묻는 것은 애초에 답이 정해져 있는 선택이다. 이때 민주주의는 선이요, 테러리즘은 악이다. 하지만, 선을 위해서 이런 저런 조건을 다는 것은 그것이 악으로 향하는 것을 결코 막지 못한다. 이 경우 선과 악은 뫼비우스 띠처럼 연결되어 있다. 선을 생산하지 않는 악, 악을 생산하지 않는 선은 없다. 라캉이 말하는 바처럼 "선악을 쾌락원칙에 따라 생각할 때 윤리는 사라진다."[91]

따라서 키쓰가 오랜 방황 끝에 9-11의 발발의 책임이 이슬람 테러리스트에게 돌림으로써 잃어버린 기억을 되찾게 되지만, 요점은 과거의 외상을 정확하게 기억하는 것이 아니다. 이런 기억의 고증은 본질적으로 허위다. 물론 기억은 복구되지만, 이 기억은 이슬람 테러리스트를 대상 a, 즉 기억을 방해하는 원인으로 간주하고 그것으로 자신의 결여를 메움으로써 가능해진 것이다. 즉 기원적 이야기를 이차적으로 왜곡함으로써 그의 기억이 회복되는 것이다. 그러므로 키쓰가 자신의 외상을 봉합하고 기억을 완전하게 다시 쓴다는 사실 속에서 사라지는 것은 역설적이게도 외상의 실재다. 그러나 외상을 봉합하는 순간 외상은 다시 회귀할 수밖에 없다. 외상의 실재는 언제나 상징적으로 쓰이는 것에 저항하기 때문이며 외상의 본질은 상징적 세계 속에 통합되지 않는다는 데

91) Lacan, 위의 책, 234쪽.

있기 때문이다.

■ 9-11의 번역과 번역의 윤리

우리가 드릴로의 소설을 읽을 때, 그가 이슬람권에 대해 취하는 보수적 태도에도, 그의 소설에 주목할 수밖에 없는 것은 그가 외상을 봉합해서 정교하게 환상 시나리오를 쓰는 것, 이것을 겨냥하는 것은 아니기 때문이다. 키쓰가 몰두하는 포커게임에서는 아무도 실질적으로 죽지 않는다. 게임에서 죽음을 선언할 수 있지만, 패가 다시 펼쳐지면 그들은 다시 살아난다. 1990년에 발발한 걸프전은 전쟁조차도 실제의 죽음이 아니라 하나의 스펙터클로 인식하게 하였다. 사건 발생 후 3년이 지나고 키쓰는 "포커가 미디어 효과"라고 말한다. 포커를 하는 자신은 자가 작동 메커니즘의 일부가 되어 있고, 마치 "휴머노이드 로봇" 같다고 느낀다.[92] 그리고 포커를 하다 쉬는 시간에 차를 몰고 밖으로 나갔을 때 멀리서 보이는 카지노 도시 전체가 환각 같다. 그런데 현실이 환각이라는 바로 이 깨달음의 순간 그는 친구 럼지가 실제로 죽었다는 것을 알게 된다.

이 무렵 그의 아내 리앤은 빌딩 위에서 떨어지는 남자를 공연하는 "폴링맨"을 우연히 목격한다. 그러나 리앤이 진정으로 충격을 받는 것은 공연하는 폴링맨이 아니라, 3년 후 공연의 후유증으로 "폴링맨"이 실제로 죽었다는 사실을 발견했을 때이다. "폴링

92) 위의 책, 226쪽.

맨의 죽음", 즉 데이비드 제니악Daved Janiak의 죽음을 확인한 후의 리앤은 하나의 습관으로서가 아니라 진정으로 교회에 가서 예배를 드린다. 그녀는 교회 안에서 빈 라덴을 빌 로턴Bill Lawton으로 오인하고 비행기가 나타나기를 기다리는 아들 저스틴Justin처럼 보호해줄 누군가를 애타게 찾는다. 자신의 고통에 대한 불안에 찬 두려움으로 해석될 수 있는 이 태도는 역설적이게도 진정으로 믿지 않는 서구의 태도에서 벗어나서, 진정으로 신을 믿는 이슬람 테러리스트의 모습처럼 보인다. 그래서 이 세계가 (진정으로 믿지 않는) "우리를 다시 신에게 되돌려놓은 것은 아닐까?"(234) 하고 그녀는 자문한다.[93] "일단 신을 믿는다면, 신은 존재하기" 때문에 신에 저항하기는 불가능하다.

들머리에 말했듯 21세기에 테러가 새로운 현상은 아니다. 테러는 언제나 있었다. 그러나 그 이전의 어떤 시대에도 오늘날만큼 테러는 테러화되지 않았다. 결국 테러가 테러화된 시대의 특징은 지젝이 말한 바처럼 미국은 이슬람 타자를 너무나 증오한 나머지 그들을 없앨 수만 있다면, 자유, 인권, 민주주의 등과 같은 어른의 가치를 내던질 수도 있다고 선언하는 것처럼 보인다는 것이다. 그리고 이러한 미국의 태도가 교회를 찾아간 리앤이 보여주는 태도와 공명하는 것처럼 보인다. 다시 말해서 9-11은 2001년에 끝난 것이 아니라, 리앤의 아들 저스틴이 믿는 것처럼 리앤 역시 어린 소녀가 되어 푸른 상공을 가로질러 비행기가 다시 나타나서 쌍둥이 빌딩에 부딪힐 것을 기다린다.[94] 리안의 교회에서 독백, 신은

93) 위의 책, 234쪽.

"나는 여기에 없다"라는 목소리로 존재한다는 말은 신이 무능해서 그들을 보호해주지 못했다는 의미이며, 이때 신은 민주주의처럼 자유를 가져다줄 수는 있지만, 보호해주지는 못하는 무능한 신이다. 그러나 소설의 끝에서 어린아이가 되어 다시 교회를 찾아간 리앤이 다시 선택한 신은 조건 없는 믿음을, 저항할 수 없는 힘을 상징하는 신이요, 매개 없이 복종하기를 원하는 신이다. 이 신은 "테러리스트들을 제거하려면 자유를 제한받아도 좋다"와 같은 공식적 발화 속에서는 드러나지 않는 매개가 없는 외설적 실재의 아버지이다. 이렇게 본다면 이 소설의 제목이 암시하는바, 떨어지는 것은 폴링맨이나 9-11을 직간접적으로 겪은 키쓰나 리앤만이 아니라 미국이 비난하는 도착적 테러리스트들의 위치로 자신도 똑같이 추락하는 미국 자신인 것처럼 보인다.

그렇다면 포스트 9-11 시대의 윤리란 무엇일까? 외상이 단순히 과거의 흔적이자, 과거의 상처로서 치유될 수 있고 봉합될 수 있다면 그것은 더는 외상이 아니다. 외상이 외상이 되는 것은 그것이 과거의 충격적 사건이어서가 아니라, 현재의 사건이요, 그것이 다가올 미래에 계속해서 반복될 것이라는 점 때문이다. 따라서 정신분석의 윤리란 외상을 섣불리 봉합하는 데 있는 것이 아니라 오히려 외상의 중핵으로 되돌아가는 것이며, 거기서 지금까지 부과해온 과잉적 기표를 걷어내고, 미국 역시 세계의 다른 지역들과 마찬가지로 위험에 노출될 수 있다는 사실, 즉 자신의 결여에 겸허하게 주목하는 데서 출발할 것이다. 이렇게 본다면 번역가의 책

94) 위의 책, 236쪽.

무는 바로 이러한 결여, 이 결여를 드러내는 것일 것이다.

7. 젠더의 번역: 킹스턴과 에메체타의 여성들

페미니즘과 번역은 둘 다 부차적이고, 남성/여성, 원본/번역의 이분법에서 언제나 후자에 위치한다는 데 공통점이 있으며, 페미니즘과 번역이 만남은 어떻게 사회적이고 성적, 역사적 차이가 언어 속에 표현되는가에 초점을 맞춘다.

그러나 페미니즘이 번역연구와 의미 있는 결합을 모색하기 이전에도, 페미니즘이 출현하기 훨씬 이전부터 번역은 종종 여성에 비유되었다. 챔버라인이 지적하듯이 번역을 식민화와 연결하는 전통적 은유들은 젠더와 많은 연관성이 있다.[1] 17세기에 번역을 '바람둥이 미녀'에 비유한 것이 대표적인 예다. 이 말은 번역이 아름답거나 충실해야 한다는 의미다. 아름다우면서 동시에 충실하면 더할 나위가 없겠지만, 이 두 가지를 동시에 지킨다는 것은 거의 불가능에 가깝기 때문이다. 번역의 젠더화가 보다 명확해진 것은 18세기로서 번역가가 남성일 때, 텍스트는 여성으로 간주되고 순결성을 보호해주어야 한다거나, 혹은 번역가는 텍스트를 아름답게 만들어주는 남성유혹자의 역할을 한다. 다음 호레이스의 영어 번역본에 대해 토마스 드란트가 쓴 서문은 이러한 번역가의 역할을 잘 나타내준다.

---

1) Lori Chamberlain, "Gender and the Metaphorics of Translation", L. Venuti, *Rethinking Translation,* 57-74쪽.

> 나는 번역을 할 때 [⋯] 잘 생기고, 아름다운 여자 포로들을 대하듯 한다. 나는 그의 머리를 깎아주고, 손톱을 손질해주고, 모든 허영과 소재의 과다함을 다 씻어내었다. [⋯] 영어란 예의 바른 라틴어의 핏줄에서 온 것이 아니라 우리 민족의 구어에서 온 것이다. [⋯] 그래서 나는 원문을 이치에 맞도록 짜맞추고 비유를 손봤으며, 단단하게 굳어있는 표현을 풀어냈으며, 어휘도 많이 고쳤다. 하지만 나는 문장이나 의도는 변하지 않았다고 감히 말할 수 있다.[2)]

이 구절은 분명 성경 신명기에 나오는 "네가 만일 포로 중에서 아리따운 여자를 보고 아내로 삼고자 하거든 여자를 네 집으로 데려가서 머리를 밀고 손톱을 깍아서...."[3)]라는 구절을 연상시킨다. 이런 식으로 젠더와 식민화 그리고 번역은 밀접하게 연관된다. 그래서 챔버라인은 "식민화의 은유 속에 내재해있는 번역가의 성적 폭력은 정치적이고 경제적인 강간과 유사하다"고 주장한다.

하지만, 번역에서 여성이 은유인 것만은 아니다. 번역은 중세 이후 여성이 문자의 세계에 들어갈 수 있는 통로였으며, 저자라는 특권을 누릴 수 없는 여성의 공적 표현이 허용될 수 있는 장소였다. 그러나 실제 번역에서 젠더는 "중요한" 요소로 간주하지 않는다. 특히 번역에서 등가성의 원칙이 강조되기 시작하면서 문법은 언어 구조에 속하기 때문에 젠더는 언어의 역학을 구성하는 다른 요소와 마찬가지로 큰 의미를 띠지 않는다. 대명사나 소유격이 여성이든 남성이든 별 의미가 없는 것으로 번역에서 종종 무시된다.

그래서 페미니즘 이론가들은 언어에서 등장하는 젠더의 의

2) 위의 책, 62쪽. (재인용)

3) 신명기 21: 12-14.

미는 이데올로기적인 것이며, 번역에서 젠더의 은유는 명백히 성차별에 토대를 두고 있다고 주장한다. 그들은 번역을 정치적 활동으로 간주하고 언어가 여성을 대변하도록 하는 데 주안점을 둔다. 그래서 이러한 의미 생산의 과정을 탐색하는 현대의 가장 중요한 페미니즘 번역가이자 작가인 고다르는 페미니즘 번역의 중요성을 부각시키면서 "내가 번역물에 서명한다는 것은 모든 번역 전략을 동원하여 언어 속의 여성성을 가시화시킨다는 것을 의미한다"고 말한다.[4] 이렇게 고다르는 오랫동안 지배적이었던 등가성의 원리에 기초한 번역이론에 반대하면서, 선형적이고 투명한 의미를 불가능하게 하는 다층적인 언어의 역동성을 살려서 번역을 변형의 과정으로 파악한다. 즉 번역에서 문화연구의 도입은 젠더와 문화의 복합성을 잘 인식하도록 해주었다.[5]

번역은 원본에 대해 부차적이기 때문에 여성적이며, 결점이 있어서 여성적이라는 주장은 탈근대의 문화연구와 만나면서 번역이 우리가 의미를 장악하려는 노력의 좌절과 언어의 이질성을 길들일 수 없는 좌절을 표상하게 된다. 그래서 여성과 번역은 진리의 비결정성에 대한 기호로서 간주되거나, 여성이 남성이성중심주의를 제거하고자 하는 시도의 중심적인 은유로서 자리매김하기도 한다.

그러나 남성이성중심주의를 제거하기는 쉽지 않다. 앞서 스

4) Barvard Godard, "Theorising feminist discourse/translation" S. Bassnett and A. Lefevere, Eds. *Translation, History and Culture,* London: Pinter, 1990. 91쪽.

5) S. Simon, *Gender in Translation: Cultural Identity and the Politics of Translation,* London: Routledge, 1996. 136쪽.

피박의 논의에서 살펴본 바와 마찬가지로 여성이 억압받고 있기 때문에 억압을 제거하고 여성에게 주체의 목소리를 부여하는 것만이 능사가 아니기 때문이다. 그래서 이 장에서는 아시아 출신의 작가 킹스턴과 아프리카 출신의 작가 에메체타가 자신이 소속되어 있는 장소와 더불어 여성 주체를 어떻게 그리는 지, 페미니스트 번역이 봉착하는 딜레마가 무엇인지를 살펴보고자 한다.

우선 맥신 홍 킹스턴은 중국계 미국여성작가 혹은 아시아계 미국여성작가의 범주에, 그리고 부치 에메체타는 영어로 글을 쓰는 나이지리아 출신 아프리카여성작가의 범주에 들어간다. 두 사람은 자신의 고향을 떠나서 출신지의 언어가 아닌 영어로 작가활동을 시작했고 지금도 여전히 활동 중인 이산여성작가이자 아시아와 아프리카를 대표하는 영미 페미니즘 작가로 많은 영미 대학 강좌에 포함된 공통점을 지닌다. 그러나 출신 지역 비평가들에게 킹스턴과 에메체타는 미국에 동화된 아시아계・아프리카계 작가의 사례를 보여주고 있다고 비판받는다는 공통점을 지닌다. 킹스턴은 역사에 충실하지 못하고,[6] 오리엔탈리스트의 관점에서 중국을 재현하여 서구의 편견을 가중시키며,[7] 아시아의 전통적인 가치를 왜곡하면서 미국적 가치를 내면화한 동화주의자로 비판받는다.[8] 그리고 에메체타는 나이지리아 이보Igbo족 출신이지만, 그

6) Katheryn Fong, "An Open Letter." *Bulletin of Concerned Asian Scholars* 9.4, 1977, 67쪽.

7) Deborah Woo, "Maxine Hong Kingston: The Ethnic Writer and the Burden of Dual Authenticity", *Amerasia Journal* 16.1, 1990, 173-200쪽 참조.

8) Frank Chin, "Come All Ye Asian American Writers of the Real and the Fake", Frank Chin et al, eds. *Aiiieeeee!*, New York: Meridian, 1991. 1-69쪽 참조.

녀의 "집단의식"이 "결점이 많으며", "노예성을 아프리카 여성의 본유적 특성"으로 묘사하며, "뿌리 깊은 아프리카에 대한 경멸"을 담고 있기 때문에 절대로 "그들의 일원"이 될 수 없다고 비판받는다.[9)]

이러한 비판에 대응하여 킹스턴은 중국이나 미국 혹은 페미니스트라는 꼬리표를 떼고 그냥 작가로 불리기를 원하지만[10)], 에메체타는 나이지리아인임을 주장하고 나이지리아 문학 전통의 일부가 되기를 원한다.[11)] 그래서 그녀는 1989년 소설인 『가족』에서는 "아프리카와의 탯줄을 잘라내기를 거부하는 모든 이산 여성들에게"라고 헌정사를 쓰기도 한다.

그러나 그들이 자신의 기원이 되는 탯줄을 떼어버리길 원하든 보존하기를 원하든 태어나면서 부여받은 그들의 고유명 속에 이미 소속 집단과 민족의 정체성이 기입되어 있다. 에메체타는 그 이름에서부터 아프리카계 혹은 이보족 출신임을, 그리고 킹스턴의 원이름인 Ting Ting Hong(洪婷婷) 역시 그녀가 아시아계, 그 중에서도 중국계임을 말해준다. 물론 '맥신'이란 미국이름 속에 미국으로 이주하여 정착한 이주민의 자손임을 드러내는 표지가

---

9) 이에 대한 논의로는 각각 Mary E Kolawole, *Womanism and African Consciousness*. Treton: Africa World, 1997, 86쪽; K. Frank, "The Death of the Slave Girl." *World Literature Written in English* 21, 1982, 485쪽; Chickwenye Okonjo Ogunyemi, "The Shaping of a Self: A Study of Buchi Emecheta's Novels." Komparatische Hefte 8, 68쪽. Ogunyemi, "The Shaping of a Self" 70쪽 참조.

10) Maxine Hong Kingston, "Maxine Hong Kingston" interviewed by Andrea Lewis. *Progressive* 68.2, 2004, 38쪽.

11) D. Umeh and M. Umeh, "An Interview with Buchi Emecheta." *Ba Shiru* 12.2, 1985, 19-25쪽.

되기도 한다. 그러므로 이름에는 개인의 정체성과 더불어 한 개인이 소속한 집단이나 민족의 문화적 코드가 동시에 기입되어 있다. 설사 이들이 중국이나 나이지리아에서 태어나서 그곳에서 대부분을 보내지 않았다손 치더라도 이름은 그들이 태어나기 훨씬 이전의 흔적까지 담지 하는 것은 부인할 수 없는 사실이다. 따라서 고유명이 아무리 개인의 고유성과 정체성에 대한 환상을 조장한다 할지라도 그것은 고유한 문화적 코드에 대한 주체subject의 종속subjection의 표지다.

그래서 고유성 자체를 번역하는 것은 고유성을 영원한 시공간에서 떼어내서 구체적 시간과 특정한 공간 속에 위치시키고 그 추상화된 보편적 본질을 문제 삼는 것이다. 따라서 번역이 그 내부에 반역의 속성을 가시화한다는 것은 그것이 불순하고 불온한 번역임을 선언하는 것이다. 이렇게 본질이나 고유성을 해체하고 재위치시키는 것은 구미 유럽 내부에서는 서구 중심의 인식이 가진 폭력성을 노출하는 하나의 전략이다. 서구 내부에서 서구의 고유성과 기원의 해체는 한편으로는 자신의 사유체계에 대한 비판이지만, 다른 한편으로는 내부의 한계를 반성함으로써 서구의 경계를 넓히고 자문화의 전지구적 확장을 실행하는 전략이 되기도 한다. 그러나 오리엔탈리즘과 신제국주의에 저항하는 서구의 바깥에 거주하는 사람들에게는 민족 정체성과 그 고유의 뿌리를 뒤흔드는 것은 제국주의를 이롭게 하는 배반행위가 될 수 있다. 예를 들어 코란의 순수성과 기원을 해체하고 그것을 유럽 속에 재기입한 살만 루시디가 서구인에게도 유럽성을 오염시키고자 하는 시도로 보이고, 이슬람계 비평가들에게는 이단이자 신성모독으로 3세계의 공간에서 서구의 헤게모니를 강화하고, 서구 가치의 우월성을 전파하는 것으로 간주된다.

그러나 이러한 비판이 루시디나 나이폴과 같은 이산남성작가들만을 대상으로 하는 것은 아니다. 더욱 더 손쉬운 비난의 과녁이 되는 것은 유색인 이산여성작가들이다. 문제가 인종이건, 민족이건, 동성애건, 장애인이건 여성은 언제나 남성보다 더 취약한 위치에 있기에 여성은 한 겹 더 두터운 장애의 지층과 대면해야 하기 때문이다. 그래서 허스톤이나 워커와 같은 미국 내 흑인 여성작가들도 킹스턴이나 에메체타에게 향하는 것과 같은 비판의 화살에서 벗어날 수 없었던 것이다. 그래서 이산 여성 페미니스트 작가들에게는 흑인 여성의 억압과 착종의 굴레를 보여주기 위해 흑인남성을 악마시해도 되는가, 이주여성을 재현하면서 이주남성 노동자들을 여성화시키거나 무력화시켜도 되는가, 3세계 다양한 민족들의 고유한 전통을 여성들을 억압하는 야만으로 강등시켜도 되는가와 같은 본질론적인 것들이다.

두 작가에 대한 소수민족 계열 비평가들의 비판은 설사 그들이 고향을 떠나서 살고 있다 할지라도 페미니즘을 팔아서 인종이나 민족 등의 고유명에 저항하지 말라는 경고를 끊임없이 보내고 있고 반면, 구미의 출판시장은 이산 작가들에게는 그들이 소속한 공동체를 소재로 글을 쓸 것을 요구한다. 작가가 살고 있는 국적과 장소와는 별개로 서구와 그 바깥을 나누고, 주류백인작가는 보편적 인간의 삶을 묘사할 수 있지만 3세계 출신의 작가들에겐 개인의 메시지가 곧 사회적 메시지라는 등식을 적용한다. 여기서 젠더의 문제가 더해질 때 문제는 더욱 복잡해진다. 하지만, 여성의 위치에서 민족, 계급, 인종의 문제와 만날 때 여성은 인종, 계급, 민족과 같은 범주가 될 수 없으며 그 하위범주에 불과하다고 생각된다. 그러나 민족, 계급, 여성의 범주가 언제나 어디서나 조화롭게 만날 수는 없다. 그렇다면 이 범주들이 갈등하고 충돌하는 장 속에서 여성에게 주체 위치를 부여하는 것이 가능하며, 남근적 질서에 휘둘리지 않고 그들을 번역할 수 있는 길은 있는가? 따라서 본 글에서는 국가와 민족, 인종과 계급, 그리고 젠더의 문제가 서로 교차하고 상충하는 이산의 공간에서 번역이 불가피하게 남기는 얼룩과 흔적들을 중심으로 여성의 번역가능성과 불가능성을 동시에 고찰해보고자 하는 데 그 목적을 둔다.

킹스턴의 여전사와 여성주체의 번역

『여전사: 귀신들로 둘러싸인 소녀시절의 기억』[12]이라는 킹스턴의 자서전적 소설은 그 제목에서부터 고유명 속에 기입된 기억과 싸운다. 이 소설에서 기억은 여러 가지 모습의 귀신으로 어떤 종류의 푸닥거리에도 굴하지 않는 귀신의 모습으로 등장하고, 화자는 이 귀신들과 싸우고자 귀신을 번역한다. 호찌[Ho Chi] 귀신으로 등장하는 자신을 번역하고, 중국 신화 속의 인물인 화무란(花木蘭)[Fa

12) Maxine Hong Kingston, *Woman Warrior: Memoirs of a Girlhood among Ghosts*, New York: Vintage, 1977. 서숙 옮김, 『여전사』, 황금가지, 1998.

Mu Lan을 7살에 입산하여 무술과 철학을 배운 후 마을 사람들을 핍박하는 폭군을 무너뜨리는 여전사로 번역한다. 그리고 이름을 박탈당하고 원통하게 죽어간 고모의 원귀를, 남편을 찾아 미국으로 왔으나 정신이상으로 죽어갈 수밖에 없었던 이모를, 중국의 모습을 전달해주는 장본인이기도 하면서 미국에 와서는 서서 아이를 낳을 정도로 노동귀신에 사로잡힌 어머니 브레이브 오키드(勇蘭, Brave Orchid)를, 그리고 오랑캐에게 잡혀갔다 돌아온 채연(蔡琰, Ts'ai Yen)의 일화를 번역한다. 화자에게 번역은 실체 없는 귀신에게 실체를 부여하여 그 흔적을 삭제하고 주체의 목소리를 기입하는 행위로서 일종의 축귀 의식이다.

이 소설에서 여성주체의 구성과 번역 행위는 둘 다 효과적인 전복 전략이다. 즉 '젠더'와 '번역'이라는 유사하게 부차적이고 열등한 범주가 '남성'과 '원본'이라는 우월한 범주에 맞서서 전쟁을 벌인다. 그래서 소설의 화자에게 번역은 호미 바바와 같은 이론가처럼 새로운 문화생산의 장으로 문화 간의 불균등뿐만 아니라 불균등한 권력관계로 심하게 왜곡되는 젠더의 문제를 부각시키는 데에도 초점을 맞추고 있다. 그러므로 여기서 번역은 좁은 의미에서 한 언어를 다른 언어로 옮기는 것만이 아니라 이질적 문화 간의 협상을 벌이고자 하는 문화번역에 가깝다. 즉 그녀는 솔기 없이 매끄럽게 봉합된 중국문화를 전달하기 위한 형태로 번역을 수행하는 것이 아니라 그 솔기를 뜯어내고 봉합을 다시 해체하는 "불연속적 다시 쓰기"를 수행하면서 여성에게 적극적으로 주체성을 부여하는 형태로서 나타난다. 이러한 의미에서 볼 때, 킹스턴의 『여전사』는 전복적인 소설인 동시에 여성주체를 성공적으로 구현한 소설이라고 하겠다. 그럼 킹스턴의 여성주체는 어떻게 등장하는가. 나중에 월트 디즈니에 의해 『뮬란』의 소재가 되었을 정도로 유명한 중국의 일화인 "목란사"(木蘭辭)[13]를 킹스턴의 「흰호랑이」White Tigers 장에서 어떻게 번역하는지부터 살피기로 하겠다.

이 일화는 중국에서 11세기 북송에서 편찬된 "악부시집(樂府詩集)"에 수록되어 있는 작자미상의 "목란사"를 원류로 본다. "목란사"는 충/효를 근본으로 사회의 위계질서를 세우기 위해 유교의 교훈을 대중화시킨 시이다. 그러나 소설의 화자는 여성성의 재구성을 위하여 원본의 충효사상과 유교 가부장제의 핵심을 건드린다. 화무란이 아버지를 대신하여 전쟁에 나가는 것도 사실이고 전쟁에서 돌아와 여성 본연의 자세로 돌아가는 것 역시 사실이다. 그러나 전쟁에 참전하는 목적은 국가에 충성하기 위해서가 아니라 죄 없는 양민을 전쟁에 동원하는 국가를 전복하기 위해서이다. 화무란은 가족들을 징집하여 전쟁을 일으키고 평화를 파괴하는 황제를 징벌하고 새로운 황제를 세우며, 여기서 한걸음 더 나아가 남존여비사상으로 가득 차 있는 마을의 호족을 처단하고 감옥 같은 밀실에 갇혀 있는 여자들을 해방시킨다.[14] 그래서 원본에는 존재하지 않는 무란의 무사로 성장하는 모습이, 그리고 임신에도 구애받지 않는 강한 여성의 이미지가 삽입되고, 남성에 의해 대변되는 주체가 아니라 1인칭 여성의 관점을 취하여 스스로 말하는 주

---

13) 애니메이션 『뮬란』이나 「흰호랑이」장의 무란은 목란의 중국 발음이다.

14) Kingston, *Woman Warrior,* 44쪽.

체를 창조한다. 이 장을 두고 많은 비평가는 킹스턴이 미국인의 독서 취향에 맞추려고 일부러 아마존 여전사 이미지를 삽입하며, 여기서 더 나아가 중국성 자체를 훼손하고 있다고 비판한다.

그러나 화자의 화무란의 번역 그 자체가 원본의 훼손이라고 주장하기는 어렵다. 앞서 소개했던 대로 11세기 『악부시집』에 실린 "목란사"를 원본으로 간주하는 것이 통설이기는 하지만 실제로는 『고금원류』(古今原流)(AD 568)에 처음으로 기록되었다고 한다. 이 기록에 의하면 이 시는 중국의 주류민족인 한족이 아닌 유목민족인 선비(鮮卑)Xianbei족이 세운 나라인 북위의 전설에서 연원한다고 한다. 선비족이 지배하던 북위는 처음 70-80년 동안은 한족문화와 유교전통에 저항했으나 나중에는 한족과 동화정책을 펼쳤다고 알려졌다. 하지만, 동화정책이 한족의 정통성을 강화하기 위해서가 아니라 한족과 선비족의 긴장을 완화하기 위해서였다는 점을 생각해볼 때 선비족이 유교의 이념과 한족의 사회정치적 관습의 이데올로기적 기초를 고스란히 받아들였다고 보기 어렵다. 물론 『고금원류』에 등장하는 무란이 한족출신인지 아니면 선비족 출신인지는 확인하기 어렵다.

하지만, 무란과 같은 여성이미지가 중국 고전 시에서는 전례가 없었다는 점[15]과 선비족과 같은 북쪽 유목민족에게 있어서 무란과 같은 말을 탄 여인의 이미지가 많이 등장한다는 점[16]으로 미

15) Feng Lan, "The Female Individual and the Empire." *Comparative Literature* 55.3, 2003, 232쪽. (재인용)

16) Lan, 위의 글, 232쪽.

루어 무란은 선비족은 아닐지라도 최소한 유교 충효사상의 본보기라고 간주하기는 어려워 보인다. 기록에 의하면 북위 이후부터 지속적으로 무란의 전설을 유교적으로 중화정책에 맞도록 변형시켰고, 명 · 청 시대의 『충효용열목란전』(忠孝勇烈木兰传)에서부터 무란은 완전히 중국화 되어 충효사상과 유교에 입각한 판본으로 확립되었다고 한다.[17] 이렇게 본다면 화자의 화무란 번역은 그 자체로 원본의 훼손으로 보기는 어렵다. 화자는 정확히 원본이 존재하지 않는 무란의 전설을 여성의 입장에서 다시 쓰기를 수행한 것이다.[18]

「흰 호랑이」장을 이러한 맥락으로 재구성했을 때 킹스턴에 대한 프랭크 친 등의 비판은 설득력을 얻기 어렵다. 신화나 전설의 번역이 그 자체로 잘못된 것이 아니기 때문이다. 단지 화자의 발화 입장이 봉건 중국의 지배적 이념틀을 벗어나고 있을 뿐이다. 한족의 충효사상에 입각한 전설을 재구성하고 화무란이 해방시킨 여자들이 모두 여전사가 되었다는 이 일화의 새로운 결말은 전통적 여성상의 구성에서 삭제된 것이 무엇인지를 시사하는 바가 크다.

그러나 단순히 기존의 이분법을 역전하거나 우열을 뒤집는 것만으로는 진정한 의미에서 기존의 이분법을 해체하지 못한다.

17) Lan, 위의 글, 235쪽.

18) 이것은 이 소설의 마지막 부분에 소개되는 채연의 일화에서도 마찬가지이다. 원본의 두 아이와의 결별을 안타까워하는 장면이 빠져 있다고는 하지만, 옛 전설을 되살려 재구성함으로써 중국계 미국인의 맥락에서 다시 읽을 수 있도록 해준다는 의미에서 전설에 새로운 생명을 부여해 주었다고도 간주될 수 있을 것이다.

열등한 범주는 열등하기 때문에 다층적인 권력의 행사에 더 취약할 수 있고, 자본의 논리에 더 쉽게 편입될 수 있다. 따라서 이분법적 선분의 뒤쪽에 있는 여성 역시 자신을 자율적 행위자로 오지각하며 자신이 저항하고자 하는 바로 그 동일화의 체계 속으로 포섭될 위험이 언제나 도사리고 있다. 따라서 번역의 전복성과 새로운 문화의 장으로서 번역이 새로 개념화되려면 이러한 번역 관행에 대한 비판이 선행되지 않으면 새로움은 이질적인 것을 관통하는 차이의 생산이 아니라 친숙한 것의 재생산에 지나지 않게 되는 것이다. 그러므로 차이의 생산을 위한 번역을 고민하지 않는다면 번역은 언제나 전유와 같은 차원에서 작동할 수밖에 없다.

근대여성주체의 성공적인 구현으로 여겨지는 브론테의 『제인 에어』의 제인, 그리고 오스틴의 『맨스필드 파크』의 패니[Fanny Price] 등이 최근의 맥락에서 다시 읽히는 것도 같은 이유에서 이다. 그들은 결혼과 성의 재생산이라는 지배적 범주에서 결코 벗어날 수 없었고, 또한 그들의 성공적인 주체 구성 뒤에는 버사와 같은 인물이나 안티구와[Antigua]라는 카리브 해의 피식민지 농장이 자리하고 있었던 것도 사실이기 때문이다. 그러므로 페미니즘 비평이 동물의 차원으로 강등되어버린 버사나 소설의 드러나지 않는 배경으로 작동하는 피식민지의 흔적에 주목하지 않을 때 그것은 기존의 이분법을 동일하게 반복하는 위험 속에 빠져들 수 있다.

따라서 여기서 필자가 제기하고자 하는 의문은 '왜 킹스턴의 번역이 민족을 훼손하고자 하는가'가 아니라, "과연 하위자가 말할 수 있는가"라는 스피박의 질문, 혹은 동일성을 재생산하는 반복이 아니라 "차이를 생산하는 반복"이라는 데리다나 주디스 버틀러의 질문과 맞닿아 있다.

이러한 관점에서 소설 속으로 다시 들어갔을 때 화자의 시선에 포착되는 귀신 중 가장 강력한 것은 가부장제이다. 그 가부장제귀신은 중국귀신이기도 하다. 하지만, 모든 귀신이 다 중국에서 날아온 것은 아니다. 화자가 사는 미국 역시 택시귀신, 버스귀신, 경찰귀신, 우편배달귀신, 간호원귀신, 예수쟁이귀신, 쓰레기를 치우는 귀신 등 귀신들로 가득 차 있다. 이 중에는 중국계 미국인들을 인간으로 인정하지 않는 백인귀신들도 있다. 4년 후에 출판된 『차이나맨』이 백인귀신과 투쟁을 벌이는 주요 장소라면, 가부장제귀신은 1976년에 출판된 『여전사』의 주요 무대이다. 그러므로 『여전사』는 소수민족 '여성'이라는 이중굴레 속에서 살고 있는 중국계 미국인 여성 안팎에 거주하는 수많은 귀신과의 투쟁을 통하여 여성주체를 구성한 셈이다.

그러나 소설에 등장하는 귀신은 가부장제귀신과 백인귀신이 전부가 아니다. 흑인도 귀신이며, 외국인도 귀신이요, 미국에서 태어난 중국인도 귀신이요, 고모와 이모, 어머니 용란의 이야기 속에도 죽은 자의 원귀가 있다. 이렇게 보았을 때 화자는 화자가 이해할 수 없거나 화자가 받아들일 수 없는 모든 것 혹은 화자의 성공적인 주체구성을 방해하는 타자들을 귀신이라는 어휘로 요약하면서 귀신 없는 세상을 꿈꾼다. 이 소설을 시간적으로 재구성할 때 마지막 부분에 해당하는 「샤먼」Shaman 장의 끝에서 어른이 된 화자는 결국 귀신 없는 세상을 성취하는 것으로 보인다. "**이**

나라에는 귀신이 없는 곳이 있어요, 나는 그 곳에 속한다고 생각해요."[19] 이렇게 화자는 번역을 통해 모든 귀신을 축출하려 함으로써 자율적 주체를 구성하고자 하지만 화자는 자율적 주체의 구성을 위하여 타자를 전유하거나 삭제한다.

화무란의 일화에서 무란은 역할모델로서 등장하고, 말하는 주체를 창조하며 침묵을 깨뜨린다. 화자에게 목소리를 갖는 것은 중요하다. 목소리를 갖는 것은 힘을 갖는 것이다. 화자는 고모와 이모가 그렇게 사라진 것은 목소리를 갖지 못했기 때문이라고 생각하고 목소리를 가지려고 투쟁한다. 그래서 화자는 말을 하는 것이 의무라는 것을 깨닫고 다음과 같이 말한다.

> 나는 미국어의 나I를 이해할 수 없었다. 중국어의 '나'는 일곱 획으로 되어 있는 복잡한 글자이다. 하지만, 미국어의 '나'는 중국어와 같이 확실히 모자를 쓰고 있기는 하지만, 단 세 획이며, 가운데 획은 어찌 그리 똑바른가?[20]

화자는 미국영어와 한자를 모두 이미지로 번역한다. 그러나 이것은 겉으로 보이는 것처럼 이미지만의 문제는 아니다. 중국어에서 '나'를 의미하는 7획의 글자는 我, 余, 吾가 있다. 중국어처럼 "'미국어의 '나'도 모자를 쓰고 있다"는 표현에서 킹스턴이 염두에 두는 일인칭 대명사가 吾는 아닌 듯하다. 我의 머리 부분의 '丿'을 모자로 본다면, 我를 염두에 둔 글자 같기도 하고, 余의 '人'을 모자로 본다면 余를 염두에 둔 것처럼 보이기도 한다. 현대 중국어에

19) Kingston, *Woman Warrior,* 108쪽.

20) 위의 책, 166쪽.

서 주로 일인칭 대명사로 쓰이는 我는 무기인 창과 깃발을 형상화한 글자로 남성적이고 군사중심의 공동체가 바로 '나'의 기원임을 보여준다.[21] 킹스턴이 염두에 두고 있던 글자가 我가 아니라 余라 하더라도 이 글자가 남성문화 속에서 태어났다는 사실은 부인하기 어렵다.[22] 그러나 킹스턴이 어떤 글자를 염두에 두고 있든, 중국어의 '나'는 미국어의 '나'에 비해 중심을 잘 잡지 못하고, 똑바르지도 못하다. 이것은 중국이 미국으로 공간이동을 하면서 여성화되었다는 화자의 인식과 궤를 같이하는 듯이 보인다. 이것은 화자가 현재 거주하는 차이나타운에 대한 태도와 어머니인 브레이브 오키드가 전달해주는 중국성을 접하는 태도가 사뭇 다르다는 것과도 연관된다.

따라서 위 인용문은 중국의 여성화와 연결해서 사고할 수도 있는 문제이기도 하지만, 필자가 이곳에서 제기하고자 하는 문제는 그러한 것이 아니다. 다시 말해 한자와 영어를 모두 이미지화시켜서 기술하는 화자의 문제는 중국이 미국으로 건너오면서 중국어의 어원적 의미를 잃어버렸다거나, 원래 남성적이었던 중국어의 '나'를 여성화해서는 안 된다는 것이 아니라, 이러한 중국어 '나'의 대안으로 화자가 미국어의 '나'에 대해 찬양과 동시에 숭배를 보이고 있다는 점이다. 영어 '나'는 라틴 어에서 자아[ego]를 의미

21) Keng-fang Lee, "Cultural Translation and the Exorcist" *MELUS* 29.2 (2004), 109쪽.

22) 余는 가차자로서 발생단계의 글자 형태에 의하면 '길가에 세워 놓은 막사'로, 남자들이 여행을 할 때 묵어가는 막사를 의미한다고 한다. 그러므로 이 글자가 군사와 전쟁과 연관된 글자는 아니지만, 최소한 여성이 거주하고 있는 가정을 포함하는 것은 아닌 듯하다.

하며, 토릴 모이와 같은 페미니스트들은 이 글자에서 솔기 없이 통합된 자아를, 그리고 근본적인 남근중심주의를 읽어낸다.[23] 사실, 화자가 차이나타운을 떠나는 것은 이러한 미국의 '나'를 위해서이다. 이것은 "세상을 **논리적으로** 보려는"[24] 것이며, 차이나타운의 수많은 귀신에서 벗어나려는 것이다. "숨 쉴 때 더는 가슴이 아프지 않고 새벽 두통에 시달리지도 않는"[25] 그 귀신 없는 세상에서 화자는 "논리, 사물을 보는 그 새로운 방법을 배웠고, 불가사의란 설명되기 위해 존재한다고 배웠다"고 주장한다.[26] 그래서 화자는 수많은 불가사의를 자신에게 맞도록 전유하고 번역하면서 남근적 여성의 창조[27]를 위해 그 이미지와 맞지 않는 다른 여성들을 삭제한다. 그러므로 화자가 집을 떠나는 것은 적대적 타자를 환대하기 위한 것이 아니라 축출하려는 것이다. 문제가 되는 것은 귀신들이 삭제된 그 자리에 들어서는 남근적 여성과 대문자 인간이다. 그래서 "서쪽 궁궐에서"라고 이름 붙여진 장에서 미국으로 건너 와서 정신병으로 죽어간 이모는 수치의 대상이며, "이름 없는 여인"의 장에서 화자가 가장 동정적인 시각으로 번역하

---

23) Toril Moi, *What is a Woman? And Other Essays*, Oxford: Oxford UP, 1999, 171-77쪽.

24) 위의 책, 204쪽, 강조는 필자.

25) 위의 책, 108쪽.

26) 위의 책, 204쪽.

27) 「흰호랑이」 장에서 화무란은 입산하여 훈련을 받으면서 그녀는 육체와 욕망을 통제하는 법(32)을 배우고, 남장을 하고 남자들에게 배운 무술로 사악한 남성에게 저항한다. 여성의 특질인 임신도 그녀를 더 강하고 뚱뚱한 남자로 보이게 한다. 이러한 텍스트의 여러 요소들로 미루어 볼 때 이 소설에서 역할 모델로 등장하는 화무란 역시 남성의 신체를 미학적 이상으로 삼고 있다는 것은 명백하다.

는 화자의 고모는 전유의 대상이 된다.

중국에서 건너온 이모 문 오키드(月蘭)Moon Orchid는 남편이 미국에서 재혼했다는 것을 알았어도 고향으로 돌아갈 수가 없다. 미국으로 오려고 이미 아파트를 포함해서 홍콩에 있는 모든 것을 처분했기 때문이다. 그러나 이 장에서 이모에 대한 화자의 동정적인 서술은 찾기 어렵다. 공항에서부터 브레이브 오키드의 아이들은 그녀를 수치스러워하면서 슬금슬금 피한다. 화자의 관점은 아이들의 태도로 말미암아 문 오키드가 미국 사회에 적응하지 못한 것이 아니라 문 오키드의 부적응과 미국 사회에 대해 몰이해가 아이들을 불편하게 만들고 있다고 보여준다. 따라서 이 일화에서 남편의 재혼만이 문 오키드의 정신병의 원인인 것 같이 보이지는 않는다. 정상이었을 때도 "앞문을 열고서도 뭔가를 궁지랑 거리고, 뒷문을 열고도 궁지랑 거리는" 문 오키드의 모습은 귀신과 크게 다를 바가 없으며, 브레이브 오키드가 운영하는 세탁소에서 그녀는 와이셔츠를 다릴 줄도 모르며 수건도 크기에 맞추어서 접을 줄 모르는 등 지독하게 무능하다. 그러나 문 오키드의 더 큰 문제는 무능이나 부적응이 아니다. 30년간을 남편을 기다려왔지만, 남편에게 자신을 미국으로 초청해달라는 말 한마디 해보지 못한 문 오키드의 **침묵**이다. 남편을 찾아갈 때 "너의 주장을 펼치지 않으면 남편은 없다"는 브레이브 오키드의 강력한 충고에도, 그녀는 아무 말을 하지 못하고 울기만 한다.[28] 침묵은 끝내 그녀를 광기로 몰아갔고 정신병동에서의 죽음도 단 한 줄로 처리되고 만다.

---

28) 위의 책, 151쪽.

한편, 이 소설의 첫 번째 일화인 「이름 없는 여인」은 어머니인 브레이브 오키드가 화자에게 들려준 고모이야기이다. 중국 땅에서 고모는 남편이 없는 사이 사생아를 잉태함으로써 이름을 박탈당하고, 공동체의 규율을 어긴 징표로서 그 가족까지 약탈을 당하는 수모를 당한다. 그날 밤 고모는 돼지우리에서 아기를 낳고, 아침이 되어 아기와 함께 우물에 빠져 죽는다.

이 이야기에 화자는 자신의 상상력을 덧씌운다. 보이지 않는 세계를 보이게 만들기 위하여. 고모는 분명 강간을 당했을 것이고, 우물에 빠져 죽은 것은 가족과 마을사람에 대한 저항의 표시였을 것이라는 말도 덧붙인다. 그러나 고모는 화자의 입장과 연관해서만 존재할 수 있고, 화자의 관점에서만 구성될 수 있다. 그래서 고모가 향유했을 지도 모르는 성적 쾌락은 번역에서 지워진다.

> 그러나 나는 그녀[고모]가 자유롭게 섹스를 즐겼다고 상상할 수 없다. 나는 그 같은 여자, 아니 남자조차 모른다. 나에게로 연결되지 않는 조상의 삶은 아무 도움이 되지 않는다고 생각한다.[29]

또한, 화자는 이모와 고모의 불행이 스스로 목소리를 가지지 못했기에 주체가 되지 못하고 하나의 대상으로 전락해버렸음을 깨닫는다. 화자는 정상과 정신병자의 차이도 말을 하는 것과 말을 하지 않는 것에 있다고 주장한다.[30] 따라서 화자는 말을 하지 못하는 수많은 타자를 멸시하며, 심지어 자신도 그들의 일원이 될까

29) 위의 책, 8쪽.

30) 위의 책, 186쪽.

봐 두려워한다. 그러나 이 깨달음과 깨달음이 수반하는 두려움은 또 다른 신경증적 폭력을 낳는다. 예를 들어 화자는 그녀보다 한 살 많은 동급생 중국계 여학생을 가차없이 고문한다. “네가 말을 할 때까지 난 더 세게 머리를 잡아당길 거야. 말해. 머리칼이 뽑혀서 대머리가 되기 싫거든”, “너 벙어리가 되고 싶니?” “말을 하지 않으면 넌 식물에 불과해, 말을 하지 않으면 인격도 없어.” 이런 식으로 화자는 주체의 불안을 외부로 투사한다. 그녀는 자신의 성공적 주체구성에 방해되는 이물질을 견딜 수 없다.

화자가 사는 마을에는 집집이 미친 여자들이 있었다. 옆집 여자도 미쳐 있었다. 남편의 말에 의하면 그 여자는 중국에 가서 돈을 지급하고 사온 여자라고 한다. 그녀는 아무 말도 하지 않았고, 아무 짓도 하지 않았지만, 그녀의 몸에서는 마녀와 같은 은빛 열기가 솟아나는 것 같아 화자는 두려움을 감출 수가 없다. 크레이지 메리[Crazy Mary]라는 미친 여자도 있었는데, 그 부모는 이제 막 걸음마를 시작할 무렵의 그녀를 중국에 두고 미국에 이민을 왔다가 그녀가 다 자란 후 미국으로 데려왔다고 한다. 그녀의 굵은 발목과 발뒤꿈치, 그리고 퍼렇게 서 있는 힘줄, 그리고 두 손을 늘어뜨린 채 구석에서 갑자기 튀어나오는 행동은 공포를 자아내며 그녀의 몸에서 나는 호랑이연고 냄새는 화자에게 대단히 불쾌하다. 또한, 피아나[Pee-A-Nah]라는 여성은 “성난 마녀”이자, 격렬하게 뛰어다니는 “난폭한 악마” 같아서 화자는 그녀가 쫓아오면 혹시 집으로 찾아올까, 집 반대 방향으로 도망을 친다. 화자는 미국에서 태어난 아이들은 정상적인데 중국에서 태어난 사람들이 주로 정신병자가 되어 있는 것을 보고, 화자는 자신의 어머니가 자신을 미국 땅에서 낳아준 것에 대해 감사한다.

이렇게 화자는 미친 여자들이 두렵다. 그 두려움은 흡혈귀의 꿈으로 반복된다. 화자의 송곳니가 길게 자라고 천사의 날개는 검게 변한다. 이 그로테스크한 공포는 화자로 하여금 미친 여자들에 대해 공감이나 연민을 느끼지 못하도록 차단하는 구실을 함과 동시에 "중국에서는 여아가 태어나면 산파나 친척이 머리 뒷덜미를 잡고 얼굴을 재속에 엎어서 살해한다", "남편 말에 복종하지 않으면 그는 아내를 죽일 수도 있었다. 공자 그 합리적인 남자가 그렇게 말했다"[31] 등의 중국 자체에 대한 혐오로 증폭된다.

이것은 「흰 호랑이」장에서 원본을 재구성하면서 역동적으로 문화번역을 수행하던 문체와 완벽하게 대조되고 있고, 화석화되어 버린 역사적 구성물에서 그 화석을 떼어내고 생명을 불어넣을 때와 완전히 상반되는 태도이다. 그래서 화자는 "내가 중국에 가면 아버지는 나와 내 여동생을 팔아버릴 것이고, 아버지는 두세 명의 여자와 결혼해서 그 마누라들은 우리 발등에 끓는 기름을 뿌릴 것이다"[32]라는 터무니없는 상상을 하기도 한다. 이것은 프랭크 친 등이 비판하는 것처럼 중국성 자체에 대한 반발일 수도 있지만, 오히려 비정상, 광기, 괴물, 그리고 마녀성과 같은 이물질에 대한 공포이고, 주체가 되지 못한, 목소리를 부여받지 못해 오염과 얼룩으로 존재할 수밖에 없는 귀신들에 대한 공포이다. 미친

31) 위의 책, 193쪽.

32) 위의 책, 99쪽.

여자들, 그리고 미친 여자들과 병치되는 귀신들이 화자에게 어떤 해를 끼쳐서가 아니라 그들이 화자와 같은 뿌리를 가지고 있기 때문이다. 이것은 궁극적으로 화자의 솔기 없이 통합된 주체구성을 위해 배제되어야 할 것들이다.

에메체타의 『모성의 환희』[33]

영미권에서 잘 알려진 흑인 작가이자 나이지리아 출신의 영어로 소설을 쓰는 대표적 여성작가임에도[34] 불구하고 에메체타는 한국에 거의 소개되지 않은 작가이다. 지리적 근접성이나 우리 문화와의 유사성이 킹스턴 연구를 증폭시킨 반면, 영국의 런던을 거점으로 10여 권의 소설을 쓴 앵글로 아프리카계 에메체타에 대한 국내의 관심은 상대적으로 저조하다. 이것은 소잉카나 아체베와 같은 작가들과는 달리 에메체타의 아프리카 번역이 진정성을 획득하지 못한다는 비판 때문이기도 하겠지만, 에메체타의 모성의 재현방식도 그 큰 이유 중의 하나일 것이다.

동서양을 막론하고 여성의 역할을 대부분 모성의 중요성에 초점이 맞추어져 있으며 민족이라는 상상된 공동체를 재번역하기를 원하는 킹스턴과 같은 작가들도 어머니와 딸로 이어지는 유대관계나 어머니로서의 여성의 중요성을 간과하지 않는다. 또한

33) Buchi Emecheta, *The Joys of Motherhood*. New York: Braziller, 1979.

34) Wendy Griswold, *Bearing Witness: Readers, Writers, and the Novel in Nigeria*. Prinston: Prinston UP, 2000, 184쪽.

이론의 장에서도 남근 중심적 질서를 그 뿌리부터 가로지르기를 원하는 크리스테바와 같은 프랑스 페미니스트에게도 어머니 혹은 모성은 대단히 중요한 개념적 틀로 부상한다. 이러한 모성의 문제는 아프리카를 배경으로 하는 소설들에서는 아프리카의 정체성과 연결될 정도로 대단히 중요하다. 아프리카대륙 자체가 어머니 혹은 모든 것을 포용하는 대지의 어머니라는 강력한 은유로 쓰이고 있기 때문이다. 많은 네그리튜드 시인과 소설가에게 어머니는 그들이 거주하는 "땅과 민족 그 자체이며, 대지 아프리카와 어머니는 상징적으로 등치"되고 있다.[35] 그래서 바바라 크리스천은 아프리카 내부의 다양성과 다른 지역적 가치를 인정한다 할지라도 "모성의 우선성은 아프리카의 유일한 가치가 된다"고 말한다.[36] 따라서 본질적 모성을 번역하고 모성 그 자체를 시공간적인 보편성에서 떼어내는 것은 모성만이 아니라 아프리카 전체에 대한 반역이 된다. 그래서 "아프리카 여성을 진정으로 재현한 것은 에메체타에 이르러서이다"[37]라는 긍정적 평가에도, 모성의 재전유는 전체 에메체타의 작품을 끝없는 논란에 휩쓸리게 만든다.

에메체타라는 한 대중작가를 본격 비평의 장으로 불러들인 대표적 이론가는 우리에게 사이보그페미니즘 이론가로 잘 알려진 해러웨이이다. 해러웨이는 자신의 글읽기가 여성학을 연구하

35) Carole Boyce Davis, "Motherhood in the Works of Male and Female Igbo Writers." *Ngambika: Studies of Women in African Literature.* Eds. C.B. Davies and A.A. Graves. Trenton: Africa World, 1986. 244쪽.

36) Babara Christian, *Black Feminist Criticism*. New York: Pergamon, 1985. 244쪽.

37) Marie Umeh, "African Women in Transition in the Novels of Buchi Emecheta", *Présence Africaine* 106, 1980, 201쪽.

는 서구백인 여성의 입장이라는 것을 밝히면서 여성의 지도를 만들 때 부분적으로 동맹을 맺거나 부분적으로 대립적이 되는 지역과 세계, 개인과 정치라는 그물망의 복합성과 다층성 그리고 부분적인 동맹관계와 부분적 적대관계를 탐색하기 위한 하나의 장으로서 에메체타의 『이중굴레』를 독해한다.

해러웨이는 우선 어머니는 아프리카와 아프리카 출신으로 세계 각 곳에 흩어져 사는 사람들의 상처에 붕대를 감아주고 통일성을 확인하는 특별한 성숙의 순간이 되지만 에메체타는 이를 간과하고 있다고 주장하는 나이지리아 이바단 대학 교수인 오구니에미와 모성을 찬양하면서 동시에 모성을 강요하는 모성의 모순과 복잡성을 주도면밀하게 포착해낸 크리스천의 글을 대조하면서, 에메체타의 소설 『이중굴레』는 여성의 몸이 여성의 경험이나 모성과 같은 어떤 이름으로도 고정될 수 없는 차이의 공간임을 읽어낸다. 그리고 "식민주의자나 토착 민족주의자들의 목소리로 대변되는 대문자 여성의 그 어떤 위대한 이미지와도 더 맞지 않는 여성인물들"을 그려내는 작가가 에메체타라고 주장한다.[38]

이러한 해러웨이의 주장은 프레드릭 제임슨의 제3세계론이 내부의 차이와 차이의 다층성을 인정하지 않는 타자의 본질화와 연결된다는 비판을 받은 것과 마찬가지로, 3세계 여성들의 본질화와 고정화에 대한 다층적인 저항을 '차이'라는 하나의 용어로

38) Donna J. Haraway, "Reading Buchi Emecheta: Contests for Women's Experience in Women's Studies." *Simians, Cyborgs, and Women: The Reinvention of Nature*. New York: Routledge, 1991. 122쪽. 민경숙 옮김, 『유인원, 사이보그, 그리고 여자』, 동문선, 2002.

통괄함으로써 문화 간의 세부적 차이를 오히려 놓치고 있다는 비판에 직면한다.[39] 그러나 3세계 민족주의 담론이 그들끼리의 담론으로 축소되지 않기 위해서라도, 그리고 페미니즘이 여성들끼리의 담론으로 축소되지 않기 위해서라도 담론의 벽을 허물고 이종교배의 가능성을 열어야 하고, 1세계 백인이 "영혼의 관광에 빠지는 위험을 무릅쓰고"[40] 다른 세계에 개입하듯이, 3세계 비평가도 제국의 전략에 포섭되는 위험을 감수하지 않고서는 남-북과 동-서로 나뉜 문화적 게토화를 넘어서기는 어려울 것이다. 그러나 문제는 개입에서 발생하는 위험의 정도와 범위가 다르다는 데 있다. 전자가 관광이 일으키는 위험이라면 후자는 생존의 문제일 수 있기 때문이다. 따라서 여기서는 에메체타의 대표작인 『모성의 환희』를 중심으로 아프리카의 여성이 어떠한 번역과 변용 과정에 노출되고 있는지를 살피기로 하겠다.

킹스턴 소설에서 귀신들에 둘러싸인 기억과 투쟁을 벌이는 화자와 달리 『모성의 환희』는 '치'chi라는 귀신에 사로잡혀 헝클어진 머리에 구겨진 외투를 입고 정신없이 달리는 응누에고Nnu Ego의 모습으로 시작된다. 자신에게 부여된 고유한 민족성에 끊임없이 의문을 제기하고 새로운 정체성을 써나가고자 하는 『여전사』와 달리, 최소한 이 소설에서 응누에고는 자신의 몸과 정신을 옭아매는 부족의 수호신이자 강의 신, 그리고 동시에 죽은 자의 원

39) C. Ward, "What They Told Buchi Emecheta: Oral Subjectivity and the Joys of 'Otherhood'", *P.M.L.A.* 105, 1990, 86-87쪽.

40) 위의 글 112쪽.

귀인 '치'를 번역하지도 전유하지도 못하고, 그것에 어떤 실체를 부여하지도 못한다. 그녀는 언제나 착한 딸이자 좋은 아내가 되기를 원했고 훌륭한 어머니로 아들을 낳아서 "남편에게 영원한 생명을 주기를" 원했다. 그러나 소설의 결론은 이러한 주인공의 태도가 죽음을 가져오는 것으로 결론지음으로써, 조화롭고 무시간적인 어머니의 이미지를 해체하고 모성의 가부장적 개념에 도전한다. 그러나 화자의 관점이 반어적인 동시에 복합적이기에 이 결론에 이르는 과정은 좀 더 자세한 고찰을 요한다.

우선 응누에고가 '치'에 사로잡힌 것은 그녀가 태어나기 전부터 부여된 일종의 운명 같은 것이었다. 그것은 응누에고의 사회의 일부다처제, 한 여성을 아내로 삼을 때 지급해야 할 신부 값, 노예제도와 노예를 따라 죽게 하는 순장풍습, 그리고 아프리카의 종교적 관례 등과 긴밀하게 연관되어 있다. 우선 부족장이었던 응누에고의 아버지인 아그바디Nwokocha Agbadi에게는 9명의 아내와 2명의 정부가 있었다. 그 두 명의 정부 중 한 사람이 응누에고의 어머니인 오나Ona이다. 그녀는 다른 부족장의 딸이다. 오나의 아버지는 오나에 대한 아그바디의 청혼을 거절하고 신부 값을 받기를 거절한다. "가격을 매길 수 없을 정도로 귀중한 보석"이라는 그녀의 이름은 신부 값을 받지 않았기에 가격을 매길 수가 없다는 의미인 동시에 오나가 결혼이라는 제도에 구애받지 않는 존재라는 것을 드러낸다. 이 장면은 아들이 없었던 오나 아버지가 신부 값을 받기 거절했고, 그래서 실제 남편인 아그바디와의 거래가 성립하지 않았다는 해석도 가능하고, 아버지가 죽은 후에도 아그바디를 정식 남편으로 받아들이지 않았기에 이부자Ibuza 사회의 결혼제도가 독립적인 여성이 생겨날 기회를 제공했다는 해석도 가능하다. 그러나 결혼 여부를 떠나 아그바디의 오나에 대한 사랑은 대단히 강렬하고 특별했다. 그래서 나머지 아내들은 오나가 어떤 사악한 마술을 부려서 아그바디를 사로잡고 있다고 생각할 정도였다.

그러나 오나가 계속해서 아그바디를 거절하자, 아그바디는 어느 날 사고로 다친 자신의 상처를 간호하다 잠든 오나를 겁탈한다. 그러나 오나와의 관계를 지켜보고 있었던 첫 부인은 그날 밤 심하게 앓았고 다음날 죽음을 맞이한다. 장례식은 부인의 노예도 같이 순장하는 관습대로 치러질 것이다. 이것은 완전한 여성으로 죽어간 첫 부인에게 애도를 표하는 행위였다. 그러나 관습에 따라 자발적으로 무덤에 들어가야 할 여자노예는 죽기를 거부했고, 아그바디의 장남은 그녀를 도끼로 내려친다. 이를 말리는 아그바디에게 그녀는 죽기 직전에 "당신의 자식으로 다시 돌아올 것이다"라는 저주의 말을 남긴다. 이 말을 증명이라도 하듯이 노예의 원귀는 부족의 수호신 '치'와 결합하여 그녀만의 수호신인 동시에 그녀를 따라다니는 원귀가 된다. 그리고 그녀의 노예성은 응누에고의 운명이 되어 그녀에게 불임의 고통을 안겨서 첫 남편에게 쫓겨나게 하고, 부족장의 딸이라는 신분에 맞지 않게 나이지리아의 산업 도시 라고스에서 임금노예처럼 살아가는 남편을 맞이하게 하고, 그 이후에는 감당할 수 없을 정도로 많은 아이를 임신하고 출산하게 한다.

그렇다면 그녀를 괴롭히는 '치'는 왜 출몰했는가? 아버지 아그바디가 어머니 오나를 겁탈하고자 한 것에서 발생한 것인가. 다른 모든 아내를 제쳐놓고 오나 만을 사랑한 지나친 사랑의 대가인가. "질투심을 모르는 훌륭한 여자"라는 아그바디의 평가에도, 이를 훔쳐본 첫 부인의 질투—혹은 궁극적으로는 일부다처제의 모순에서 비롯된 것인가. 아니면 노예의 살해를 정당화하는 순장풍습의 폐해인가. 혹은 "아무리 응누에고를 사랑한다고 할지라도 결혼은 스스로 선택할 수 있게 해 달라"는 오나의 유언을 아그바디가 지키지 않은 데서 비롯된 것인가?

이렇게 '치'는 수많은 해석가능성을 열지만, 텍스트의 화자는 응누에고의 고통에 찬 한탄에도 이에 대한 답을 보여주지 않는다. 오히려 화자는 '치'에 대한 주술사의 해석이 엉터리일 것이라는 가능성을 배제하지 않는다. 이보족의 주술사는 응누에고와 노예 여성이 연결된 것은 응누에고의 머리에 혹이 있기 때문이라고 해석한다. 그러나 두 번째 남편 응나이페Nnaife의 기타 속에 귀신이 들어 있다는 소동이 있고서 주술사의 충고에 따라 귀신을 달래려고 염소를 잡지만, 화자는 그것이 귀신의 장난이 아니라 아들 오시아Oshia가 기타 속에 숨겨놓았던 쥐들의 소행이라는 것을 밝혀줌으로써 주술사의 해석은 터무니없는 미신에 불과하거나, 혹은 주술사의 존재 자체가 "어머니가 듣고 싶어 하는 말을 해주는 사람"에 불과할 수도 있다는 것을 시사한다.

그럼에도, '치'는 소설의 화자에 의해서도 주인공 응누에고에 의해서도 축출되지도 거부되지도 그리고 자신에게 맞게 전유하지도 않는다. 때로는 모순적이고 때로는 일관성 없는 '치'에 대한 화자의 표현을 추적할 때 '치'는 그녀 일부처럼 보이고, 그녀가 합체를 통해 내부화한 노예이자 얼룩이며, 그녀의 주체화를 방해하는 얼룩이자 초대받지 않는 타자로 보인다. 그녀는 '치'라는 대상을 자기 속에 합체함으로써 그 대상의 특질을 자신의 것으로 만들고 있기 때문이다. 이것은 프로이트가 『에고와 이드』에서 설명했고, 주디스 버틀러가 발전시킨 우울증을 일으키는 비정상적 애도와 연관된 것처럼 보인다. 죽은 노예는 정상적 애도의 대상이 아니다. 비록 아그바디가 장례를 치러주고 첫 남편에게 쫓겨났을 때 응누에고를 위해 그가 가진 모든 노예를 해방하기는 하지만, 응누에고의 표현대로 노예의 해방은 "백인들이 노예를 불법으로 간주했기 때문에 해방시킨 것"[41]이지, 노예에 대한 정상적 애도와는 거리가 있는 것이다. 그리고 앞서 언급한 강간당한 희생자로서의 오나, 그리고 첫 부인의 질투 이 모든 것들은 이보족의 관습 속에서 공식적으로 쓰일 수 없으며 이러한 이물질들이 모두 '치'의 형태로 응누에고의 몸속에 기입되는 것처럼 보인다. 이것은 모두 공식적으로 슬퍼할 수 없고 슬픔의 대상이 될 수 없는 상실을 포함한다. 따라서 응누에고가 합체한 타자들은 정상적인 주체구성을 방해하는 이물질이다. 이 이물질을 축출하지 않는 한 응누에고는 결코 성공적인 주체화를 이룩할 수도 '치'를 성공적으로 번역할 수도 없다.

반면 이 소설 속에 등장하는 모든 인물이 다 응누에고의 '치'를 합체하는 우울증적 인물은 아니다. 응나이페의 또 다른 아내

41) Emecheta, *The Joys of Motherhood,* 51쪽.

아다쿠Adaku는 '치'를 추방하고 그 이름이 "부의 딸"을 의미하듯이 부와 돈에서 '치'의 대체물을 찾는다. 그녀는 "빌어먹을 '치'! [...] 나는 '치'가 생명을 주었든 말든 상관하지 않는다"라고 선언한다.[42] 사실 이부자의 관습에 따르면 아들을 낳지 못한 그녀는 가치가 없다. 하지만, 그녀는 집을 나가서 몸을 파는 매춘부가 된다. 여기서 생긴 돈으로 두 딸을 학교에 보내고 장사를 시작한다. 장사는 번성했고 그녀는 부자가 된다. 이제 남편은 그녀의 몸을 더 이상 지배하지 못할 것이고, 그녀의 딸들의 신부 값도 요구하지 못할 것이다. 그리고 그녀의 두 딸은 가부장제의 사슬에서 벗어날 수 있을 것이다. "나는 학교선생이 된 많은 여자를 보았어, 남자와 같이 돈을 벌 수 있는 여자는 정말 대단해"[43]라는 응누에고의 표현처럼 자본주의적 인간을 자아 이상으로 만듦으로써 아다쿠의 주체화는 성공하는 것처럼 보인다.

하지만 아다쿠의 행동은 확장된 가부장제에 불과하다. 매춘은 가부장제에 얽매여 있는 육체를 자본에 개방함으로써 자신의 몸이 한 남자의 소유가 아니라 여러 남자의 소유임을 공포하는 것이고, 그것의 특성상 남자들이 가진 돈에 의존하지 않고서는 성공을 보증받을 수 없다는 것을 보여주기 때문이다. 따라서 그녀는 몸의 주권을 주장하지만, 그것은 더 큰 체계에 종속되는 결과를 낳는다.

한편 '치'를 축출하지 못한 응누에고의 죽음은 그 화려한 장

---

42) 위의 책, 168쪽.

43) 위의 책, 189쪽.

례식과 그녀를 위해 지어진 사당에도 불구하고 편안하지 못하다. 죽음은 웅누에고를 '치'로 되돌아오게 한다. 그녀는 '치'로서 반복되고 생전에 착한 딸과 좋은 아내가 되고자 했던 자신의 노력과 반대로 아이를 낳게 해달라는 여성들의 소원을 무시한다. 그리고 마을 사람들은 그녀를 원래부터 사악했던 타자로 인식한다. 물론 사악한 타자로서 반복되는 응누에고의 '치'는 동일하지만, 완전히 똑같지는 않을 것이다. 그녀가 살아있었을 때의 '치'는 끊임없이 체계에 봉사하라고 요구했지만, 사후의 '치'는 더 체계에 봉사하기를 거부하면서 체계에 대한 반란을 시도하기 때문이다. 그녀의 '치'는 저주하는 귀신들림의 형태로 부메랑처럼 독자에게 되돌아온다. 이것은 그녀가 끝내 주체가 되지 못하고 타자라는 이물질로서 남았다는 것, 그리고 주체의 편에서 그 죽음은 유토피아적이기보다는 오히려 비극에 가깝다는 것을 시사한다.

우울증적 번역

이제까지 살펴보았듯이 킹스턴의 『여전사』와 에메체타의 『모성의 환희』는 여성을 번역하는 불가능한 임무를 상반된 입장에서 수행한다. 전자는 타자를 추방하거나 전유하면서 여성에게 목소리를 부여하지만, 후자는 타자라는 이물질을 합체함으로써 여성 주체의 가능성을 희석시키는 경향이 있기 때문이다.

그러나 『모성의 환희』 역시 이 장의 서두에서 언급한 바와 마찬가지로 고유의 민족성을 훼손한다는 주장이 없는 것은 아니다. 『모성의 환희』의 반어적 결론을 비극으로 읽는 많은 비평가는 아프리카의 가부장제와 합리적이고 상징적 질서가 개입하지 못하는 문명의 황무지라는 저자의 인식이 주인공의 비극적 죽음을 초래한다고 본다.[44)]

전통적인 삶을 사는 것이 주인공을 비극으로 몰아간다는 것은 역설적으로 제국주의가 합리적 상징적 질서이며, 이 합리적 질서에 따라 주체를 구성할 때 삶의 길이 열린다는 결론이 도출되기 때문이다.[45)] 그래서 그들은 에메체타가 경제적으로 무능하고 무책임한 응누에고의 남편 응나이페를 아프리카의 무능의 표상으로, 단칸방에서 살고 있음에도 신부 값을 지불하고 아내를 맞이하는 일부다처제를 아프리카의 야만의 표상으로, 또한 남편의 편지도 읽지 못하는 응누에고의 문맹을 아프리카의 문맹과 병치시킴으로써 나이지리아뿐만 아니라 아프리카 전체를 비하하고 있다고 주장한다. 왜냐하면, 아프리카 여성들은 서구에서 생각하는 것만큼 열악한 환경에서 생활하고 있었던 것이 아니며, 특히 나이지리아 이보족의 여성들은 여성이 시장의 중심에 있었기 때문에 여성들은 일부다처제라는 제도에도 불구하고, 경제적 독립을 획득할 수 있었지만, 오히려 영국식민지가 됨으로써 이 자율성이 크

44) K. Frank, "The Death of the Slave Girl", *World Literature Written in English* 21 (1982): 476-97쪽; "Buchi Emecheta" *Africa Wo/man Palava*. Chicago: U of Chicago P, 1996, 220-284쪽.

45) Salome C. Nnoromele, "Representing the African Woman: Subjectivity and Self in *The Joys of Motherhood.*" *Critique* 43.2, 2002, 181쪽.

게 훼손되었다고 주장한다.[46] 그러나 텍스트를 좀 더 자세히 읽었을 때 이러한 비평가들의 주장은 이 작품을 독립적으로 읽지 않고 다른 소설들과 병치하여 읽은 데서 나온 것이 아닌가 하는 의혹을 떨칠 수가 없다.

응누에고는 총 9명의 아이를 낳는다. 그러나 그녀는 아이를 낳을 때마다 더 깊은 가난에 빠진다는 것을 알고 있다. 그녀는 언제 이 육신의 고난에서 해방될 것인지를 질문하면서도 죽기 전에는 이 고난의 순환에서 해방되지 못한다는 사실도 알고 있다. 그럼에도, 그녀는 계속 아이를 낳고 끊임없는 재생산의 굴레에서 벗어나기 위한 어떤 노력도 기울이지 않는다. 그래서 응노로멜레와 같은 학자는 이를 응누에고라는 한 개인의 한계에 불과한 것으로서 파악하지만 "개인은 언제나 공동체에 소속되는 것"[47]이라는 표현처럼 에메체타는 응누에고를 구체적인 공동체와 특정한 시공간에서 떼어놓고 있는 것은 아니다.

응누에고의 이름은 어머니인 오나와 마찬가지로 가치로 환산할 수 없다는 의미를 지니고 있지만, 당시 이보족의 조개 화폐인 "코리[cowies] 20자루보다 훨씬 더 가치 있다"는 뜻을 동시에 지닌다. 사실 응누에고가 불임으로 첫 남편에게 쫓겨나고 나서 아버지의 그늘에 있었다면 그녀를 옭아매는 가난의 순환 속으로 말려들어야 할 이유는 없었을 수도 있다. 그러나 아버지가 결혼을 선택

46) 이러한 논의에 대해서는 다음의 글 참조. Wendy Griswold, *Bearing Witness: Readers, Writers, and the Novel in Nigeria*. Prinston: Prinston UP, 2000; Ogunyemi, *Africa Wo/man Palava*, Chicago: U of Chicago P, 1996.

47) Nnoromele, 위의 글, 60쪽.

할 수 있도록 해달라는 오나의 유언을 무시한 것은 응누에고를 사랑하지 않아서가 아니었다. 그는 오나의 유일한 혈육인 응누에고를 다른 어떤 자식보다 더 특별히 사랑했다. 응누에고가 만일 아들이었더라면 아버지에게 오나의 신부 값을 지불하지 않았기에 응누에고를 자신의 딸로 주장할 수 없었을 것이다. 응누에고에 대한 아버지의 특별한 사랑은 오나에 대한 사랑이 누구보다 특별해서이기도 하지만, 자칫 소유권을 주장할 수 없었을지도 모르는 자식에 대한 소유권의 주장으로 보인다. 그래서 그는 응누에고의 첫 결혼이 실패하자 서구제국주의와 식민화의 물결에 격렬하게 휩싸여있는 도시의 남자에게 시집을 보낸다.

그러나 두 번째 남편 응나이페는 가난했고, 백인 주인의 옷을 다리고 손질하는 직업을 가지고 있었다. 남성적 위엄을 가지고 있었던 아버지와 전남편과 응나이페를 병치시키면서 화자는 아프리카의 모든 남성이 남성성을 지니지 못하는 것이 아니라, 산업화가 아프리카의 남성을 남성성을 상실하게 하고 임금노예로 전락시킨다는 것을 분명히 밝힌다. 그래서 "나는 남자와 같이 살기를 원하지 여자가 된 남자와 살기를 원하지 않는다"[48]라고 말하면서 응누에고는 두 번째 남편의 위상에 끊임없이 불만을 표한다. 저자는 이부자에서 "여성은 남성의 소득에 큰 도움을 주지만 라고스에서 여성은 전적으로 남성의 부양에 의존해야한다"거나 "이부자에서는 아이가 엄마의 젖을 떼고 나면 아이를 주로 조부모에게 맡기고 돈을 벌려고 밖으로 나간다"[49]라고 말함으로써 식민화와

48) Emecheta, *The Joys of Motherhood,* 50쪽.

산업화가 이보족 여성이 지니고 있었던 약간의 경제권과 독립성마저 빼앗아가고 있다는 것을 인식하고 있다. 그래서 그녀는 "응나이페가 벌어오는 돈만으로 생계를 꾸려가는 것이 [라고스에 살고 있는 여성의] 도리"라고 결론짓는다.

따라서 『모성의 환희』에서 화자는 식민화와 제국주의와 투쟁을 벌이는 영웅적 남성을 구현하지 않았을 뿐, 아프리카의 남성성 자체에 대한 편견에 물들어 있다거나 아프리카 남성 전체를 문명과는 거리가 먼 야만으로 도식화하고 있는 것은 아니다. 그러므로 아프리카를 '오염되지 않은 유토피아'로서 본질화하고, 제국을 그 순수한 본질을 오염시키고 있는 주범으로 규정하는 정형화된 이분법에서 벗어나 있다는 점에서 『모성의 환희』는 두 보이스가 이중의식이라고 부른 것, 혹은 프란츠 파농이 인종과 식민주의의 충돌을 강조하면서 발전시킨 이중의식을 담아내며, 사회에서 부과되는 대상화와 이중적 억압, 그리고 심지어 개인 속에 잠재해 있는 이중의식을 담아내는 소설이라고 볼 수 있을 것이다.[50)]

---

49) 위의 책, 81쪽.

50) 물론 에메체타의 모든 소설에 이러한 관점이 예외없이 적용될 수 있다는 것은 아니다. 예를 들어 『가족』에서 자메이카 흑인 소녀 그웬들린(Gwendolen)이 정체성을 찾아가는 과정은 영국의 복지제도 덕분이다. 그 제도 덕분에 그녀는 런던표준영어를 배울 수 있었고, 아이를 낳고 키우며 사회에 성공적으로 적응하게 된다. 반면, 소설 속의 자신이 낳은 딸의 아버지이자 자신의 친아버지이기도 한 윈트슨(Wintson)은 표준 영어를 구사하지도 못하고, 선천적 말더듬이이며, 친 딸을 강간하는 이유는 단지 딸이 엄마를 너무 많이 닮았기 때문이다. 아버지의 이러한 속성은 딸에 대한 강간이 정신적 도착의 산물이라기보다는 오히려 자메이카의 윤리적 공백을 표상하는 듯이 보인다. 그러나 『모성의 환희』나 비아프라(Biafra) 전쟁을 다루는 『목적지 비아프라』(*Destination Biafra*) 등의 많은 소설에서 이러한 이중의식을 구현하고 있는 것으로 보인다.

한편, 고유의 민족성을 훼손하고 있다는 킹스턴의 『여전사』 역시도 소설 전체에 걸쳐서 사실을 왜곡하면서 중국을 훼손하고 있는 것은 아니다. 우선 「흰 호랑이」장에서 화무란이 독재자 군주를 폐하고 궁전의 식객들을 숙정한다. 하지만 새로운 군주는 화무란 자신이 아니라 "새 질서를 세울 농민"이다. 새로운 중국을 만들어갈 농부황제는 어쩌면 혁명 이후의 중국을 우의적으로 지칭하는 지도 모른다. 그러나 봉건제를 타파하고 새로 태어난 혁명기의 중국은 차이나타운에 살고 있는 수많은 중국계 미국인들을 불안하게 만든다. 차이나타운은 공산정권 하에서 친척들이 당하고 있는 고통으로 인해 불안하고, 『차이나맨』에서는 공산당 축출에 혈안이 되어 있는 미국정권이 모든 중국계 미국인들을 빨갱이로 몰아가지 않을까 불안해한다. 그러나 그럼에도 화자는 "모택동이 부모가 정해준 사업가와 결혼하기를 거부한 여자들이 갇혀 있는 감옥에서 그 여자들을 해방하고 있었다는 것을 우리에게 말해준 사람들은 아무도 없었다. 또한, 그가 일으킨 혁명이 노예제도와 여아학살제도를 금지했다는 것을 말해준 사람도 없었다"고 서술함으로써 차이나타운에 사는 중국계 미국인들이 느끼는 친척들의 고통에 대한 공포가 실상을 확인할 수 없는 소문일 수 있다는 가능성을 배제하지 않는다. 그러나 중국의 실체는 1인칭 관점에서 서술된 이 소설에서 확인할 길은 없다. 화자는 이웃사람들이 광폭한 공산당원으로 변했다는 고향의 편지를 받고 눈물 흘리는 어른들을 보면서 "기쁨을 감출 수가 없다."[51] 그것은 편지가 전

51) Kingston, 190쪽.

하는 내용의 진실성을 확인할 수 없음에도, 편지는 그녀를 미국에서 살 수 있도록 해줄 것이기 때문이다. 이렇게 볼 때 화자가 미국에서 계속해서 살기를 원하는 이유는 객관적으로 확인되지 않는 현대 중국공산당원의 광폭함 때문이라기보다는 자신에게 확고한 목소리를 부여하는 것을 끊임없이 방해하는 귀신이라는 이물질에 시달리지 않고자, 그리고 더 확실하게 원귀들을 축출하고 자신의 주체성을 세우기 위해서이다. 다시 말해 귀신으로 명명되는 타자, 이 타자를 축출하고 새로운 주체성을 세우고자 화자는 어떤 다른 공간을 필요로 한다. 귀신의 기억을 추동하는 중국과 차이나타운에서 떠나고자 하는 것은 귀신을 삭제한 자리, 즉 결여를 대체할 수 있는 새로운 대상을 찾아서 그것에 자신의 욕망을 투사함으로써 자아 이상을 만들고자 하기 때문이다.

반면 에메체타의 응누에고는 귀신을 자신 속으로 합체하기에 결코 자아 이상을 만들어내지 못하고 주체를 세우지도 못한다. 하지만, 응누에고의 '치'의 합체가 아그바디로 하여금 첫 부인의 소유물에 불과했던 여자노예의 장례를 치러주도록 했듯이 응누에고의 죽음은 응누에고 개인의 우울증을 집단우울증으로 바꿀 가능성과 침묵의 역사와 대면할 가능성을 열고, 억압적 힘을 넘어 과잉 속에 있는 능동적 원리로서 저항을 위한 공간 창출의 가능성을 세운다.

스피박은 지식은 동일성이 아니라 환원할 수 없는 차이에 의해 가능해지고 유지된다고 말한다. 그러나 번역이나 의미화 과정에 들어가지 않고서 지식은 지식으로 기능할 수 없다. 번역행위는 해석을 만드는 작업이며 이 해석이 수반되지 않는다면 의미와 문화, 역사가 구성되기란 불가능하기 때문이다. 그래서 대부분의 번역은 환원할 수 없는 차이를 추방하고, 고정된 해석을 만들고, 동일화의 전략 속으로 포섭된다.

그러나 '덜 유창하고' '덜 성공적일' 지라도, 타자와 타자의 흔적에 주목하는 번역은, 주디스 버틀러 식으로 말해서 애도작업을 성공적으로 수행하지 못한 우울증적인 번역은 공적세계의 한계 지점에 있으면서 체계를 끊임없이 불안하게 하고, 자기 폐쇄적 정체성을 교란시키는 방식에서 결과하는 과잉으로부터 저항적 번역의 가능성을 열 수 있다. 따라서 이러한 과잉, 혹은 아직 주체화에 흡수되지 못한 어떤 타자에 대해 생각하는 것은 페미니즘의 책임Response-ability의 문제와도 무관하지 않아 보인다. 이것은 앞서 언급했듯이 해러웨이가 "식민주의자나 토착민족주의자들의 목소리로 대변되는 대문자 여성의 그 어떤 위대한 이미지와 맞지 않는 여성인물들"을 그려내는 작가가 바로 에메체타라고 말할 때 생략되고 있는 행간일 것이다.

8. 민족의 번역: 이창래의 『네이티브 스피커』

번역의 기본 정신은 충실성이다. 하지만, 충실성이 강조된다는 것은 번역에서 충실성이 그만큼 지켜지기 어렵다는 사실을 반증하는 것이기도 하다. 그래서 번역의 어원은 전통과 배반이라는 상반되는 어휘와 동시에 연관되어 있다. 번역이 아무리 그 정신인 충실성을 지키고자 노력한다고 해도 번역은 원본을 배반하지 않고서는 성립할 수 없다. 번역은 일단 출발 자체가 원본과는 전혀 다른 언어적, 문화적 공간으로 그것을 이동시켜야 하지만, 그 두 공간이 서로 소통 가능하고 서로 호환이 가능하다면, 그것은 서로 다른 이질적인 공간으로 나뉘지도 않을 것이며, 설사 그렇게 나눌 수 있다 하더라도 굳이 번역이 그 사이에 개입해야 할 이유가 없어지기 때문이다. 따라서 번역의 출발은 문화 간의 불균등성을 전제하는 것이다. 번역은 언제나 일방통행이다. 번역은 '타자'의 이야기를 '우리'가 이해할 수 있도록 옮겨 적는 작업이기에 원본을 배반하지 않고서는 가능하지 않은 작업이다.

한국문화를 외국어로 번역하는 것이든 외국문화를 한국어로 옮기는 것이든 원본과 그 번역물은 결코 동일화될 수 없는 차이를 포함하고 있기 때문이며, 또한 어떤 것을 번역하느냐라는 번역 대상의 취사선택에서도 시장의 논리에서 결코 벗어날 수 없기 때문이다. 번역작업에서 등가적 치환의 신화를 걷어낸다면, 번역은 다른 담론들과 마찬가지로 당대의 역사적 사회적 맥락이나 권력관계에서 벗어날 수 없음은 물론, 더 첨예한 권력관계의 장으로 등장하게 된다. 이러한 번역의 양상은 동양과 서양, 이슬람과 기독교, 원시문명과 서양문명 등과 같이 문화 간의 교환/번역에서 비서양인들이 서양인의 기준에 순응하도록 강제되지만, 그 역은 성립하기 어려운 문화제국주의적 상황에서 더욱 문제적이 된다.

하지만, 그렇다고 해서 번역이 반드시 국가와 국가, 서로 다른 언어 사이에서만 발생하는 것은 아니다. 번역의 개념을 더 넓히면 데리다에 의해 주장되는 바와 마찬가지로 번역은 한 언어 내부에서도 발생할 수 있고 동일하다고 간주되는 문화 내부에서도 발생할 수 있다. 이 경우 문제가 되는 것은 언어 내부의 이질성이요, 하나의 문화로 간주되는 것 속에 들어있는 불균등한 권력관계와 환원 불가능한 이질성일 것이다.

한국계 미국^{Korean-American}, 중국계 미국^{Chinese-American} 등의 하이픈으로 연결된 미국문학 속에서 번역의 문제를 생각한다는 것은 사실 동양과 서양 사이, 혹은 국가와 국가 간의 교환이라기보다는 미국 문화 내부의 환원 불가능한 이질성과 그것의 약분불가능성을 생각하는 문제이다. 한국에서조차도 한국계 미국문학은 한국문학이 아니라 외국문학으로 분류된다는 사실은 '하이픈 앞쪽의 한국계'가 여러 가지 이질적인 문화가 뒤섞여 있는 미국문화의 한 부분으로 간주하여야 한다고 믿는 듯하다. 모국과의 정서적 유대감을 강하게 가지고 있었던 이민 1세대 작가들을 대신해서 더 빠른 속도로, 그리고 더 인상적인 글쓰기를 선보이는 이민 2세대나

3세대의 작가들이 들어서는 최근 미국 문단이나 미국학 연구에서 한국계는 한국이라기보다는 '미국 문화 내부의 이질성'으로 미국 문화를 더욱 풍부하게 하고 그 경계를 넓히거나, 혹은 그 경계를 다시 만들어가는 문화로 그 방향이 설정되어야 한다는 주장이 강하다. 이것은 주류 미국인을 '우리'로, 한국계와 같은 소수인종을 '그들'로 분리하고, '그들'은 언제나 주류에 의해 희생될 수밖에 없다는 이분법적 도식을 극복하기 위한 일련의 시도로 보인다.

그러나 이분법적 도식을 넘어서기란 말처럼 쉬운 일이 아니다. 우리/그들, 남성/여성, 문명/야만, 1세계/3세계이라는 구분에서 전자가 본질적으로 우월하다는 편견을 넘어서려면 그 이분법적 구분 자체를 폐기해야 한다. 예를 들어 인종주의는 피부색의 차이에서부터 출발하는 것으로, 피부색에 따른 우열적 개념 자체를 폐기해야만 온전하게 사라질 수 있다. 그러나 현실 속에서 차별이 사라지지 않고 남아 있는 한 이러한 구분을 폐기하는 것은 오히려 더 위험하다. 소수자를 인종이나 성 등의 어떤 정체성 집단으로 정의하지 않고서는 소수자가 정치적 대표성을 가지기는 어렵다.

차크라바르티가 "연구자가 비서양을 인류학적인 대상으로 만들지 않고서 어떻게 그것에 대해서 말하고 쓰고 생각할 수 있는가?"[1] 라는 질문도 이러한 관점에서 제기된 것이며 스피박이 '전략적 본질주의'를 취하는 것도 흑인, 여성, 한국과 같은 3세계

1) Dipesh Chakrabarty, "Marx After Marxism", *Marxism Beyond Marxism*. Ed. Saree Makdisi, Casare Casaronio and Rebecca E. Karl, New York: Routledge, 1996, 57쪽.

집단들이 백인, 남성, 1세계 등의 주류집단보다 본질적으로 열등하게 태어났다고 정의할 수 있는 잣대가 존재하지 않음에도, 사회적 정치적 세계를 이해하기 위해 불가피하게 그 범주를 이용할 수밖에 없다는 사실 때문이다. 그러나 이 주장은 "주도면밀하게 드러나는 정치적 이해관계에서 본질주의를 전략적으로 사용하기 위한 것"[2]이지, 억압과 착취를 끝내는 장기적이고 정치적인 해결책이 되는 것은 아니다. 전략적 본질주의란 정치, 사회적 맥락과 상황을 고려해서 이용하는 것이지, 그것을 이론으로 격상시키기 위한 것은 아니기 때문이다.[3]

이 장에서는 이러한 전략적 본질주의에 따라서 한국과 미국을 구분하고 한국계 미국 문학, 특히 이창래의 『네이티브 스피커』[4]에서 한국 민족이 어떻게 번역되고 있는가를 고찰하고자 하고자 한

2) Spivak, *In Other Worlds,* 205쪽.

3) 자세한 논의는 Spivak, *Outside Teaching Machine,* 4쪽 참조.

4) Changrae Lee, *Native Speaker,* New York: Riverhead, 1995, 정영목 옮김 『영원한 이방인』(나무와 숲, 2003). 인용은 영문판을 따랐고, 번역은 필자의 것이지만, 정영목의 번역본을 참조하였다. 원제 『네이티브 스피커』는 굳이 번역 없이도 통용될 수 있는 말이다. 물론 "Native Speaker"에는 단순히 언어만이 아니라, 민족, 혈통, 문화 등 수많은 다양한 범주가 그 정의에 포함된다. 따라서 이 어휘는 부정과 배제, 뺄셈에 의해 정의될 수도 있고, 포함과 추가, 덧셈에 의해서 정의될 수도 있다. 번역가의 『영원한 이방인』은 미국사회에서 네이티브 스피커를 부정과 배제에 의해 고유한 미국인이 아닌 자를 어떻게 솎아내는지를 드러내는 대단히 좋은 번역이다.

그러나 여기서 정영목의 번역을 채택하지 않은 것은 미국성을 정의하기 위해 비미국성을 어떻게 배척하는가에만 초점을 맞추게 되면, 이 소설이 후반부에서 미국성의 탈영토화하고 미국을 재번역함으로써 미국성의 좌표를 재위치시키고자 하는 시도가 살아나지 않는다. 이 경우 모국어 화자도 나쁘지 않은 번역이지만, 어머니의 은유가 너무 강력하여 고민 끝에 『네이티브 스피커』라고 그대로 번역하게 되었다.

다. 전략적으로나마 이러한 구분이 필요한 이유는 앞서 말했듯이 미국 사회에서 한국계 미국인이 가지고 있는 '한국성'으로 인해 그들이 미국인과는 본질적으로 다르고, 그래서 '열등하다'라는 전제가 유효해서가 아니라, 한국계 미국인이 가진 이질성이 바람직한 미국문화로 포섭될 수 없을 때, 미국 사회에서 그것은 의식적이든 무의식적이든 미국 내부의 것이 아니라 미국 외부의 것, 즉 한국이라는 민족 혹은 아시아계 문화의 탓이거나 인종의 문제로 번역되고 전이하기 때문이다.

이것은 한국을 포함하여 이민자들은 언어적으로나 문화적으로 고유한 미국인이 아니며, 어떤 사람들은 자신의 언어와 문화에 정통해있고, 그 미국이라는 국가에 속할 자격이 있으며 이민자와 같은 다른 문화권 출신들은 미국 땅에서 태어났다 하더라도 고유한 미국인으로 간주할 수 없다는 암묵적 전제 위에서 작동한다. 그래서 미국 내에서의 한국 문화의 번역은 이질적 문화를 조직적으로 파괴하고, 주류의 지배를 강화하기 위한 경향에서 크게 벗어나지는 않는다.[5] 이것은 나중에 작품 분석에 들어가 보다 구체적으로 언급하겠지만, 한국문화의 번역가로서 작가 이창래가 출신 문화에 대해 가능한 한 객관적이고 정확하게 옮기고자 하는 의지가 없어서 생겨나는 문제라기보다는 미국의 문화 속에서 미국의 언어를 이용하지 않고서는 번역할 수 없어서 생겨나는 문제에 더 가깝다. 따라서 이 장의 첫 번째 목적은 미국 사회에서 한국 문화

5) 이와 관련해서는 Talal Asad, "Two European Images of Non-European Rule", *Anthropology and the Colonial Encounter*, Ed. Talal Asad, New York: Humanities P, 1973, 103-18쪽 참조.

가 배척되고 추방되어야 할 불순한 문화로서 번역되고 유통되는 암묵적인 과정을 살피고자 하는 데 있다.

그러나 '배척되고 추방되어야 할 한국적 문화'라는 개념이 모든 경우에 다 적용될 수 있는 것은 아니다. 한국 문화의 또 다른 번역 방식은 한국민족의 전통 속에서 면면히 숨 쉬고 있는 변하지 않는 고귀한 본질이 있다는 것을 전제하고 그러한 본질이 손상되는 것에 저항하고자 한다. 하지만, 번역이 그 어원에서 '배반'을 포함하고 있는 것처럼 전통 역시 어원에서 그것을 후세에 전한다는 계승bequeathal이자 동시에 그것을 배반betrayal한다는 의미를 동시에 지닌다.[6)]

사실 민족의 뿌리를 회복하고 민족국가를 바로 세우겠다는 구호는 조금 더 생각해보면, 민족의 뿌리라는 그 대상을 현재의 시점에서 다시 구성하겠다는 의미에 다름이 아니다. 이것은 한국이라는 국가가 존재하지 않는다는 뜻이 아니라 한국의 본질을 정의해줄 수 있는 전통문화라는 것이 끊임없는 구성과 재구성의 과정에서 생겨나는 유동적인 범주이며 번역을 거치지 않고서는 전통이 전해지고 계승될 수 없다는 뜻이다. 따라서 번역과정에서 구성과 재구성의 과정을 전통을 손상시키는 것으로 간주할 때, 소극적인 의미에서는 번역이 불가능해지며, 적극적인 의미에서 번역을 거부하게 된다. 하지만, 이 경우에도 기원이나 본질이 손상되지 않은 채 존재하기보다는 손상되지 않은 기원이나 본질로 상상

---

6) Patirce Bougon, "Translation, Tradition and Betrayal: From Political Commitment to Literary Freedom in Genet's Les Paravents." *Parallax* 4.2, 1998, 130쪽.

된다고 말하는 것이 더 적절할 것이다.

이렇게 볼 때 한국계 미국문학에서 한국을 번역하는 것은 두 가지의 양상을 띠게 된다. 첫 번째 번역은 문화적으로 지배적인 위치에 있는 사람들에 의해 그들의 입맛에 맞게 변형되는 것이며 이 경우 번역이란 오리엔탈리즘의 재생산에 다름이 아니다. 두 번째 번역은 타문화에 오염되지 않은 한국성을 찾아내는 것이다. 전자는 오리엔탈리즘을 강화하기 때문에 나쁜 번역이지만 주류 미국 사회의 입장에서 보면 잘 이해할 수 있다는 측면에서 성공적인 번역이 된다. 하지만, 주로 저항적 번역이자 탈식민적 번역으로 간주되는 후자는 번역과정에서 가능한 한 타 문화에 의해 한국 문화가 오염되는 것을 꺼리는 것이고, 극단으로 치닫게 되면 번역 거부로 이어지거나, 그렇지 않은 경우엔 수용문화에 의해 이해 불가능한 텍스트가 될 수도 있다. 그러나 번역의 거부가 서양에 의한 세계 지배의 균질화에 전혀 위협이 되지 못함은 물론, 헤게모니 문화에 아무런 영향도 미치지 못하고 사라지는 문화에 대한 애도 이상의 의미를 지니지 못한다는 것을 고려한다면, 이 두 가지의 번역 양상은 하나의 동전의 양면에 지나지 않는다. 그러므로 이 논문의 마지막 장에서는 본질주의가 가지는 이분법적 구도를 넘어설 가능성을 이 두 가지 상반되는 번역 개념 그 자체의 해체를 통해 반역을 운명으로 하는 번역 행위 속에서 본질주의가 가지는 이항 대립의 구도를 넘어설 가능성에 그 초점을 맞추고, 언제나 이차적이고 열등한 것으로 간주하는 번역의 바로 그 약한 고리로 말미암아 번역에서 고정되고 화석화된 문화의 단단한 껍질을 벗겨 낼 가능성을 살피고자 한다.

자국화번역 혹은 유창한 번역은 전통의 배반인가?

자연스럽고 유창한 번역은 어느 사회에서나 권장되는 것이지만, 대부분 이것은 번역 대상이 되는 문화(원본)와 보다 유사해져야 한다는 것을 의미하는 것이 아니라, 번역되는 언어와 문화에 보다 가까워져야 한다는 것을 의미한다. 이렇게 보면, 유창한 번역은 그 기원이 되는 원본언어의 흔적을 가장 많이 상실하는 번역이며, 원본에 대한 충성보다 번역되는 언어에 대한 충성을 더 요구하는 번역, 즉 번역되는 문화에 대상 문화를 동화시키는 번역이라고 생각될 수 있다. 그러나 자연스럽고 유창한 번역을 '자국화번역'으로, 직역 중심의 번역을 '외국화번역'으로 분리하고, 전자를 식민화하는 번역으로 후자를 저항적 번역으로 손쉽게 구분하는 것은 위험하다. 사실 포스트식민주의와 후기구조주의의 영향을 많이 받은 번역학자일수록 보다 외국화번역을 문화적 저항의 가능하게 하는 번역으로 간주하는 듯한 뉘앙스를 풍기지만, 로빈슨이 적절하게 지적하는 바처럼[7] 자국화번역이 독자를 식민화하여 식민주의 헤게모니를 강화하는 반면에, 외국화번역은 독자의 사고를 탈식민화하여 식민지의 과거에서 벗어날 수 있는 효과적인 정치적, 문화적 활동에 이바지하게 한다고 손쉽게 가정하기는 어렵다.

---

7) Douglas Robinson, *Translation and Empire,* 110-111쪽.

자국화든, 외국화든 둘 모두 더 강한 문화가 약한 문화를 포섭하거나 전유하는 경향에서 자유롭기가 쉽지 않기 때문이다. 동양의 텍스트를 유럽어로 번역하는 경우만을 생각해봐도 타자의 텍스트를 서구인들이 이해할 수 있도록 재구성하는 번역을 식민화하는 번역으로, 난해한 동양의 사상을 더욱 난해하게 만들어서 주석 없이 읽는 것을 불가능하게 하는 번역을 저항적 번역이라고 단순화시킬 수는 없다. 지나치게 난해하고 심오하면 엘리트주의로 흐를 수 있고, 이 경우 문화의 위계질서를 더 강화한다고도 볼 수 있기 때문이다.

사실 한국계 미국문학(특히 2세대)에서 한국과 한국문화가 어떻게 번역되는가를 살피는 것은 가장 자연스럽고 유창한 영어로 번역된 한국문화를 고찰하는 것에 해당할 수 있다.[8)] 한국문학이 영어로 번역되어 소개되었을 때 우리가 경멸조로 '번역 투'라고 말할 수 있는 불편함이 이창래와 같은 한국계 미국인들의 문학작품에는 거의 존재하지 않는다. 또한, 아시아계 문화의 재현방식에 있어서도 이창래는 에이미 탄이나 킹스턴과 같은 작가와 마찬가지로 주류 문학의 기호에 충실하고 성공한 동화주의 작가라

---

8) 이 경우 한국을 번역하는 것이 아니라, 한국을 재현하고 있고 말하는 것이 더 정확하다고 생각될 수도 있겠다. 하지만, 번역이 문화 간의 존재론적 서열을 문제시하고, 기원(원문)은 결코 삭제될 수도, 삭제되어서도 안 된다는 전제 위에서 작동되는 것이라면, 재현은 그러한 전제들을 가능한 한 비가시적으로 만든다. 재현 행위 역시 어떤 것을 대신해서 표상하는 것이며, 다른 무엇인가를 대표하여 말한다는 점에서 번역과 다른 별개의 것이라고 규정지을 수는 없다. 하지만, 이 글에서 재현 대신 번역이라는 용어를 사용하는 것은 반드시 의식적인 층위에서 작동하는 것이 아니라 할지라도 "한국"이라는 기표가 "미국" 사회 속에서 작동하는 보다 위계적이고 서열적인 양상에 초점을 맞추고자 하기 때문이다.

는 비난에서 비켜서 있지 않다. 1995년 서울에서 『무애』 발간 기념 발제자로 나선 펭클에 의하면 이창래의 『네이티브 스피커』는 "한국계의 인상을 대변하게 되는 작가의 역할에 대해 심각하게 고려하지 않은 매우 문제 많은 텍스트"이며, "미국의 주요 출판사에서 출판된 최초의 한국계 미국소설이라는 보도를 묵과하여, 결과적으로 그동안 알차게 쌓여왔던 한국계 미국작가들의 문학사가 그늘에 가려지게 하였다"고 주장한다.[9]

그러나 한국에서 생산된 문학이라고 해서 미국문화, 혹은 미국화라는 이름의 세계화에 대해 언제나 항상 그리고 반드시 더 저항적인 것은 아니며, 세계화의 물결에 적극적으로 동참하는 한국사회에서 가장 한국적인 것을 도출해내기 역시 쉬운 일만은 아니다. 외국문화로서 한국을 번역 소개하는 것과 한국계 미국문학을 같은 차원에서 다룰 수는 없지만, 문학 출판 사업을 좌지우지하는 자본의 압력을 참작하면 전자와 후자가 크게는 세계시장 작게는 미국 문화 시장에서 수용되는 양상은 완전히 다르다고 볼 수만은 없다. 물론 이러한 현상 때문에 우리 자신이 더욱더 주체적이고 적극적으로 번역에 가담해야 하고, 번역가의 양성에 더욱 힘써야 하는 것은 사실이지만, 문제는 번역을 주류 출판업계의 상업적 압력에 굴복하는 번역이냐, 그것에 저항하는 번역이냐 라는 두 가지의 문제로 단순하게 분류할 수 없다는 것이다. 사실 출판시장에서 읽히지 않은 번역은 독자 대중에게 거의 주목을 받지

9) 하인츠 인수 펭클, 「아시아계 미국문학과 한국문학: 세계문화의 시각에서 본 공동의 문제점과 도전」 박상준 옮김. 『외국문학』 44 (1995): 46쪽.

못하고 사라지며, 잘 읽힐 수 있는 유창하고 자연스러운 번역이 대부분 살아남는다. 그렇다면, 잘 읽힐 수 있는 번역, 자연스러운 번역의 문제에 논의의 초점을 맞추는 것은 이러한 까닭에서 이다. 따라서 『네이티브 스피커』의 헨리 박Henry Park의 번역, 존 광John Kwang의 번역, 그리고 광에 대해 헨리가 쓴 보고서의 순서로 한국문화의 전이와 이동과정에서 생겨나는 문제를 살펴보도록 하겠다.

헨리 박의 한국의 번역

『네이티브 스피커』에서 주인공인 헨리 박은 자신의 정체성을 스파이이자 배반자[10], 동화주의자, 아첨꾼[11]으로 정의한다. 이것은 대부분의 미국 내의 한국계, 혹은 하이픈으로 연결된 작가들의 운명적 정체성이기도 하다. 소수민족작가들은 암묵적으로 그들이 소속한 민족에 관해서 글을 쓸 것을 요구받으며, 마이너리티의 글은 언제나/항상 자서전적으로 간주되는 반면, 앵글로 아메리칸의 글은 백인에 관해서가 아니라 '보편적' 인간의 조건을 다룬다고 가정되기 때문이다. 트린 민하가 상기시켜주듯이 "마이너-리티minor-ity의 목소리는 언제나 개인적이며, 사적이다."[12] 미국에서 비

10) Lee, *Native Speaker*, 5쪽.

11) 위의 책, 160쪽.

12) Trinh T Minh-ha, *Woman, Native, Other: Writing Postcoloniality and Feminism*. Bloomington: U of Indiana P, 1989. 28쪽. 원저자강조.

판적 지식인으로 알려진 프레드릭 제임슨 역시 "3세계 텍스트의 가장 사적인 개인의 운명에 관한 이야기도 항상 공적인 3세계 문화와 사회적 상황의 알레고리"로 간주한다. 물론 많은 비평가는 이러한 제임슨의 지적을 이러한 3세계의 작품을 사회적 메시지로만 환원시켜버린다고 비판하지만, 소수민족 문학작품을 인류학적으로 읽으면서, 명백히 자서전이 아닌 프랭크 친이나 웅의 소설들까지도 자서전으로 편입시켜버리는 피셔의 경우처럼 3세계뿐만 아니라 미국 내의 소수민족문학작품도 일반적이고 공적인 차원이 아니라 특수하고 사적인 개인화된 역사로서 간주해버리는 경향이 있다.[13)]

어쨌든, 고유한 민족성이나, 소수민족을 정의하는 변함없는 고정된 코드가 존재하지 않는다는 것을 인정한다 할지라도 주류문화의 기호를 무시하고서 메이저급 출판 시장에 진출하는 것이 가능하지 않다는 점에서, 더 많이 읽히고, 더 유명한 작가로 평가될수록 그가 속해있는 소수민족 공동체에게는 배반자이자 자민족문화를 몰래 내다파는 스파이로 낙인찍힐 가능성은 커진다. 따라서 헨리 박이 맡은 일 역시 "전적으로 개인에 관한 것이었지만", "몇 주가 지나다보면 형제나 자매가 아내처럼 자신과 역일 수 있는 사람에 관한 것이 된다."[14)] 그러므로 헨리가 스파이이자 배반자라는 낙인을 기꺼이 자신의 정체성 일부로서 받아들이는

---

13) Michael Fisher, "Ethnicity and the Post-Modern Arts of Memory." *Writing Culture: The Poetics and Politics of Ethnography*. Ed. James Clifford and George Marcus. Berkeley: U of California P, 1986. 194-233쪽.

14) Lee, *Native Speaker*, 6쪽.

것은 이러한 자의식의 표현이다.

또한, 그가 국가정보기관이 아닌 다국적 기업이나 그러한 종류의 자본과 연계된 집단을 주 고객으로 하는 개인회사에서 일한다는 것 역시 주류 출판시장을 위해서 주류문화의 기호에 어쩔 수 없이 영합할 수밖에 없는 저자인 이창래가 처해있는 상황과 공명한다. 하지만, 헨리의 스파이 행위는 순수하게 돈만을 위해서 정보를 파는 행위와는 다르다. 결과만을 놓고 보았을 때 그의 행위는 자민족을 배반하는 스파이의 그것과 다르지 않지만, 실제로 그가 쓰는 글은 번역가와 다르지 않다.

> 나는 가장 합리적인 눈을 가진 '정확한 기록자'가 되어 문제가 되는 대상을 살아있는 복사기처럼 제시해야 한다. 도덕적 냄새를 부여하거나 어떤 종류든 주제를 붙이지도 않을 것이다. [⋯] 나는 한 사람의 생애와 야망을 있는 그대로 기술하는 단순한 임무에 충실할 것이다.[15]

이것은 통상적으로 번역가가 생각하는 번역가의 임무이자, 언제나 비가시적으로 남아있어야 하는 번역가의 역할이다. 그리고 이러한 역할은 헨리의 고용주인 데니스 호그랜드Dennis Hogland가 그에게 요구하는 것("언제나 뒤에, 배경에 머물러 있어. 드러나지 않게"[16])이기도 하다. 하지만, 그럼에도 그는 "가장 세속적이고 타락한 속물"[17]이며, "마치 나의 가게에 온 낯선 사람에게 우리 부모의 비밀스런 부분을 노출하는 것처럼"[18] 죄의식을 느낀다. 이것은 번

15) Lee, *Native Speaker*, 203쪽.

16) 위의 책, 44쪽.

17) 위의 책, 18쪽.

역자가 아무리 원본에 충실 하고자 하고, 원본의 정신을 지키고자 노력한다 해도 번역의 수용과정을 통제할 수 없기 때문이기도 하고, 가능한 한 객관적이고 합리적이고자 하는 태도 속에 이미 소수민족의 이상화된 이데올로기를 위반하고 소수민족에 의해 바람직한 방식이라고 간주하는 자민족의 욕망을 이미 배반하고 있기 때문일 것이다.

우선 원본으로 간주되는 어떤 것, 순수 한국 전통이라고 간주될 수 있는 것이 있다고 하더라도 그것을 번역 가능하게 만들 수 있는 능력이 그에게는 없다. 영어를 제대로 구사하지 못하는 어머니나 어머니가 돌아가시고 나서 가사 일을 돌보아주기 위해 한국에서 건너온 아줌마*Ah-juh-ma*의 한국문화는 헨리뿐만 아니라 미국문화에 대단히 이질적이며, 번역 불가능한 것이다. 우선 소설에서 어머니와 아줌마의 이름이 등장하지 않는다. 이것은 의도적으로 여성인물들을 무시하고자 했다거나 여성에 대한 헨리의 편협한 시각 그 자체라기보다는, "한국에서 여성의 이름이 자연스레 나올 수 있는 순간은 없다는 것"[19]을 아는 헨리가 여성을 가족관계로만 정의하는 한국 관습을 번역가의 "합리적인 눈"에 따라서 가감 없이 그대로 전달했다고 보는 것이 더 정확할 것이다.[20]

물론 이러한 번역 방식이 한국의 가부장제에 의해 주변으로

18) 위의 책, 147쪽.

19) 위의 책, 69쪽.

20) '*Ah-juh-ma*'는 소설 속에서 번역되지 않는다. 문자 그대로 옮기면 영어의 'aunt'의 의미지만 "친척관계가 아닌 여자를 부르는 관례적 호칭"이라고 설명되고 있을 뿐이다.

내몰리는 여성의 한을 전경화 시키지 않았다는 점에서 이창래가 "젠더 블라인드"gender blind의 문제를 안고 있다고 보는 관점은 유효하다.[21] 그러나 "합리적인 눈"으로 번역을 시도하는 화자에게 한국여성은 한국 전통이 중시하는 침묵의 가치를 보존하고자 하는 인물들이다. 화자가 이 인물들에 더 많은 지면을 할애하지 않은 것은 사실이지만, "혀와 심장과 마음이 담긴 모든 범주의 침묵을 기념한다"[22]고 헨리가 고백하는 것으로 봐서, 말하기보다는 침묵에 가치를 두는 한국적 문화 자체를 경멸하는 데서 연유한 태도로 보기는 어렵다. 예를 들어 아줌마는 영어를 못하는 것은 물론 머리에 쪽을 지고, 죽어서도 미국 땅에는 묻히기를 거부할 정도로 서양적인 것에 대해 지극히 배타적인 인물이었지만, 그녀의 죽음 앞에서 숙연해지는 헨리의 모습[23]으로 미루어 화자가 아줌마를 부정적으로 그린다기보다는 서양문화와 섞임을 단호히 거부하는 아줌마를 미국 언어로 옮길 수 없었다고 보는 것이 더 적절한 해석일 듯하다. 이러한 헨리의 태도가 문제가 되는 것은 미국 사회에서 번역되지 않고, 옮겨지지 않는 침묵의 문화는 "숨기는 것이 많은 사람"이나 "정서적 외국인"으로 받아들여지거나, 그렇지 않

21) 구은숙. 「문화/인간 엿보기: 『네이티브 스피커』에 나타난 인생 스파이로서의 작가」. 『현대영미소설』 7.1 (2000): 60쪽. 침묵이 유통되는 방식은 그것이 "유통"인 이상 전유에서 자유롭기는 어렵다. 이창래에게 이런 전유의 고리를 자르지 못하고, 아줌마 등을 "번역불가능한 침묵" 속에 내버려두었다는 점에서 그에게 "동화주의자"의 혐의를 씌우는 것은 가능하다. 그러나 저자가 아니라, 광이나 한국전통문화에 대한 편견을 가지고 있다가 조금씩 그러한 편견에서 벗어나는 헨리라는 작중인물에게 초점을 맞춘다면 이 소설은 사뭇 다른 관점에서 읽힐 수 있다.

22) Lee, *Native Speaker*, 171쪽.

23) 위의 책, 81쪽.

았으면 마치 존재하지 않는 것처럼 무시되는 경향 때문일 것이다.

한편, 헨리는 아버지가 어떻게 번역되기를 원하는지, "모든 이민자가 어떤 이야기를 듣고 싶어하는지 안다." 아버지는 아내와 아기를 데리고 호주머니에 단돈 200달러만을 가지고서 미국생활을 시작했다고 알려졌고, 그래서 아들인 헨리는 아버지를 자수성가하여 미국사회에 성공적으로 진입한 영웅적인 인물로 간주해야 한다는 것도 안다. 그럼에도, 헨리는 이러한 한국계 이민자들의 믿음을 배반한다. "합리적인 눈"으로 보았을 때 그것은 사실이 아니다. "합리적인 눈"은 미국에서 받은 교육이 그에게 부과해준 눈이며, 객관적인 눈이다. 이 눈은 당면한 일련의 사태를 주관적으로 판단해서도 안 되고, 이해관계로 얽힌 여러 집단 사이에서 한쪽만 일방적으로 지지해서도 안 된다. 물론 이 속에는 미국 문화의 잣대로 한국인을 평가한다는 의미를 포함하고 있지만, 헨리와 같이 수용문화와 언어(미국 문화와 미국 영어)의 가치에 동화되고자 하는 번역가에게 합리적인 눈은 보편성의 눈이지, 특수한 서구만의 눈이라고는 인식되지 않는다. 따라서 번역가의 합리적인 눈은 한국민족이 가지고 있다고 간주되는 우수성, 부지런함, 영웅성을 인정하지 않는다. 한국민 중 어떤 사람은 부지런할 수도 있고, 타인을 위해 자신의 희생을 감수할 수도 있지만, 그것이 한국민족만의 배타적 특징이거나 다른 민족과 구분해주는 한국인만의 속성이라고 간주하지 않는다. 이것은 한국민의 민족주의 이데올로기를 배반하는 행위이지만, 배반 행위 속에는 그 속에 포함된 허위적 가정을 폭로하는 역할을 동시에 수행한다. 즉 한국 이민자가 주류 미국인들에게 보여주기 원하는 방식은 있는 그대로라기보다는, 그 문화가 대단한 가치를 지닌 것처럼 포장하고자 하는 욕망의 표출이기도 하기 때문이다.

따라서 이창래의 소설 속에서 한국적 가치가 해체되고 그 허구성이 폭로되고 있는 것은 그가 동화주의적인 작가이기 때문이기도 하지만, 단지 동화주의적이라는 단 하나의 이유 때문만은 아니다. 주류 미국인이 소수민족을 착취하고 이용하는 방식이나 성공적으로 정착한 한국계 미국인이 이민 온 지 얼마 되지 않은 사람들을 착취하는 방식은 다르지 않다. 한국계 미국인의 사회가 소수 집단이라고 해서 그 속에 억압과 착취가 존재하지 않는 것은 아니다. 어쩌면 소수집단이기 때문에, 살아남기 위해서라도 내부의 위계는 더 강하고 견고할지도 모른다.

> 아버지는 그들에게 말이 필요 없는 일은 무엇이든지 시켰다. 둘 다 대학을 나왔지만, 미국에 아는 사람이 없었고 영어를 거의 구사하지 못했다. 30대였던 윤 씨와 김 씨는 부인과 어린 자식들을 데리고 이민을 온 지 얼마 되지 않았다. 그들은 하루에 12시간씩 일주일에 6일간 일했다. 이에 대한 보수로 아버지는 200달러의 현금과 식사를 제공했고 상품가치가 없어 팔리지 않는 과일이나 채소를 줬다. **전형적인 방식**이었다. 아버지는 아버지 이전의 **모든 성공적인 이민자와 마찬가지로** 어떤 때는 부드럽게, 또 어떤 때는 무자비하게 자신과 같은 이민자들을 착취했다.[24]

이렇게 억압받는 소수민족 내부에서도 여전히 작동하는 권력관계를 읽어낼 수 있게 해주는 것은 화자의 "합리적인 눈"이다. 그

---

24) 위의 책, 54쪽, 강조는 필자.

러나 이 "눈"은 동시에 아버지가 높은 수준의 유학자라고 말하면서 한국 전통 문화인 유교를 가족주의로 축소해버리는 편견을 가진 눈이기도 하다. 그래서 유교는 "가족의 중심으로서 아버지는 언제나 존경받아야 하고, 자식들은 노예처럼 그의 명령에 완벽하게 복종해야 하며, 아버지의 말씀이 곧 진실이 되어야 하는 서열"[25]과 같은 것으로 번역되기도 한다. 이것은 합리적인 눈이 숨기는 미국 중심의 편견이며, 소설의 초반부에서 헨리는 이러한 자신의 한계를 인식하지 못한다. 그래서 소설의 초반부에서 그는 주류문화의 한국문화에 대한 편견을 더 강화하는 번역가일 뿐이다.

헨리가 존 광에 대한 보고서를 작성하는 것 역시 이러한 "합리적인 눈"을 통해서 시작된다. 그러나 광을 만나기 이전까지는 그리고 광을 만난 이후에도 일정기간 동안 그는 "합리적 눈"의 한계를 인식하지 못한다. 헨리의 아버지가 미국사회에 끼치는 영향은 정말로 미미하고 무시할만한 수준이기 때문에 아버지가 한국 최고의 대학을 나온 인물이고, 한국계 미국사회 속에서 비교적 성공적으로 정착한 소수민족출신의 인물이라 하더라도 미국사회는 그에게 거의 주목하지 않는다. 아버지가 구현하는 한국문화가 고귀한 가치를 지닌 것이든 오점이 많은 문화이든 주류문화의 편에서 볼 때는 별 상관이 없다. 즉 말하기를 거부하든, 말할 수 있는 능력을 지니지 못했든, 어느 쪽이든 간에 아버지와 같은 인물들은 사회적으로 보이지 않는 사람들이며 정치적으로 아무런 역할을 하지 못하기 때문이다. 당연하겠지만, 주류문화는 그에게 헨리의

25) 위의 책, 7쪽.

아버지 같은 사람에 대해 보고서를 쓰도록 요청하지 않는다. 헨리의 아버지나 아줌마 같은 사람은 시장에서 팔리지 않는 상품이며, 미국이 관심을 두지 않아도 아무런 해가 되지 않는, 무시할 만한 사람들이다.

하지만, 광은 다르다. 그는 『네이티브 스피커』에서 유일하게 말할 수 있는 주체다. 미국 사회에 거의 완전히 동화되지 못했다면 그 역시 말할 수 있는 주체가 될 수 없었을 것이다. 번역으로 보면 그는 가장 자연스럽고 유창한 번역의 구현자라고 할 수 있다. 따라서 미국의 정치권은 광의 행위를 일거수일투족에 주목하고 헨리와 같은 출신이 유사한 사람을 통해 그를 번역해서 보고할 것을 종용한다. 이것은 그가 소수민족 출신 중 미국 사회에 영향력을 행사할 수 있는 인물이기 때문이고, 영향력을 행사할 수 있는 인물이기 때문에, 그는 말할 수 없는 수많은 한국계 이민자보다 훨씬 더 위험한 인물이기도 하다.

광을 처음 만났을 때 헨리의 눈에도 광은 가장 성공적으로 미국문화에 동화된 인물로 보인다. 그는 첫 번째 시의원으로 선출된 아시아계 미국인으로 무엇보다 "아름답고 형식미를 갖춘 영어"[26]를 구사하고, 자수성가한 사람이자, 마이너리티의 이상적 모델로서 현재 뉴욕시장에 출마하기 위해 준비하는 완벽한 미국인이다.

하지만, 완벽하게 동화된 광의 모습을 처음부터 헨리가 애정어린 시선으로 바라본 것은 아니다. 헨리의 눈에 광은 처음에 한

---

26) 위의 책, 23쪽.

국계 이민자들을 희생시켜서라도 자신의 정치적 야망을 실현하기를 원하는 인물로 보였다. 몇 달 전에 산 시계가 고장이 났다는 이유로 환불을 요구하는 흑인 손님과 승강이를 벌이는 한국계 이민자의 가게에서 시의원이라는 권력을 이용하여 훨씬 더 좋은 시계로 교환해주도록 중재하는 광의 모습이 그것이다. 그는 흑인 손님이 가버리고 난 후, "우리에게 좋은 것은 그 흑인에게도 좋은 것이다"[27]라고 말하지만, 이 때 헨리는 그 말의 진정한 의미를 이해하지 못한다. 헨리가 아는 모든 것은 13.99달러짜리의 석영 시계를 공짜로 주었을 때, 그 한국계 상인이 잠을 줄여가며 '얼마나 자주, 그리고 얼마나 더 늦게까지 가게 문을 열어놓아야만 그만큼의 손해를 복구할 수 있는가'라는 생업과 연관된 문제에 광이 대처하는 방식이 너무나 정치적으로 보였기 때문이다.

그래서 이 장면에서 헨리는 "최소한 얼마간"은 흑인들을 미워하지 않으려고 노력했던 아버지의 모습, 그리고 한국계 이민자들의 모습을 떠올린다. 한국 이민자의 가게에 무단으로 들어와 주인을 죽인 살인자는 모두 흑인이었고, 아버지도 구사일생으로 살아난 적이 있었다. 아버지의 말씀에 의하면 브롱크스에서 아버지가 가게를 열고 흑인을 고용했을 때, 그들은 지각하거나 결근을 밥 먹듯 했으며, 출근을 해도 과일이나 맥주 팩을 주인 몰래 친구들에게 넘기는 일이 허다했다. 그래서 아버지는 그들을 고용하지도 않았고 그들이 손님으로 올 때조차 검은 얼굴은 불편을, 골치 아픈 문제를, 혹은 죽음의 위협을 의미했다. 그래서 아버지는 존

27) 위의 책, 187쪽.

광이 원하는 식으로 흑인을 배려해준 적은 결코 한 번도 없었다.

아버지와는 달리, 존 광은 자수성가한 백만장자였지만, 포덤 대학 경영학석사학위와 법학박사학위를 가지고 있었으며, 변호사 자격증도 가지고 있었다. 이러한 광의 이력은 헨리에게 시장선거에 도전해보고자 하는 그의 정치적 야망 때문에 취득한 간판 정도로 이해한다. 가능한 한 객관적이고 합리적이고자 하는 헨리의 눈에조차 광은 대단히 정치에 능한 사람이었고, 현직 시장 데 루스에 대항하기 위해서 한국계와 새로 온 이민자들, 동남아시아 인들과 인도계, 남미계, 카리브 해와 서인도 제도의 흑인들을 자신의 지지자로 만들기를 원하는 사람에 불과했다. "사람들과 한마디라도 나누어라. 열 개의 다른 언어로 광은 당신과 같은 사람입니다. 당신도 미국인이 될 것입니다라고 말하라"[28]라는 선거 캠페인 구호 역시 이러한 광의 정치적인 면에서 생겨난다고 헨리는 생각한 것이다. 광은 "아이가 여섯인 흑인 미혼모가 아이를 더 낳으면 보상을 받아야 한다고 생각하나?" 등과 같은 "비열한"[29] 질문을 던지기도 하고, 밤낮없이 교대도 하지 않고 근무를 하는 젊은 자원봉사자에게 한쪽 무릎을 꿇어 보일 때도 있었다. 헨리는 이러한 광의 정치에 능한 모습을 보고서 "당시에는 내가 가장 엄숙한 겸손을 본 것인지 오만을 본 것인지 알 수가 없었다"라고 기술한다.[30]

---

28) 위의 책, 143쪽, 원저자 강조.

29) 위의 책, 144쪽.

30) 위의 책, 147-48쪽.

다른 한편, 헨리는 광을 좀 더 가까이에서 지켜보게 되면서, 광이 완벽함과는 거리가 먼 사람이라는 것을 발견한다. 정치적으로 위기에 몰리자 "그의 목소리가 갈라지고 심지어 그의 말에 외국어 억양이 섞였고", 때로는 아내에게, 때로는 세리Sherrie라는 애인에게 폭력을 휘두르기도 한다. 설상가상으로 그는 그에게 추방명령이 내려지기 직전엔 음주운전을 해서 한국계 매춘부를 교통사고로 중상을 입히고 책임을 회피하기도 했다. 사실 존 광의 성공은 아버지와 비교되지 않을 정도로 극적이었지만, 극적인 성공 못지않게 그는 극적으로 파멸한다. 정치적으로 몰락하는 과정에서 그가 보여주는 모습은 유교적 가부장제를 등에 업은 파렴치한의 모습 바로 그것이다. 하지만, 이러한 광에 대한 인상은 그를 더 이해하게 되면서 다시 쓰인다.

존 광의 한국문화의 번역

헨리가 광의 삶에 깊숙이 들어가면 들어갈수록 광은 대단히 인상적이며, 특히 그가 연설하는 모습은 대단히 미국적임에도, 미국적으로 보이는 것이 아니라 적어도 어떤 평판을 지닌 이상적 한국인의 모습으로 보인다.

> 그는 강하고 또렷한 목소리로 말을 하며 연단과 무대를 성큼성큼 걸어 다닌다. 청교도처럼, 차이나맨처럼,[31] 그리고 그 둘 사이에 배를 타

31) 차이나맨(Chinaman)은 중국계 이민자를 경멸적으로 일컫는 말이 아니라, 미국

고 온 모든 사람들처럼 그 언어를 말하는 것을 두려워하지 않는다. 나는 그런 순간에 그가 가장 감동적이고 아름답다는 것을 알았다.[32]

그래서 헨리는 "광의 몸에 불이 환하게 켜진 것 같은 느낌을 받는다."(134) 사실 헨리가 존 광에 대해 기술하는 것은 기억과 회상에 의존하고 있기 때문에 언제쯤 헨리가 광을 이상적 아버지로 느끼기 시작했는지, 언제부터 그를 숭배하기 시작했는지, 아니면 광의 성공과 성공을 위한 가식적인 태도에 대한 양가적인 감정을 처음부터 지니고 있었던지 명확하지 않다.

그러나 헨리의 이러한 느낌은 소설의 후반부로 접어들수록 강화되고 있는 것은 분명하다. 광이 보여주는 이상적 한국인의 모습은 아름답고 완벽한 영어를 구사할 수 있는 동화적인 면모 속에서만 드러나는 것이 아니라, 그의 약점 많은 한국성과 죽음보다 더 힘든 몰락 속에서도 구현되고 있다.

헨리가 광을 이해하기 시작하면서 화석화된 한국성, 과거 속에 고정된 움직이지 않는 어떤 것으로서의 한국은 아무런 의미가 없다는 것을 알게 된다. "사라진 시절의 찬란한 기억에만 매달려 있는 것"[33]은 현실을 변화시키는 힘이 아니라고 광은 말한다. 광의 이러한 주장을 유교적으로 다시 쓴다면, "온고이지신(溫故而知新)"이라는 공자의 주장과도 공명할 것이다. 이는 전통이 화석

독립 전쟁 시절에 미국과 공식적으로 무역을 하기 위해 건너온 최초의 중국인을 말한다.

32) 위의 책, 304쪽.

33) 위의 책, 196쪽.

화되어 결코 변화할 수 없다면, 그것은 결코 새로운 것을 낳지 못한다는 것이며, 옛것에 온기나 생기를 부여해서 오늘날의 맥락에서 재번역을 할 때에만 비로소 새로운 것이 태어날 수 있다.

이러한 공자의 주장은 발터 벤야민이 "깨어진 화병"에 비유하는 번역의 역할과 유사하다. 원전을 화병에 비유한다면, 번역은 깨어진 화병이다. 원본을 깨뜨리지 않고서 번역은 탄생할 수 없다. 벤야민에 의하면 깨지지 않는 원본은 생-존에 실패하며, 원본이 생존하려면 반드시 원본을 깨는 번역에 의존해야만 한다. 번역은 번역이기 때문에 있는 그대로의 원본을 포괄하지는 못한다. 이러한 깨뜨림은 "번역이 원본이 가진 빛을 방해하는 행위"는 아니라, "원본을 보다 충만하게 비출 수 있게 해주는 행위"가 된다.[34] 과연 이러한 번역이란 어떤 것인가? 광의 행적을 따라가면서, 우리는 발터 벤야민이 말하는 깨어진 화병으로서의 번역, 그리고 바바가 말하는 새로운 것을 틈입시키는 것으로서의 번역이 어떤 것인지를 깨닫게 된다.

사실 헨리가 광을 온전히 이해하게 되는 순간은 소설의 마지막 부분에서 광의 한국 문화의 재번역이 기존 문화에 균열을 내고 주류의 저항에 부딪혀 그가 정치적으로 몰락하는 것을 목격하는 순간이다. 이 순간 헨리는 번역가로서 준수하고자 했던 "합리적인 눈"은 겉만 번지르르한 포장에 지나지 않는다는 것을 깨닫는다. 하지만, 소설 속에서 시간적 순서가 뒤섞여 있다는 것을 고려하더라도, 광이 완전히 동화된 미국인이 아니라, 한국을 다시

34) Benjamin, "Task of the Translator", 79쪽.

씀으로써 미국문화의 경계를 다시 그리고자 한다는 사실을 발견하는 것은 그러한 깨달음이 있기 훨씬 더 이전이다.

■ 가족의 번역

우선 헨리는 아버지가 그토록 소중히 여겼던 한국의 가족 개념이 광에게서 깨어진다는 것을 발견한다. 아버지는 가정적인 남자였고, 한국식인 동시에 구식이었기 때문에 제도를 소중히 여기고 존중했다. 이런 종류의 가족 개념은 아버지가 말하는 가족주의와 다르지 않아 보인다. 하지만, 헨리는 이것은 "진실의 반만을 말하는 것"[35]에 불과하다는 것을 인정한다. 광은 구한말을 거쳐 일제의 억압과 착취로 단지 내 가족의 안위와 혈연 중심의 공동체로 축소되어버린 유교적 가족주의에 안주하지 않았기 때문이다.

광은 유교에서 유래하는 가족의 개념을 그 뿌리부터 다시 번역한다. 그에게 가족은 혈연만이 아니고, 한인들의 공동체만으로 한정되는 것도 아니다. 그의 선거구민 지역주민까지 포함해서 그가 맺는 모든 관계를 "가족"로 규정한다.

그는 자기 사무실에서 밤낮으로 일하는 우리의 손을 잡고서 "한국어로 우리 집*Oo-rhee-jip*이라고 말했다. 우리의 새 삶을 말이다."[36] 그는 가족이라는 순수한 관념도 사랑했으며, 그것은 "혈연과 아무런 관계가 없었다." 그의 가족 개념 속에는 아직 시민권을

35) *Native Speaker,* 위의 책, 146쪽.

36) 위의 책, 146쪽.

획득하지 못한 사람들, 무국적자 등의 "하위자"까지도 포함된다. 그들은 헨리의 어머니나 아줌마처럼 목소리도 없고 영어를 제대로 말하지도 못한다. 5-6명의 택시기사가 거의 두 달에 걸쳐 연속적으로 살해당한 사건이 발생했을 때, 택시기사들을 대변하거나 옹호해주고자 하는 미국의 정치가는 없었다. 왜냐하면, 그들은 최근에 이민 온 라트비아인, 자메이카인, 파키스탄인 등등으로 서로 힘을 모아서 저항하는 법도 몰랐고 어떻게 정치적 저항을 해야 할지 모르는 사람들이었기 때문이다. "백미러에서 흔들리는 고국의 장신구, 염주, 조개껍데기, 놋쇠문자, 아이를 찍은 흐릿한 스냅사진, 충혈된 눈"[37]만이 그들의 공통점을 말해주고 있을 뿐이었다.

하지만, 광은 그들을 한국 전통문화의 "가족" 개념을 적극적으로 재번역함으로써, 주변인과 유색인종을 한국적 가족 개념 속에 포함하고자 했다. 물론 이 번역의 과정에서 "혈연 중심의 공동체"라는 가족의 원래 개념은 깨어진다. 그러나 원본 문화의 경계가 재설정됨으로써, 우리/그들의 이분법이 무너지고, 자민족의 경계가 다시 그어진다. 그러나 이것은 한국적 가족 개념의 파괴가 아니다. 이것은 가족을 단순히 혈연공동체가 아니라 왕을 정점으로써 전체 민중을 제사공동체로 포섭하고자 했던 동양문화와 공명하고 있기 때문이다. 이렇게 함으로써 광은 개인적 차원에서는 맨해튼 바깥의 자치구에 만족하며 살아가는, 한국계만을 대변하는 소수민족 정치가에서 벗어나고자 했고, 모든 이민자 집단을 가족으로 생각함으로써, 그들을 "정복당한 자들로서가 아니라 살아

37) 위의 책, 26쪽.

있는 목소리로 만들 작정이었다." 광은 영어와 한국어만을 사용하기를 원하지 않는다. "그는 스페인어로 포르투칼어로 인사했다. 계속하세요. 믿음을 지키세요. 우리는 당신이 무엇을 느끼는지 이해합니다. 당신은 혼자가 아닙니다."[38] 이것은 뉴욕시의 흑인과 한인공동체의 갈등에 교량을 놓고자 하는 그의 노력과도 궤를 같이한다.

> 여러분이 지금 내 이야기를 듣고 있다면, 여러분이 한인이라면 […] 이런 사실들을 아셔야 합니다. 여러분 가게에서 돈을 쓰는 […] 흑인들은 자신의 가게를 열 수 없습니다. 왜일까요? […] 흑인이라는 이유로 은행에서 돈을 빌려 주지 않기 때문입니다. 이들이 사는 동네에 문제가 있고, 매우 위험하기 때문에 아무도 보험을 받아주지 않기 때문입니다. 그들이 여러분이 누리는 것과 같은 강력한 공동체, 자신의 구성원을 위하여 돈과 노력을 모을 수 있는 공동체를 가지지 못하는 것은 그들의 공동체가 오랜 세월에 걸쳐 부서지고 해체되었기 때문입니다. 우리 한인들도 이런 비극에 대해 약간은 압니다. 50년 전 한국인들이 자기 땅에서 일본 제국 군대의 종과 노예가 되었을 때를 기억해봅시다. 우리 어머니와 누이들은 우리를 노예로 만든 그 병사들의 첩이 되었습니다.[39]

이것은 이주민도 미국인이라고 주장하며, 미국의 경계를 다시 긋고자 하는 태도만은 아니다. 그는 한국문화 자체를 미국 속에 다시 쓰기를 원한 것이다.

38) 위의 책, 268쪽.

39) 위의 책, 152-53쪽.

그가 한국의 전통 문화의 일부인 "계"*ggeh*를 급진적으로 재번역하는 것도 이와 같은 맥락이다. 그에게 "우리집"의 단순한 규칙이 "진실한 충성" 이었듯이 "계"의 핵심은 구성원들의 책임감과 상호 신뢰이다. "매주 정한 액수의 돈을 내고, 자기 차례가 되는 주에 모은 돈을 모두 갖는 것"이기 때문에 계는 "계원들이 서로 잘 알고, 구성원이 자기 차례가 온 뒤에도 달아나거나 빠지지 않을 것이라고 믿기에 유지된다."[40] 이러한 계의 정신을 살려서 광은 그것을 한국 민족이라는 테두리 밖에서도 작동할 수 있는 온정적 체계로 만들기를 원했다. 그것은 한국의 전통문화를 다른 공간에 옮겨놓은 것이지만, 한국인들만의 배타적 체계로서의 계가 아니라, 목소리를 낼 수 없는 수많은 이민자도 동시에 포용할 수 있는 체계였다. 그는 그것을 하나의 서구적 정치 체계인 데모크라시가 아니라, 우리말, 민주주의(民主主義)가 지닌 문자 그대로의 의미에서 民이 주가 되는 체계로 만들기를 원했던 것이다. 그는 시의원으로서 그가 소속해있는 지역의 대표자이자 대변자였지만, 한국 문화의 산물인 "계"의 급진적 재번역을 통해 대변과 대표의 체계가 포섭하지 못하는 틈새, 한국계 미국인보다 더 주변에 있는 사람들에게 출발점을 제공해주고자 했다.

하지만, 이러한 광의 한국문화의 급진적 재번역은 다시 헨리에 의해 번역되고, 주류 문화에 의해 또 다시 전유되었다. 즉 헨리에 의해 번역된 광의 계는 언론을 통해 사설 은행이라고 보도된

40) 위의 책, 279쪽.

다. "이 모임은 사설 은행과 같아서 회원들에게 주기적 이자와 원금을 준다. 이 모임은 어떤 금융위원회에도 등록되지 않았으며, 세무당국에도 신고하지 않았다"[41] 고 보도된다. 하지만, 이 보도의 출처는 세무당국이나 금융위원회가 아니라 세금이나 은행과는 전혀 관련이 없는 "인민귀화국"에서 나온다. 또한 데니스 호그랜드와 언론에게 계는 "마피아조직과 유사한 불법활동"으로 간주된다. 그러나 이러한 정치권과 주류 언론의 전유에도 불구하고 헨리는 계가 불법이 아니라는 것을 알고 있었다.

> 데니스에게, 그리고 여기 와 있는 기자들에게 나는 광의 특별한 생각을 끊임없이 설명할 수 있었다. 계라는 관념이 그에게 제2의 천성처럼 생겨난 과정에 대해서도 설명할 수 있었다. 광은 누가 '합법적' 이민자가 아닌지 알지 못했다. 그는 한 번도 그 사실을 중요하게 생각해 본 적이 없기 때문이다. [···] 그는 군벌도 아니고 두목도 아니었다. 그에게는 사람들이 그의 지혜를 믿는다는 것 외에 그들을 움직일 아무런 현실적 권력이 없었다. 그는 단지 그들에게 출발점을 제공했을 뿐이었다.[42]

구성원들은 주로 한인들이지만, 그 중 40명은 "모든 다른 국적의 사람들"로 이루어진 불법이민자들이었다. 광이 운영하는 계에 소속되어 있는 사람들은 광을 신뢰하고, 대부분 경제적 어려움을 겪는 사람들이었기에 그는 그 중 누가 비합법적으로 미국으로 밀입국했는지 알지 못했다. 아마도 광이 마음만 먹었다면 그 중 비합법적 이민자를 찾아서 그의 계 조직에서 탈퇴시키는 것은 가능했

41) 위의 책, 329쪽.

42) 위의 책, 334쪽.

을 것이다.

하지만, 광의 목표는 미국 땅에서 사는 모든 사람을 단 한 명의 예외도 없이 '미국인'으로 만드는 '보편'[43]의 실현이며, 미국 땅에서 살고 있지만 미국인에 포함될 수 없는 주변인들을 '구원'하고자 하는 데 있었다. 이러한 광의 신념과 행동은 '어떤 절차를 밟아야만 성립될 수 있는', 혹은 '어떤 요건을 충족시켜야만 미국인으로 인정받을 수 있는' 미국 법의 테두리 안에 있는 것도 아니고, 비미국인과 미국인을 증명하는 어떤 문서에 근거하는 것도 아니다. 이는 미국인이라는 이데올로기적 동의에 기초해서 구성된 미국 주체를 탈안정화시켜서 그 속으로 타자를 틈입시키는 행동이며, 합법과 불법이라는 이분법으로는 규정될 수 없는 "단 한 명의 예외도 없이 모든 사람을 위해 복원되어야 하는 삶을 기초로 하는 잉여존재overexistence의 원리"와도 공명한다.[44]

하지만, 앞서 말한 바와 마찬가지로 이러한 그의 신념은 정치권에 의해 의도적으로 잘못 유통되고 오용되었다. 그의 계원들 중

---

43) 여기서 '보편'의 개념은 바디우의 개념을 이용했다. 보편은 차이를 없애는 것도 아니고, 특수(particularity)의 모습으로 자신을 드러내는 것도 아니다. 바디우에 의하면 보편이란 "법에 의존하는 육신(flesh)에 있는 것도 은총과 진리가 사적으로 은밀하게 거주하는 순수 정신에 있는 것도 아니다"(Badiou, Alain. *Saint Paul: the Foundation of Universalism.* Trans. Ray Brassier. Stanford: Stanford UP, 2003, 64쪽, 『사도바울－제국에 맞서는 보편주의 윤리를 찾아서』, 현성환 옮김, 2008). 성 바울에게 있어서 삶과 죽음, 정신과 살은 두개의 주체적 자세를 하나의 삶을 사는 두 개의 길을 지칭한다. 예수의 죽음은 예수라는 특수한 개인의 생물학적인 죽음과는 아무런 상관이 없다. 그것은 그 자체로 진리사건을 구성하지 않는다. 진리사건이 개인 예수가 아닌 **모든 인간 존재에게 접근 가능할 때** 그것은 보편이 된다.

44) Badiou, 위의 책, 61쪽.

극히 일부만이 불법 이민자였지만, 불법 이민자들 탓에 자신들이 실업자가 되었다고 믿는 시위자들[대부분이 백인이고 남자다]은 광을 "밀입국 주선자"라고 불렀고, "미국인을 위한 미국"이라고 적힌 피켓을 들고 광의 집 앞에 모여들었다. 마침내 헨리는 이러한 일련의 사태 앞에서 자신이 한 일, 자신이 합법적이고 합리적인 눈을 통해 사실만을 전달하기 위해 쓴 보고서 — 이 보고서 속에 계의 성격과 계원들의 명단도 포함되어 있었다 — 가 어떻게 해석되고 번역되고 전유되며 유통되며 퍼져나가는 지를 목격한다. 물론 이것은 주류 미국인인 백인 남성에게만 한정된 일은 아니었다.

> 존 광이 하는 말이나 행동은 무엇이 되었건 칭찬을 들을 수가 없었다. 어느 한쪽에 대한 동정은 곧 다른 쪽에 대한 편견이 되었다. 분명한 폭력과 파괴에 대해서도 공개적으로 이야기할 수가 없었다. 흑인 단체들 쪽에서는 한국 상인들의 냉혹한 태도와 새런더 할란스를 쏴 죽인 한인 상점 주인의 부당한 석방에 항의하는 시위라고 주장했기 때문이다.[45)]

그러나 사태가 이렇게까지 확대되기 이전에 광의 오른팔에 다름없었던 에두아도르가 폭탄세례를 받고 죽었을 때, 그리고 그가 헨리와 같은 방법으로 드 루스[De Roos]에게 보고서를 쓴 스파이라는 것이 확인되었을 때, 헨리는 광이 평소의 소신대로 정치가답게 자신을 변호하기를 원했다. 그것은 뉴욕에 생겨나는 수많은 범죄과 과중한 세금으로 현직 시장인 드 루스에게 사람들이 등을 돌리고

---

45) Lee, *Native Speaker,* 192-93쪽.

서 존 광이 도시의 질병에 가장 효과적으로 맞설 수 있는 새로운 얼굴이자, 급속하게 변하는 주민의 요구를 잘 이해할 수 있는 정치가로 대중들에게 각인되기 시작했기 때문에 광에 대한 음해와 음모가 시작되었다는 것을 헨리가 알고 있었기 때문이다. 하지만, 그를 함정에 몰아넣고자 하는 모든 사태 앞에서 광은 집요하고 고집스럽게 침묵을 지킨다. 광은 "내가 무슨 말을 하든 그것을 인종문제로 만들어버릴 거야"[46]라고 말한다.

■ 침묵의 번역

광의 문제는 광은 말은 통제하기 어렵지만, 침묵이 더 통제하기 어렵다는 것을 알지 못했다는 점이다. 침묵은 죄를 인정하는 것으로 받아들여졌다. 그 순간 그는 더는 아무도 대표할 수 없고 아무것도 표상할 수 없는 사람이 된다. 다시 말해 주류 미국 문화권에서 말하지 않는 것은 죄를 숨기기 위한 전략이거나 혹은 말할 수 있는 지적 능력의 결여 이 두 가지의 의미밖에 지니지 못했다.

물론 다른 의미를 띨 때도 있다. 한국 민족의 "침묵"을 강조하는 문화를 한인들이 전유하는 방식이 그것이다. 하지만, 이 역시 철저하게 현실적 이해관계에 기초해 있다. "다른 사람들이 자신을 우호적으로 생각하거나 모델로 삼으면 그 생각을 유지하게 하는 것이 편안하고, 그래서 변장한 모습 그대로 입을 다무는" 것이다.[47] 하지만, 광은 한인들이 이러한 방식으로 침묵을 작동시키

46) 위의 책, 274쪽.

는 태도에 동의하지 않는다. "우리는 우리 부모의 가르침을 잘못 적용하고 있어." 그는 침묵이 서투른 모방이나 흉내 내기를 통해서 그 정신을 전유되어서는 안 된다는 것을 알았다.

공자가 말했듯이 공자가 침묵을 강조한 것은 말[言]이 '숨어 있는 이해관계를 위한' 걸치레이기 때문이며, 발화자에서 출발하여, 한 청자에게 그리고 또 다른 청자에게 전파되는 과정에서 각자의 입맛에 맞도록 변형되고 변질되는 속성이 있기 때문이다. 그래서 공자는 말보다 침묵을 강조하고 "말이 어눌하고[訥言] 마땅히 해야 할 일을 민첩하게 하는[敏行]" 사람들을 높이 평가한다. 말의 이러한 속성은 광의 "계모임"의 순수성이 왜곡되어 전달되는 방식에서도 잘 드러나며, 광의 유창했던 말이 갑자기 어눌해진 까닭도 그가 이러한 공자의 가르침을 체화하고 있었기 때문일 것이다.

그래서 정치적 몰락을 가속화시킨 결정적 계기가 된 사건(에두아도르가 머물고 있었던 사무실이 테러를 당한 사건)이 발생하자, 에두아도르가 스파이라는 것을 알고 있었음에도, 광은 침묵했다. 그것은 그가 무슨 말을 하든 그 말이 정치적 이해관계에 따라 변질될 것이라는 것을 알고 있었기 때문이다. 폭탄을 던진 사람이 북한 테러리스트라는 등 백인 분리주의자라는 등, 혹은 흑인과 한인의 경쟁을 경멸하는 인도인이라는 등 수많은 말, 말, 말들이 돌아다니고 있었지만, 광은 이러한 책임감 없는 말들을 쏟아내는 군중조차도 형제들로 간주한다. "만일 당신 형제의 몽둥이로 형제를

47) 위의 책, 193쪽.

때리면 그는 다시 와서 당신 몽둥이로 당신을 때릴 것입니다."[48]

그러나 문제는 그의 침묵이 과거의 장소와 과거의 시간 속에 머물러 있는 한, 언론에 의해서 "범죄의 인정"으로 번역되는 것을 막을 수 없다는 데 있다. 언론과 행정당국은 광의 사무실에 폭탄을 던진 사람이 누구인지를 밝혀내는 것 대신, 어떻게 대학생인 에두아도르가 비싼 월세를 내어야 하는 아파트에 살고 있었는지, 광이 운영하는 계의 계원 중 왜 불법이민자가 있는지, 그리고 그 계가 불법적인 사설 은행인양 여론을 몰아간다.

앞서 말했듯 침묵은 한국을 포함한 동양 고유의 문화로 이러한 정치적 이분법을 넘어서려는 것이다. 하지만, 원래의 문화가 가지는 그 정신을 제대로 번역하려면 화석화된 과거가 아니라 현재를 지향하는 전달가능성을 살려내어야 하며, 과거라는 시간과 과거의 어떤 장소 혹은 동양의 어떤 장소에 소속되어 있는 어떤 것으로서가 아니라, 시공간의 동시성을 지향해야 한다. 진정한 번역은 과일의 껍질과 열매처럼 동일성을 이루는 원문을 깨뜨려서 그 겹겹이 잡혀 있는 주름을 펼쳐내야 하는 것으로 두 개의 죽은 문화가 갖는 생명력 없는 동일성과는 거리가 멀다. 말을 하지 않는 것도 말이다. 침묵을 단순히 말을 하지 않는다는 것으로 옮기는 것은 일상 언어의 벽 속에 갇히는 것이다. 번역이란 이러한 견고한 벽 사이를 뚫어 통로[arcade]를 내어야 한다. 이것이 벤야민이 '번역'이라는 용어를 통해 말하고자 하는 "문자성"이나 "적극적인 삶의 힘"[49]이다.

---

48) 위의 책, 260쪽.

그러나 광은 최소한 침묵에 관한 한 그것을 적극적인 삶의 힘으로 재구성해내는 데 실패한다. 그에게 필요한 것은 침묵의 문화가 가지는 화석화된 껍질을 깨뜨릴 수 있는 방식의 재번역이었다. 예를 들어 그는 침묵을 선언으로 재번역해야 했다. 수많은 말들의 잔치로 자신을 변호했어야 한다는 의미가 아니라, 바디우의 의미에서 소수민족들을 예외로 규정하지 않는, 모든 사람이 예외 없이 미국인이어야 한다는 믿음과 희망을 끝까지 보유했어야 하며, 그리고 그들이 침묵되는 것이 아니라 사건[50]의 주체가 될 수 있도록 침묵이 선언으로 반드시 거듭나야 했다는 의미이다. 이것이 벤야민이 말하는 문자성에 충실하는 충실성의 진정한 의미이기도 할 것이다.

사후의 삶: 존 광이 죽은 후, 헨리 박의 삶

광의 자민족 문화에 대한 번역도 무조건 한국계 이민자의 편에 서지 않기 때문에 반역이며, 헨리가 가능한 한 합리적인 눈으로 시도하는 번역 역시 번역의 수용과 유통과정에서 반역이 된다. 모든 번역자는 심지어 데니스마저도 "모든 배반에는 자기 배반이

49) Benjamin, 위의 글, 79쪽.

50) 여기서 사건은 하이데거의 사건 개념과 유사하다. 하이데거에게서 사건이란 고유한 것(*eigen*)에 대한 전유(appropriation)와 관련될 뿐만 아니라 하이데거 사진이 말한 몰수(expropriation)[탈고유화]와도 관련되기 때문이다. 따라서 사건이란, 경험에 개방되는 동시에 경험에 저항하는 것 모두를 포함한다는 의미에서 사건의 주체가 된다는 것은 번역의 주체가 된다는 것과 동일한 맥락에서 사용된 개념이다.

포함되며, 이것 때문에 최종적인 파국에 그만큼 더 많이 다가간다는 것을 이해하고 있다."[51] 그러나 광의 반역과 헨리의 반역은 다르다. 동화주의자란 얼마나 자연스러운 영어를 구사하느냐의 문제, 얼마나 미국 문화에 익숙한가의 문제가 아니었다. 가장 객관적인 번역을 지향한 헨리의 번역은 한국계만이 아니라 수많은 소수자의 삶을 위태롭게 만들고, 그들을 미국의 땅에서 내몰게 하였다. 가장 합법적인 번역을 가장하면서 헨리의 추한 진실은 그가 합리성의 가면을 쓰고, "그 자신을 그리고 착취 가능한 다른 사람들을 착취했다"는 데 있다. 착취는 합리성을 가장할 때 더욱 더 효과적이 된다. 그는 데니스가 나에게서 "나 자신의 파멸을 초래할 수도 있는 요소들을 끈질기게 이용해 왔다"는 것을 깨닫는다.

하지만, 광의 반역은 다르다. 광에게 반역은 고착화된 것의 부정을 통해 삶을 긍정하는 것이다. 하지만, 이 삶은 유토피아적인 것과는 거리가 멀다. 유토피아는 우리가 사는 판과는 아주 다른 판에 대한 상상이자 현재에 실현할 수 없는 것이나 과거에 실현되지 못한 것을 전미래, 혹은 완료된 미래로서 사유하는 것이다. 하지만, 그의 반역은 이러한 유토피아를 상상하지 않는다. 그의 반역은 현재·여기, 즉 우리가 살고 있는 판에 기초해 있는 것이기 때문이며, 광이 불법 이민자들을 포함한 모든 사람을 위해 정치적인 것을 이용하고자 하기 때문이다.

물론 광의 침묵은 번역의 실패를 궁극적으로 구현하는 것처럼 보일 수 있다. 광이 침묵을 선언으로 번역하지 못함으로써, 그

51) Lee, *Native speaker,* 314쪽.

는 언론에 의해 여자에게 폭력을 행사하고 음주운전도 서슴지 않는 범죄자로서 조작된다. 그러나 헨리는 이제 더는 가까이서 헨리를 관찰하지 못한다. 헨리는 계의 명단을 넘겨줌으로써 이미 그가 해야 할 일은 끝났기 때문이다. 따라서 광의 모든 행적은 헨리의 의지와 상관없이 편집된다.

> 사진에 딸린 기사들은 쓰였다기보다는 편집된 것처럼 보인다. 기사에는 몇 개의 관점이 뒤섞인 듯하고 각각의 관점은 그 말투가 분개와 독선을 드러내고 있다. 기사 내용은 단지 문제가 되는 인물[존 광]의 사진을 돋보이게 하는 데만 신경 쓰고 있으며 사실을 교묘하게 이용하여 어떻게 시를 운영하고 공정한 재판을 해야 하는가에 대한 선정적인 논쟁을 부추기고 있다.[52)]

하지만 그는 충돌 후 몇 시간 후에 석방되었다. 뒤이어 그의 계모임이 사설 은행 같은 것이라는 기사가 실린다. 하지만, 정보의 출처가 세무서가 아니라, 이민귀화국이기에 실제로 그가 세금을 탈루했다는 확증은 없다. 결국, 광은 미국의 감옥에 수용되는 것이 아니고 한국으로 추방된다.

광이 사라지고서, 이제는 스파이 노릇을 그만둔 헨리가 등장한다. 그가 사는 곳은 광이 살았던 곳과 같은 "말들의 도시"이다.[53)] 그들이 말하는 방식은 여전히 동일하다. 그들은 "여기에 속하거나 아니면 사라지라"고 말한다. 하지만, 이런 식으로 말하는 것은 주류 미국인들만은 아니다. 아버지 역시 가게에서 얼쩡거리

---

52) 위의 책, 321쪽.

53) 위의 책, 344쪽.

는 헨리와 같은 유색인종을 보면 "사거나 나가"[54]라고 말했을 것이다. 따라서 한국계와 미국이 다른 방식으로 말하는 것은 아니다. 그에게 민족은 한국과 미국이라는 국적이나 인종으로 나뉘지 않는다. 헨리가 여러 가지 인종의 외국어를 하는 아이들을 안아주고, 여러 가지 언어로 된 원주민의 이름들을 말하고 듣는다고 해서 원주민의 다양성을 단순히 찬양하는 것이 이창래의 결론은 아닐 것이다.

"원문의 의도가 번역자 자신의 언어에서 다른 언어의 마법에 걸려 있는 순수언어를 해방하고, 작품 속에 갇혀 있는 언어를 그 작품의 재창조[번역]를 통해 해방하는 것"[55]이 벤야민의 주장이라면, 영어 속에 단순히 "아버지", "아줌마"와 같은 한국어를 끼워 넣어 낯설게 하기 효과를 발생시키는 번역이 좋은 번역인 것은 아니다. 자연스럽고 유창한 번역이 바로 동화적 번역으로 귀결된다고 말하지 못하는 것은 바로 이 때문이다. 언어가 대상을 지칭하지만, 언제나 그 대상을 완전하게 지칭하는 데 실패한다면, 언어를 이용할 수밖에 없는 번역은 언어가 지칭하지 못하는 잉여를 담아내지 못하기에 벤야민이 말하는 바처럼 번역은 언어를 해방할 수는 없다. 따라서 언어가 우리의 현실을 포착하지 못하는 것이 아니라, 반대로 이런 저러한 형태로 구성되어 우리의 인식 내부로 들어온 현실에 구멍을 내는 것은 언어를 통해서라는 사실을 인정할 때만 번역은 비로소 그 의미가 있을 수 있다. 라캉이 언어

54) 위의 책, 345쪽.

55) Benjamin, 위의 글, 80쪽.

이전의 실재가 아니라 언어 이후의 실재에 주목하는 것도 바로 이러한 까닭이다. 우리는 언어를 통해서 상징계에 진입하지만, 역설적으로 바로 언어를 통해 동시에 상징계의 예외를 간파한다. 라캉이 왜상을 통해서 실재계가 끼어든다고 말하는 것은 바로 이러한 맥락에서이다. 그래서 벤야민은 언어를 언어 일반과 특별한 인간언어를 구분한다. 벤야민과 같이 언어를 두 언어로 구분하는 것이 가능하다면, 후자의 언어가 우리가 일반적으로 언어라고 부르는 것일 것이고, 전자(일반 언어)는 언어 속에 들어 있는 인간적인 모든 것, 병리적인 것이 모두 제거되었다는 의미에서 순수한 언어일 것이다. 따라서 번역가는 이 순수한 언어를 위해 낡은 장벽을 무너뜨리고자 원문의 행간에 더욱 주목해야 한다.

따라서 『네이티브 스피커』의 마지막 장에서 주목해야 할 것은 외국의 아이들에게 영어를 가르치는 일이 아니라, 광과 광의 계모임에 참여했던 사람들이 추방된 바로 그곳에서, 그가 살고 있다는 것이다. 이제 그는 자본을 가진 사람들, 권력을 가진 사람들을 위해 한국인을 기록하고, 한국 문화를 번역하지 않으며, 한국 문화를 입맛에 맞게 재구성하고 마음대로 전유할 수 있는 형태로 번역을 시도하지도 않는다. 또한 "아버지가 운영하던 모퉁이의 채소가게가 아니라 모든 아시아 음식을 갖춘 진짜 슈퍼마켓"[56)]에 애정을 가지고서 간다는 점으로 미루어, 아버지와 같이 한국적인 것만을 고수하는 것도 아니다. 하지만, 예전과는 달리 국과 밥으로 한국 음식을 차리고, 한국 음식을 먹는다. 물론 언어교육시설

---

56) Lee, *Native Speaker,* 345쪽

이 없거나 교육 시설이 충분하지 못한 학교에서 영어를 가르치는 아내의 일터에서 그는 장기 손님이자 영원한 방문객에 불과하지만, 그가 현재 도와주는 아이 중에도 불법 이민자들이 있을 것이며, 그가 배회하는 퀸스에도 그들은 여전히 거주하고 있다. 그들의 노래는 언제나 그를 굴복시킨다. 이렇게 그는 타자의 문화에 굴복하고, 그는 "하루가 끝날 무렵 지금은 베트남 교회가 되어 있는 건물을 비추는 그 잠깐의 햇빛을 사랑한다"고 고백한다.[57)]

이제 베트남 교회가 되어 있는 그 교회를 비추는 빛이 "문화 상호간의 숨겨진 관계를 맹아적 방식으로나마 드러내 줄 수 있다면"[58)] 그것은 유토피아적 종결을 말하는 것이 아니라 광이 사라진 이후에 광의 여정을 반복하는, 그러나 똑같지는 않은 차이를 생산하는 반복으로서 헨리의 여정이 시작될 것이라는 것의 암시일 것이다.

57) 위의 책, 346쪽.

58) Benjamin, 위의 글, 72쪽.

참고문헌

Anderson, Benedict. *Imagined Communities: Reflections on the Origin and Spread of Nationalism*. London: Verso, 1991. 윤형숙 옮김. 『상상의 공동체』. 나남, 2004.

Arendt, Hannah. "Walter Benjamin." *Men in Dark Times*. Fort Washington: Harvest, 1970. 164-66. 「발터 벤야민」. 『어두운 시대의 사람들』. 권영빈 옮김. 문학과지성사, 1983.

Asad, Talal. "The Concept of Cultural Translation in British Social Anthropology." Eds. James Clifford and George E. Marcus. *Writing Culture: The Poetics and Politics of Ethnography*. Berkeley: U of California P. 1986. 141-64.

______. "Two European Images of Non-European Rule." *Anthropology and the Colonial Encounter*. Ed. Talal Asad. New York: Humanities P, 1973. 103-18.

Badiou, Alain. *Infinite Thought*. London: Continuum, 2003.

______. *Saint Paul: The Foundation of Universalism*. Trans. Ray Brassier. Stanford: Stanford UP, 2003 현성환 옮김. 『사도 바울: 제국에 맞서는 보편주의 윤리를 찾아서』. 새물결, 2008.

Bakhtin, M. M. *The Dialogic Imagination*. Ed. Michael Holquist. Austin: U of Texas P, 1987.

Barth, John. *The Book of Ten Nights and a Night, Eleven Stories*. Boston: Houghton Mifflin, 2004.

Bassnet, Susan. 1980. *Translation Studies*. London: Routledge. 3rd ed. 2002. 엄재호 옮김, 『번역학개론』. 인간사랑, 1993.

Bassnett, Susan and André Lefevere. eds. *Translation, History and Culture.* London: Pinter, 1990.

Bazin, N.T. "Feminist Perspectives in African Fiction: Bessie Head and Buchi Emecheta." *Black Scholar* 17.2 (1986): 34-40.

Benjamin, Walter. 1923. "Die Aufgabe des Übersetzers." Hans Joachim Störig ed. Das Problem des Übersetzens. Darmstadt: Wissenschaftliche Buchgesellschalft, 1963. 182-95; Trans. Harry Zohn. "The Task of the Translator." Hannah Arendt. ed. *Illuminations.* Glasgow: Fontana/Collins, 1982. 69-82. 반성완 옮김. 「번역가의 과제」. 『발터 벤야민의 문예이론』. 민음사: 1992.

_____. "On Language as such and on the Language of Man." *Selected Writings 1: 1913-1926.* Ed. Marcus Bullock and Michael W. Jennings. London: Belknap, 1996. 62-74. 최성만 옮김. 『언어일반과 인간의 언어에 대하여』. 길, 2008.

_____. "Theses on the Philosophy of History." *Illuminations.* Glasgow: Fontana/Collins, 1982. 반성완 옮김. 「역사철학테제」. 『발터 벤야민의 문예이론』. 민음사, 1984.

_____. "Theological-Political Fragment." *Reflections: Essays, Aphorism, Autobiographical Writings.* New York: Harcourt Brace Jovanovich, 1978. 312-13.

Berman, Antoine. *The Experience of the Foreign: Culture and Translation in Romantic Germany.* Albany: State U of New York P, 1992.

Bhabha, Homi K. *The Location of Culture.* New York: Routledge. 1994. 나병철 옮김. 『문화의 위치: 탈식민주의 문화이론』. 소명출판, 2002.

_____. "The Third Space." *Identity, Community, Culture, Difference.* London: Wishart, 1990.

Borradori, Goivanna. ed. *Philosophy in a Time of Terror: Dialogues with Jurgen Habermas and Jacques Derrida.* Chicago: U of Chicago P, 2003. 손철성 옮김. 『테러 시대의 철학: 하버마스, 데리다와의 대화』. 문학과지성사, 2004.

Bougon, Patirce. "Translation, Tradition and Betrayal: From Political Commitment to Literary Freedom in Genet's Les Paravents." *Parallax* 4.2 (1998): 129-44.

Braga-Pinto, César. "Translating, Meaning, and the Community of Languages." *Studies in the Humanities* 22 (1995): 33-49.

Carroll, Hamilton "Traumatic Patriarchy: Reading Gendered Nationalisms in Chang-rae Lee's *A Gesture Life.*" *Modern Fiction Studies* 51.3. (2005): 592-616.

Chakrabarty, Dipesh. "Postcoloniality and the Artifice of History: Who Speaks for 'Indian' Pasts?" *Representations* 37 (1992): 1-26.

_____. "Marx After Marxism." *Marxism Beyond Marxism.* Eds. Saree Makdisi, Casare Casaronio, and Rebecca E. Karl. New York: Routledge, 1996. 55-70.

Chamberlain, Lori. "Gender and the Metaphorics of Translation." L. Venuti, *Rethinking Translation.* London: Routledge, 1992. 57-74.

Cheng, Anne Anlin "Passing, Natural Selection, and Love's Failure: Ethics of Survival from Chang-rae Lee to Jacques Lacan" *American Literary History* 17.3 (2005): 553-574.

Cheyfitz, Eric. *The Poetics of Imperialism: Translation and Colonization from the Tempest to Tarzan.* New York: Oxford UP, 1991.

Chin, Frank. "Come All Ye Asian American Writers of the Real and the Fake." *Aiiieeeee!* Ed. Frank Chin et al. New York: Meridian, 1991. 1-69.

Chomsky, Noam. *9-11.* New York: Seven Stories, 2001. 이종삼 옮김.

『9-11』 김영사, 2001.
Chow, Rey. *Primitive Passions: Visuality, Sexuality, Ethnography, and Contemporary Chinese Cinema.* New York: Columbia UP, 1995. 정재서 옮김. 『원시적 열정: 시각, 섹슈얼리티, 민족지, 현대중국영화』, 이산, 2004.
Christian, Babara. *Black Feminist Criticism.* New York: Pergamon, 1985.
Chu, Patricia. *Assimilating Asians: Gendered Strategies of Authorship in Asian America.* Durham: Duke UP, 2000.
Clifford, James. *The Predicament of Culture: Twentieth-Century Ethnography, Literature, and Art.* Cambridge: Harvard UP, 1988.
Coetzee, J.M. *Foe*, New York: Viking, 1987. 조규형 옮김. 『포』. 책세상, 2003.
Copeland, Rita. *Rhetoric, Hermeneutics, and Translation in the Middle Ages.* Cambridge: Cambridge UP, 1991.
Critchley, S. *The Ethics of Deconstruction.* Oxford: Blackwell, 1992.
Davies, Carole Boyce. *Black Women, Writing and Identity: Migrations of the Subject.* New York: Routledge, 1994.
_____. "Motherhood in the Works of Male and Female Igbo Writers." *Ngambika: Studies of Women in African Literature.* Eds. C.B. Davies and A.A. Graves. Trenton: Africa World, 1986.
De Man, Paul. 1986. "Conclusions: Walter Banjamin's 'The Task of the Translator." *The Resistance to Theory.* Minneapolis: U of Minnesota P, 73-114. 황성필 옮김, 『이론에 대한 저항』, 동문선, 2008.
DeLillo, Don. *White Noise.* New York: Penguin, 1986. 강미숙 옮김. 『화이트 노이즈』. 창작과비평사, 2005.
______. *Libra.* New York: Penguin, 1988. 정회성 옮김. 『리브라: JFK 암살범에 대한 기록』. 창작과비평사, 2009.

______. *Mao II*. New York: Penguin, 1991.
______. *Cosmopolis*. New York: Scribner, 2003.
______. *Falling Man*. New York: Scribner, 2007.
______. "In the ruins of the future." *Guardian Unlimited*. Dec. 22, 2001. [http://www.guardian.co.uk/Archive/Article/0%2C4273%2C4324579%2C00.html]
Derrida, Jacques. 1962. *Origins of Geometry: An Introduction*. Trans. John Leavey, Jr. Lincoln: U of Nebraska P, 1989. 배의용 옮김. 『기하학의 기원』 지만지, 2008.
_____. 1967. *De la grammatologie,* Paris: Minuit. Trans. G. Spivak. *Of Grammatology*. Baltimore: Johns Hopkins UP, 1976. 『그라마톨로지에 대하여』 김웅권 옮김. 동문선, 2004.
_____. 1967. *Writing and Difference*. Trans. Alan Bass. London: Routledge, 1978.
_____. 1972. *Dessemination*. Trans. Barbara Johnson. London: Athlone, 1993.
_____. 1972. *Margins of Philosophy*. Trans. Alan Bass. Chicago: U of Chicago P, 1982.
_____. 1977. *Limited Inc*. Evanston: Northwestern UP, 1988.
_____. "Semiology and Grammatology" *Positions*, trans, Alan Bass, Chicago: U of Chicago P, 1981, 박성창 편역. 「기호학과 그라마톨로지」. 『자끄 데리다: 입장들』, 도서출판 솔, 1992.
_____. *The Ear of the Other: Otobiography, Transference, Translation: Texts and Discussions with Jacques Derrida*. Trans. Peggy Kamuf. Lincoln: U of Nebraska P, 1985
_____. 1987. "Letter to a Japanese Friend." Trans. David Wood and Andrew Benjamin. *A Derrida Reader: Between the Blinds*. eds. Peggy Kamuf. New York: Columbia UP, 1991. 270-6.
_____. "Des Tours de Babel." Trans. Joseph Graham. *Difference in Translation*. Ed. J. Graham. Ithaca: Cornell UP, 1985,

165-209.

_____. "What is a "'Relevant' Translation?" Trans. L. Venuti. *Critical Inquiry* 27.2 (2001): 174-98.

_____. "Two Words for Joyce." *Post-Structuralist Joyce: Essays from the French.* Ed. Daniel Ferrer Derek Attridge. Trans. Geoff Bennington. Cambridge: Cambridge UP, 1984. 148-58. 「조이스의(에게 하고 싶은) 두 마디 말」. 김보현 편역. 『해체』. 서울: 문예출판사, 1996. 528-58.

_____. *The Gift of Death.* Chicago: U of Chicago P, 1995.

_____. *Ecographies of Television.* Trans. Jennifer Bajorek. Cambridge: Policy, 2002. 김재희, 진태원 옮김. 『에코그라피: 텔레비전에 관하여』. 서울: 민음사, 2002.

_____. "Living On: Border Lines." Trans. James Hulbert. *Deconstruction and Criticism.* Eds. Harold Bloom et al. London: Routledge, 1979. 75-176.

_____. "Deconstruction and the Other." *Dialogues with Contemporary Continental Thinkers: The Phenomenological Heritage.* Ed. Richard Kearney. Manchester: Manchester UP, 1984. 107-126.

_____. "At This Very Moment in This Work Here I Am." 1987. Trans. Ruben Berezdivin. *Re-Reading Levinas.* eds. Robert Bernasconi and Simon Critchley. Bloomington: Indiana UP, 1991. 11-50.

_____. "Ulysses Gramophone: Hear Say Yes in Joyce." 1987. Trans. Tina Kendall. *Acts of Literature.* Ed. Derek Attridge. London: Routledge, 1992. 256-309.

_____. "The Villanova Roundable: A Conversation with Jaques Derrida." *Deconstruction in a Nutshell.* ed. John Caputo. New York: Fordham UP, 1997.

_____. "Hospitality, Justice and Responsibility." *Questioning Ethics.*

Eds. Richard Kearney and Mark Dooley. London: Routledge, 1999. 109-132.

Devi, Mahasweta. *Imaginary Maps*. Trans. Gayatri Spivak. New York: Routledge, 1995.

_____. "Breast-Giver" Trans. G. Spivak, *In Other Worlds,* 태혜숙 옮김. 「젖어미」. 『교육기계안의 바깥에서』. 갈무리, 2006.

Dryden, John. 1680. "Preface to Ovid's Epistles," Douglas Robinson. ed. *Western Translation Theory From Herodotus to Nietzsche*, Manchester, UK: St. Jerome Publishing, 172-74.

Eagleton. Terry. *Myth of Power: A Marxist Study of the Brontës.* London: Macmillan, 1975.

_____. "In the Gaudy Supermarket." *Figures of Dissent.* London: Verso, 2003.

Emecheta, Buchi. *The Joys of Motherhood.* New York: Braziller, 1979.

_____. *The Double Yoke.* New York: Braziller, 1983.

Evans, Dylan. *An Introductory Dictionary of Lacanian Psychoanalysis.* London: Routledge, 1996. 김종주 옮김. 『라캉 정신분석학 사전』. 인간사랑, 2004.

Even-Zohar, Itamar. "Polysystem Theory." *Poetic Today* 1(1979): 283-305.

______. "Translation Theory Today: A Call for Transfer Theory." *Poetic Today* 2.4 (1981): 1-7.

Fanon, Frantz. *Black Skin, White Masks.* Trans. Charles Lam Markmann,. New York: Grove, 1967. 이석호 옮김. 『검은 피부 하얀 가면』. 인간사랑, 1998.

Fisher, Michael. "Ethnicity and the Post-Modern Arts of Memory." *Writing Culture: The Poetics and Politics of Ethnography.* Ed. James Clifford and George Marcus. Berkeley: U of California P, 1986. 194-233.

Foer, Jonathan Safran. *Extremely Loud and Incredibly Close.* Boston: Houghton, 2005.

Fong, Katheryn. "An Open Letter." *Bulletin of Concerned Asian Scholars* 9.4 (1977): 67-69.

Frank, K. "The Death of the Slave Girl." *World Literature Written in English* 21 (1982): 476-97.

Freud, Sigmund. 1917. *Mourning and Melancholia.* London: Hogarth, 1957.

_____. 1920. *Beyond the Pleasure Principle.* New York: Penguin, 2003. 박찬부 옮김. 『쾌락원칙을 넘어서』. 열린책, 1997.

_____. 1923. *The Ego and the Id.* London: Hogarth, 1961.

Garner, Dwight. "Interview: Adopted Voice." *New York Times Book Review* 5 Sept. 1999: 6.

Gibson, William. *Pattern Recognition.* New York: Putnam's Sons, 2003.

Gilbert, Sandra and Susan Gubar. *The Madwoman in the Attic.* New Haven: Yale UP, 1979.

Griswold, Wendy. *Bearing Witness: Readers, Writers, and the Novel in Nigeria.* Prinston: Prinston UP, 2000.

Grossman, Jeffrey. "The Reception of Walter Benjamin in the Anglo-American Literary Institution." *The German Quarterly* 65.3/4 (1992): 414-428. URL: http://www.jstor.org/stable/407599

Guha, Ranajit. ed. *Subaltern Studies.* Oxford: Oxford UP, 1982-1986.

_____. ed. *A Subaltern Studies Reader: 1986-1995.* Minneapolis: U of Minnesota P, 1998.

Guha, Ranajit and Gayatri Chakravorty Spivak. eds. *Selected Subaltern Studies.* Oxford: Oxford UP, 1988.

Gutt, E. *Translation and Relevance: Cognition and Context.* Oxford: Blackwell, 1991.

Haraway, Donna J. "Reading Buchi Emecheta: Contests for Women's

Experience in Women's Studies." *Simians, Cyborgs, and Women: The Reinvention of Nature*. New York: Routledge, 1991. 122쪽. 민경숙 옮김, 『유인원, 사이보그, 그리고 여자』. 동문선, 2002.

Hardt. Michael and Antonio Negri. *Multitude: War and Democracy in the Age of Empire*. New York: Penguin. 2004.

Hartman, Geoffrey H. *Criticism in the Wilderness.* New Haven: Yale UP, 1980.

Hayes, Julie C. "Of Meaning and Modernity: Anne Dacier and the Homer Debate" Ed. David Rubin. *Emf: Studies in Early Modern France: Strategic Rewriting.* Rookwood P, 2002.

Hegel, G. W. F. *Lectures on the Philophy of History.* Trans. J. Sibree. New York: Dover, 1956.

Heidegger, Martin. *Kant and the Problem of Metaphysics.* Trans. by Richard Taft Bloomington: Indiana UP, 1990.

Hewitt, Christopher. *Political Violence and Terrorism in Modern America: A Chronology*. Westport: Praeger Security International, 2005.

Horace (Quintus Horatius Flaccus). "The Art of Poetry." Douglas Robinson. ed. *Western Translation Theory From Herodotus to Nietzsche*, Manchester, UK: St. Jerome, 1997.

Huntington, *The Clash of Civilizations and the Remaking of World Order.* New York: Touchstone, 1996.

Irigaray, Luce "Sorcerer Love: A Reading of Plato, Symposium, "Diotima's Speech." Trans. Carolyn Burke and Gillain C. Gill. *An Ethics of Sexual Difference.* London: Athlone, 1993. 20-33.

Jakobson, Roman. 1959. "On Linguistic Aspects of Translation." Ed. L. Venuti. *The Translation Studies Reader.* London: Routledge. 2000. 113-18.

Jameson Fredric. *The Political Unconscious: Narrative as a Socially Symbolic Act.* Ithaca: Cornell UP, 1981.

_____. *Postmodernism or, The Cultural Logic of Late Capitalism.* Durham: Duke UP, 1991.

_____. "Third World Literature in the Era of Multinational Capitalism." *Social Text: Theory/Culture/Ideology* 15 (1986): 65-88.

Jensen, Bo Green. "Interview of Don DeLillo." *Weekendavisen* Nov. 13, 1998. [www.perival.com/delillo/ddinterview_jensen.html]

Jerome(Eusebius Hieronymus). "On the Art of Translation." Douglas Robinson. ed. *Western Translation Theory From Herodotus to Nietzsche*, 23-30.

Jones, Malcom. "Up From the Ashes." *Newsweek* May 14, 2007.

Joyce, James. *Finnegan's Wake.* New York: Penguin, 1979.

_____. *Ulysses.* New York: Vintage, 1986.

Judith Butler, *Undoing Gender.* London: Routledge, 2004.

Kant, Immanuel. *Critique of Practical Reason.* New York: Macmillan, 1993.

Kingston, Maxine Hong. *Woman Warrior.* New York: Vintage, 1977. 서숙 옮김. 『여전사』. 황금가지, 1998.

_____. "Maxine Hong Kingston." interviewed by Andrea Lewis. *Progressive* 68.2 (2004): 35-39.

Kolawole, Mary E. *Womanism and African Consciousness.* Treton: Africa World, 1997.

Lacan, Jacques. *Ecrits: The First Complete Edition in English.* ed. Jacques Alain Miller. Trans. Bruce Fink. New York: Norton, 2006.

_____. *The Seminar, Book I: Freud's Papers on Technique.* Ed. Jacques-Alain Miller. New York: Norton, 1988.

_____. *The Seminar, Book III. The Psychoses. 1955-1956.* ed.

Jacques-Alain Miller. Trans. Russell Grigg. New York: Norton, 1997.

_____. *The Seminar, Book IX. The Four Fundamental Concepts of Psychoanalysis.* Ed. Jacques-Alain Miller. Trans. Bruce Fink. New York: Norton, 1999. 맹정현·이수련 옮김. 『정신분석학의 네 가지 개념』. 새물결, 2008.

_____. *The Seminar, Book XX, Encore: On Feminine Sexuality, the Limits of Love and Knowledge.* ed. Jacques-Alain Miller, trans. Bruce Fink, New York: Norton, 1998.

Lan, Feng. "The Female Individual and the Empire." *Comparative Literature* 55.3 (2003): 229-245.

Laqueur, Walter. *A History of Terrorism.* New Brunswick: Transaction, 2002.

Lee, Chang-rae. *A Gesture Life.* New York: Riverhead, 1999. 정영목 옮김. 『제스처 인생』. 서울: 랜덤하우스, 2005.

_____. *Native Speaker.* New York: Riverhead, 1995. 정영목 옮김. 『영원한 이방인』 서울: 나무와 숲, 2003.

Lee, Keng-fang. "Cutural Translation and the Exorcist." *MELUS* 29.2 (2004): 105-127.

Lefevere, André. *Translation, Rewriting & the Manipulation of Literary Fame*, London: Routledge, 1992.

Lévi-Strauss, Claude. *Tristes Tropiques: An Anthropological Study of Primitive Societies in Brazil.* New York: Atheneum, 1964. 박옥줄 옮김. 『슬픈 열대』. 한길사, 1998.

Lianeri, Alexanda. "Translation and the Establishment of Liberal Democracy in Nineteenth Century England: Constructing the Political as an Interpretative Act." Eds. Tymoczko and Gentzler, *Translation and Power.* Amherst: U of Massachusetts P, 2002. 1-4.

Macherey, P. *A Theory of Literary Production.* London: Routledge,

1978.

Marks, Elaine. "Multiplicity and Morality." *PMLA* 109.4(1994): 366-374.

Marx, Karl. "Concerning Feuerbach." *Early Writings*. trans. Rodney Livingstone. New York: Vintage, 1975.

_____. *Capital I.* trans. Ben Fowkes, Harmondsworth: Pelican, 1976.

Mattiessen, F.O. *Translation, and Elizabethan Art.* Cambridge: Harvard UP, 1931.

Mehrez, Samia. "Translation and the Postcolonial Experience: The Francophone North African Text." L. Venuti *Rethinking Translation* 120-138.

Minh-ha, Trinh T. *Woman, Native, Other: Writing Postcoloniality and Feminism.* Bloomington: U of Indiana P, 1989.

Moi, Toril. *What is a Woman? And Other Essays.* Oxford: Oxford UP, 1999.

Moore-Gilbert, B. J. *Post-colonial Theory: Contexts, Practices, Politics.* London: Verso, 1997.

Munday, Jeremy. *Introducing Translation Studies: Theories and Applications.* London: Routledge, 2001. 정연일·남원준 옮김. 『번역학입문-이론과 적용』 한국외국어대학교 출판부. 2006.

Nietzsche, Friedrich. 1882. *Zur Genealogie der Moral.* Trans. Horace B. Samuel. *The Genealogy of Morals.* Garden: Dover, 1956. 『도덕의 계보학』 강영계 옮김. 지만지, 2008.

Niranjana, Tejaswini. *Siting Translation: History, Post-Structuralism, and the Colonial Context.* Berkeley: U of California P, 1992.

Nnoromele, Salome C. "Representing the African Woman: Subjectivity and Self in *The Joys of Motherhood.*" *Critique* 43.2 (2002): 178-190.

Ogunyemi, Chickwenye Okonjo. "The Shaping of a Self: A Study of Buchi Emecheta's Novels." *Komparatische Hefte* 8 (1983):

65-78.
_____. "Womanism." *Signs* 11.1 (1985):63-80.
_____. *Africa Wo/man Palava.* Chicago: U of Chicago P, 1996.
Parry, Benita. "Speech and Silence in the Fictions of J.M. Coetzee." *Writing South Africa: Literature, Apartheid, and Democracy.* Ed. Derek Attridge, Cambridge UP: 1998. 149-65.
Pearlstein, Richard M. *Fatal Future?: Transnational Terrorism and the New Global Disorder.* Austin: U of Texas P, 2004.
Plato. *Phaedrus. The Collected Dialogues of Plato.* ed. Edith Hamilton and Huntington Carins. Princeton: Prinston UP, 1961.
Rafael, Vicente L. *Contracting Colonialism: Translation and Christian Conversion in Tagalog Society under Early Spanish Rule.* Durham: Duke UP, 1993.
Rendall, Steven. "A Note on Harry Zohn's Translation." L. Venuti. *The Translation Studies Reader,* 23-25.
Robinson, Douglas. *Western Translation Theory From Herodotus to Nietzsche.* Manchester: St. Jerome, 1997.
_____. *Translation and Empire: Postcolonial Theories Explained.* Manchester: St. Jerome, 1998. 정혜욱 옮김. 『번역과 제국: 포스트식민주의 이론 해설』 서울: 동문선, 2002.
Roff, Sarah Ley. "Benjamin and Psychoanalysis." David S. Ferris, ed. *The Cambridge Companion to Walter Benjamin,* Cambridge: Cambridge UP, 2004. 115-133.
Rushdie, S. *Imaginary Homelands.* London: Granta, 1991.
Said, Edward. "Representing the Colonized: Anthropology and its Interlocutors." *Critical Inquiry* 15.2 (1989): 205-25.
_____. *Orientalism.* New York: Vintage, 1979.
Saussure, Ferdinand de. 1959. *Course in General Linguistics.* trans. Wade Baskin. Illinois: Open Court, 1986. 최승언 옮김, 『일반

언어학강의』, 민음사, 2006.

Schaffer, Kay, and Sidonie Smith. *Human Rights and Narrated Lives: The Ethics of Recognition.* New York: Palgrave Macmillan, 2004.

Shakespeare. William. *The Merchant of Venice,* London: Methuen, 1955. 김종환 옮김. 『베니스의 상인』. 지만지, 2008.

Shohat, Ella. "Area Studies, Gender Studies, and the Cartographies of Knowledge." *Social Text* 20.3 (2002): 67-78.

Simon, Sherry. "Translation, Postcolonialism and Cultural Studies." *Meta* 42.2 (1997): 462-477.

_____. *Gender in Translation: Cultural Identity and the Politics of Translation.* London: Routledge, 1996.

Sipiora, Phillip and Janet Atwill, "Rhetoric and Cultural Explanation: A Discussion with Gayatri Spivak," *JAC* 10.2, 1990.

Spiegelman, Art. *In the Shadow of No Towers.* New York: Pantheon, 2004.

Spivak, C. Gayatri. *Myself, I Must Remake: The Life and Poetry of W.B. Yeats.* New York: Crowell, 1974.

_____. *The Post-colonial Critic: Interviews, Strategies, Dialogues.* ed. S. Harasym. New York: Routledge, 1990. 이경순 옮김. 『스피박의 대담: 인도 캘커타에서 찍힌 소인』. 갈무리, 2006.

_____. *In Other Worlds.* New York: Routledge, 1988. 태혜숙 옮김. 『다른 세상에서』, 여이연: 2004.

_____. *Outside in the Teaching Machine.* New York: Routledge, 1993. 태혜숙 옮김. 『교육기계 안의 바깥에서』. 갈무리, 2006.

_____. *A Critique of Postcolonial Reason,* Cambridge: Harvard UP. 1999. 태혜숙 옮김. 『포스트식민이성비판』. 갈무리, 2005.

_____. *Death of a Discipline.* New York: Columbia UP, 2003. 문화이론연구회 옮김. 『경계선 넘기』. 인간사랑, 2008.

_____. *Other Asias.* Malden: Blackwell, 2008.

_____. "Can the Subaltern Speak?" Eds. Cary Nelson and Larry Grossberg. *Marxism and the Interpretation of Culture.* Chicago: U of Illinois P. 1988. 271-313.

_____. "Responsibility." *boundary 2* 21.3 (1994): 19-64.

_____. "Translater's Preface" and "Afterward." M. Devi. *The Imaginary Map* xxiii-xxix, 197-205.

_____. "French Feminism in an International Frame." *Yale French Studies* 62, 1981, 정혜욱 옮김. 「국제적 틀에서 본 프랑스페미니즘」 유제분 편, 『탈식민페미니즘과 탈식민페미니스트들』, 현대미학사, 2001.

_____. "Theory in the Margin: Coetzee' *Foe* Reading Defoe's *Crusoe/Roxana.*" *Consequences of Theory.* Eds. Jonathan Arac and Barbara Johnson. Baltimore: Johns Hopkins UP, 1991.

Steiner, George. 1975. *After Babel: Aspects of Language and Translation.* 3rd ed. New York: Oxford UP, 1998.

Toury, Gideon. *Descriptive Translation Studies and Beyond.* Amsterdan: Benjamins, 1995.

Umeh, D. & Umeh, M. "An Interview with Buchi Emecheta." *Ba Shiru* 12.2 (1985): 19-25.

_____. "*The Joys of Motherhood:* Myth or Reality?" *Colby Library Quarterly* 28.2 (1982): 39-46.

Umeh, Marie. "African Women in Transition in the Novels of Buchi Emecheta." *Présence Africaine* 106 (1980): 190-201.

Updike, John. *Terrorist: A Novel.* New York: Knoft, 2006.

Velcic, Vlatka. "Reshaping Ideologies: Leftists as Terrorists/Terrorists as Leftists in DeLillo's Novels." *Studies in the Novel* 36.3 (2004): 405-418.

Venuti, Lawrence. ed. *Rethinking Translation: Discourse, Subjectivity, Ideology.* London: Routledge, 1992.

_____. *The Translator's Invisibility*. London and New York: Routledge, 1995.

_____. ed. *The Translation Studies Reader*. London: Routledge, 2000.

_____. *The Scandals of Translation: Towards an Ethics of Difference.* London: Routledge, 2000. 임호경 옮김. 『번역의 윤리』. 열린책들, 2006.

Ward, C. "What They Told Buchi Emecheta: Oral Subjectivity and the Joys of 'Otherhood' ." *P.M.L.A.* 105 (1990): 83-97.

Woo, Deborah. "Maxine Hong Kingston: The Ethnic Writer and the Burden of Dual Authenticity." *Amerasia Journal* 16.1 (1990): 173-200.

Young, Young. *White Mythologies: Writing History and the West.* London: Routledge, 1990. 김용규 옮김. 『백색신화』. 경성대학교 출판부, 2008.

Žižek, Slavoj. *The Fragile Absolute: Or, Why is the Christian Legacy Worth Fighting For?* London: Verso, 2000. 김재영 옮김, 『무너지기 쉬운 절대성』. 인간사랑, 2004.

_____. *The Puppet and the Dwarf: The Perverse Core of Christianity.* Cambridge: MIT, 2003. 김정아 옮김. 『죽은 신을 위하여』. 길, 2008.

구은숙. 「문화/인간 엿보기 - 『네이티브 스피커』에 나타난 인생 스파이로서의 작가」. 『현대영미소설』 7.1 (2000): 47-65.

유제분. 「재현의 윤리: 『제스처 라이프』의 종군위안부에 대한 기억과 애도」. 『현대영미소설』. 13.3 (2006): 77-99.

강정숙. 「역사용어 바로 쓰기: 위안부, 정신대, 공창, 성노예」. 『역사비평』 (2006): 315-320.

페인, 마이클, 『읽기이론, 이론읽기: 라깡, 데리다, 크리스떼바』 장경렬·이소희·고갑희 옮김, 한신문화사, 1999.

펭클, 하인츠 인수. 「아시아계 미국문학과 한국문학: 세계문화의 시각에서 본 공동의 문제점과 도전」. 박상준 옮김. 『외국문학』 44, 1995.

찾아보기

(ㄱ)

(ㄴ)

(ㄷ)

(ㄹ)

(ㅁ)

(ㅂ)

(ㅈ)

(ㅊ)

(ㅎ)